한류와 혐한 속
한국 이미지의 형성,
변곡, 그리고 반향

이 책은 저자의 2020년 2월 한양대학교 신문방송학과 박사학위 논문 "소셜미디어 시대 문화계발효과의 변곡(變曲)과 반향(反響)에 관한 연구: 한국거주 대만인의 한국 이미지 형성 과정을 중심으로"를 저서의 형태로 재편집한 것임을 밝힙니다. 박사논문을 지도해주신 이종수 교수님과 심사를 해주신 김정기 교수님, 전범수 교수님, 우형진 교수님, 주지혁 교수님께 감사의 말씀을 전합니다.

한류와 혐한 속
한국 이미지의 형성,
변곡, 그리고 반향

황우념 지음

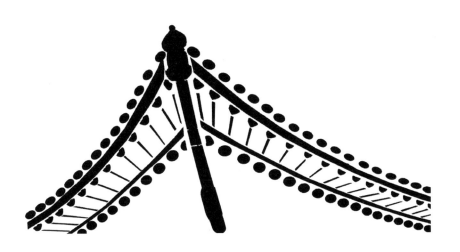

한국 거주 외국인(대만인)이 바라본
한국 이미지의 과거와 현재

목 차

연구문제

분석방법

의미 있는 진술의 목록화와 주제의 결합

한국에 관한 경험의 조직적 기술

한국에 관한 경험의 구조적 기술

한국에 관한 경험의 통합적 기술:
재한 경험의 의미와 본질에 관한 4가지 흐름

분석결과의 요약

시사점

표 차례

그림 차례

서문

대만은 아시아 한류(韓流)의 발원지이자 한국 드라마의 최대 수출국이다(한국국제교류재단·외교부, 2018). 대만에서의 한류 흥행은 한국 드라마에 등장하는 배우를 비롯하여 음식, 패션, 휴대폰, 화장품 등 다양한 한국 제품들에 관한 구매 열기를 고조시켰고, 한국 관광, 한국어학습 열풍을 끌어내기도 했다(郭秋雯, 2011). 그러나 아이러니하게도 대만의 경우 높은 한류 열기와 함께 만만치 않은 혐한(嫌韓) 정서가 존재한다.

한국문화산업교류재단(2017)에서 실시한 <2016-2017 글로벌 한류실태조사>에 따르면 대만의 반한류 분위기 공감 수준은 아시아 지역 중 중국 일본에 필적할 정도로 높은 것으로 나타났다. 그러나 대만 혐한 정서의 주요 이유는 중국, 일본 등의 국가와는 차이가 있다. 구체적으로 중국과 일본의 혐한 이유가 '정치/외교적 갈등'에 의해 유발된 것이라면, 대만의 혐한 이유는 단교(斷交)라는 정치/외교적 이유와 함께 '자국 콘텐츠 산업의 보호 필요성'에 의해 유발된 것으로 볼 수 있다. 이러한 현상은 대만 언론이 정치, 경제, 사회, 문화 등의 영역에서 많은 공통점을 공유하고 있는 한국을 대만의 경쟁 대상으로 언급해 온 관례에서 유래되었다고 평가되고 있다(林宗偉, 2012; 劉莞青, 2015).

이처럼 대만인은 한류 콘텐츠의 영향과 함께 현지 언론의 영향으로 인해, 한국에 관한 양면적 인식을 하고 있다. 더욱이, 대만과 한국 사이에는 언어적 장벽이 존재한다. 대만인들이 한국 현지의 정보를 취득하고, 한국 이미지를 주체적으로 형성하기란 어려운 일이다. 결과적으로 대만인의 한국 이미지 형성과정에는 미디어의 영향이 크게 작동할 수밖에 없다(林宗偉, 2012; 郭秋雯, 2011, 2018; Kim, Chen, & Su, 2009). 이는 대만인의 한국과 한국인에 관한 이미지 형성과정에 전통적 의미의 문화계발 효과(cultivation effect)가 작용할 수 있음을 보여준다.

그러나 대만의 경우, 한국 대중문화에 의한 한류 인식과 대만 언론에 의한 혐한류 인식이 동시에 발생하고 있는 국가다(林宗偉, 2012; 劉莞青, 2015). 이는 대만인의 한국 이미지 형성과정이 다른 나라 출신 외국인의 한국 이미지 형성과는 달리 다양한 유형의 미디어 노출 과정과 메시지 처리 과정에서 이루어지는 매우 복잡한 과정에서 나타나고 있다는 것을 의미한다.

더욱이 대만인들의 한국 이미지 형성에는 미디어의 영향뿐만 아니라, 한류 열풍 속에서 나타난 한국 관광(방문), 한국어학습 과정과 같은 한국에 관한 문화적 접촉도 영향을 미칠 가능성이 있다. 미디어를 통해 형성된 한국의 이미지가 실제 한국을 경험하는 과정을 통해 비교되고, 수정되는 과정이 나타날 수도 있다는 것이다. 실제로 문화계발이론 관련 선행연구에 따르면, 개인의 경험은 계발 효과에 영향을 미치는 것으로 나타났다(우형진, 2006; 이민규·우형진, 2004; Woo & Dominick, 2001, 2003).

　문화계발이론 연구에서 개인 경험의 영향력은 미디어의 영향이 시간의 추이와 수용자들의 개인적 경험에 따라 축소되거나 증폭될 수도, 강화되거나 약화될 수도 있다는 시사점을 제공하고 있다. 예컨대 계발 효과 형성과정에서 개인의 경험을 중시하는 공명효과(resonance)는 개인의 경험으로 인해 계발 효과가 강화되는 현상에 대해 다루고 있다. 그러나 공명효과는 경험의 흐름(시간의 추이)에 따른 계발 효과의 변화과정을 충분히 담아내지 못하고 있다.

　한국에 거주하고 있는 대만인은 한국과 대만의 미디어를 이용하는 과정과 함께 다양한 문화적 체험을 하는 과정에서 한국에 대한 이미지를 형성하게 되고, 형성된 이미지의 변화과정을 겪게 될 것이라고 예상된다. 다시 말해 대만인은 한국 드라마와 대만 언론을 통해 한국에 관한 상충적, 이중적 이미지를 형성하게 되고, 이러한 이미지는 추후 한국에서의 경험을 통해 증폭 또는 축소될 수 있다. 또한, 이후 시간의 추이에 따라 경험하게 되는 또 다른 다양한 사건들을 계기로 다시 증폭되거나 축소될 수 있다. 이러한 맥락에서 볼 때 미디어의 영향은 단일적, 직선적인 것이 아니며, 시간의 추이와 경험과 같은 다양한 변인들에 의해 변화되며, 곡선처럼 변동되는 '변곡(變曲; inflection)'의 과정에 있을 것으로 추측된다. 그러나 실증적 패러다임 속에서 진행된 다양한 문화계발이론 연구들은 시간적 흐름에 따른 문화계발 효과의 장기적이고 누적적인 변화의 과정을 충분히 설명해 내지 못하고 있다.

　여기에서 변곡(變曲)이란 미디어 효과의 변화과정, 미디어 효과의 굴절 현상을 비유적으로 이르는 말이다. 변곡(變曲)의 표면적 의

미는 "변화(變化)와 굴곡(屈曲)"으로 이해할 수 있다. 아울러 변곡선(變曲線)은 "어떤 일이나 어떤 사람의 인생에 생기는 굴곡"을 비유적으로 표현한 말이다. 학술 연구에서 변곡이라는 개념은 시간의 추이에 따라 특정 통계치가 어떻게 변하는지의 추이를 파악하기 위해 활용되는 개념이기도 하다(설재훈, 2003). 이 연구는 소셜미디어와 문화적 경험으로 인한 미디어 효과가 시간의 추이에 따라 어떻게 변화하는지, 그 '변화'의 과정을 설명하기 위해 '변곡'이라는 개념을 차용했다.

한편, 2000년대 인터넷의 대중화로 인해 미디어 이용행태는 일방적, 선형적 수용에서 쌍방향적, 상호작용적 이용으로 전환되고 있다. 이러한 소셜미디어 환경은 미디어와 수용자, 생산자와 소비자의 경계를 점점 사라지게 하고 있다. 미디어 수용자를 단순한 콘텐츠의 수용자가 아니라 누구나 정보를 생산할 수 있는 생산자, 언제든 정보를 유통할 수 있는 확산자로 만들어 낸 것이다(김미경 · 박은희, 2012). 이와 함께 수용자들의 미디어 이용행태도 급격하게 변화하고 있다. 이러한 상황은 매스미디어 중심의 전통적 문화계발이론의 영향력에 균열을 만들어 내고 있다. 예컨대 소셜미디어 시대, 외국인들은 매스미디어를 통해서 한국을 접할 기회보다 한국에서 생활하고 있는 해당 국가 사람들의 소셜미디어를 통해서 한국을 접할 기회가 더욱 많을 수 있다. 한국에 관한 다양한 경험을 가진 개인 정보원은 소셜미디어를 활용하여 그들의 시각을 불특정 다수의 수용자에게 실시간으로 전달해 내고 있다.

표준국어대사전에 따르면 반향(反響; reverberation)은 "어떤 사건이나 발표 따위가 세상에 영향을 미치어 일어나는 반응", "소리가 어떤 장애물에 부딪혀서 반사하여 다시 들리는 현상"으로 정의된다. 아울러 마케팅 영역에서 특정 제품에 관한 소비자 평가가 특정 브랜드에 관한 평가에 영향을 미칠 수 있고, 이를 브랜드 확장의 반향효과로 지칭한 연구도 존재한다(허종호, 2016; Gürhan-Canli & Maheswaran, 1998). 이러한 맥락에서 이 연구는 한국 거주 대만인이 자신의 지식과 경험을 바탕으로 소셜미디어에 자신이 생산한 한국 관련 콘텐츠를 공유하는 행동을 반향으로 정의했다. 다시 말해 이 논문에서 말하고 있는 반향은 기존 미디어에서 조성된 한국과 관련된 여론 또는 한국 이미지에 대해 한국 거주 대만인들이 자신의 지식과 경험을 바탕으로 자신의 방식대로 자신의 관점과 의견들을 소셜미디어를 통해 전달하는 과정, 자신의 목소리를 내는 과정이라고 간주한다.

소셜미디어 시대, 사람들은 자신의 경험을 바탕으로 언제, 어디서든 자신만의 콘텐츠를 제작하여 불특정 다수의 수용자에게 공유할 수 있게 됐다. 이에 수용자들은 매스미디어와 함께 유튜브와 같은 소셜미디어를 통해 기존에 형성된 특정 인식을 강화하거나 변화시키기에 용이한 상황이 만들어졌다. '반향'이라는 개념은 미디어 경험과 문화적 경험을 충분히 습득한 소셜미디어 시대 이용자들의 '능동적 이용 행위'를 일컫는 개념인 동시에 소셜미디어 시대를 살아가는 불특정 다수의 수용자에게 '변곡을 유발해 내는 정보 제공 행위'를 일컫는 개념이다. 즉 이 연구는 소셜미디어와 문화적 경험으로 인한 미디어 효과의 '형성' 과정을 설명하기 위해 '반향'이라는 개념을 차용했다.

문화계발 효과는 미디어의 '장기적, 누적적'인 효과를 강조한 이론이다(Potter, 2014). 그런데도 그동안 문화계발 효과 연구는 단일 미디어를 대상으로, 미디어의 단기적 효과를 검증하는 것에만 초점을 맞춰왔다. 하지만 다양한 입장을 가진 미디어들이 존재하는 다중미디어 시대, 그리고 국제간 이동과 다른 문화의 접촉이 상대적으로 쉬워진 글로벌 시대에는 미디어의 영향이 장기적이고 누적적일 수 있는지에 관한 문제의식이 제기되었다. 결과적으로 이 책은 문화계발 효과 연구의 이러한 한계를 극복하고, 소셜미디어 시대 미디어 효과의 변곡 과정과 미디어 이용자의 반향과정을 장기적인 호흡에서 질적인 방식으로 검증해 내고자 했다.

따라서 이 책은 실증적 패러다임 연구의 객관주의에 대한 반발의 의미가 있으면서(박인철, 2015), 개인의 경험을 보편적 기술로 진술하는 방법론으로 개인의 주관적 경험 속에 숨겨진 본질을 드러내는 데 효과적인 방법론(Creswell, 2013)으로 알려진 현상학을 활용하여 실증적 문화계발 효과이론 연구의 한계를 극복해 내고자 했다. 특히 현상학은 연구자의 주관성을 핵심으로 하는 질적 연구방법론이지만(박인철, 2015), 연구자의 해석보다 연구 참여자의 경험적 기술에 방점을 둔 방법론(김지연, 2017)이다. 한국 거주경험을 가진 대만인들의 미디어 이용 경험과 한국 이미지 형성의 과정을 양적 연구방법론으로 검증하는 것에 비해 현상학적 방법론을 활용하여 검증할 때, 미디어 이용자들이 처한 환경이나 상황과 같은 경험의 맥락을 고려한 포괄적 계발 효과의 검증이 가능할 것이라고 보았다.

특히 한류의 흥행과 혐한 정서가 동시에 발생하고 있는 특수한 사회적 배경을 가지고 한국에서 생활하고 있는 대만인들은 한국에 대한 이미지의 형성과정과 그들의 한국 이미지 반향과정이 특수성을 가지고 있다고 판단된다. 따라서 이 책은 "특수한 상황 속에서 나타나는 인간의 다양한 경험이나 본질적인 의식 구조를 밝히는 데 유용한 현상학적 연구방법(강진숙·김지연, 2013, 184쪽)"을 채택하는 것이 타당하다고 판단했다.

구체적으로 이 책은 한국을 1년 이상 경험한 대만인의 대만과 한국에서의 소셜미디어 이용 경험, 문화적 경험이 어떤 맥락 속에서 이루어지고 있는지 확인해 보고자 했다. 그리고 대만인들의 이러한 경험이 한국에 대한 이미지 형성에 어떠한 기여를 하게 되며, 형성된 한국 이미지의 변화과정이 어떠한지에 대해 추적해 보고자 했다. 또한, 대만과 한국의 미디어 노출 경험과 문화적 경험을 통해 형성된 한국 이미지를 소셜미디어 등을 통해 공유하는 행동은 어떠한 맥락 속에서 이루어지며, 어떠한 의미가 있는지를 확인함으로써 문화계발 효과의 변곡과 반향의 새로운 가능성을 도출하고자 했다.

이에 본 책은 무스타카스(Moustakas, 1994)의 현상학 방법론의 절차에 근거하여 한국 거주 대만인에 관한 심층 인터뷰를 수행함으로써 대만인들의 한국 이미지 형성의 과정을 추적해 보고자 했다. 이러한 과정을 통해 미디어의 노출과 수용자의 인식 사이의 관계가 수학적 공식처럼 설명되는 전통적 문화계발 효과의 확장 가능성을 모색해 보고자 한 것이다. 한편, 대만인들에게 한국에 대한 이미지를 만들어 내는 근본적 원인이 무엇인지 추적한 이 책은 대만과 한국의 호혜적 발전 관계 구축에 기여할 수 있을 것이다. 대만인들이 인식하는 한국에 대한 이미지를 통해 한국 사회가 스스로의 모습을 객관적으로 성찰해 볼 기회를 제공해 낼 수 있을 것이다.

문화계발이론의 개념, 비판, 확장

1. 문화계발 효과에 의한 국가 이미지 형성

해외 15개국 총 7,200명을 대상으로 조사한 "2016-2017 글로벌 한류실태조사"에 따르면 외국인의 한류 콘텐츠 이용은 한국에 관한 긍정적 인식을 의미하는 "문화 강국이다", "경제적으로 선진국이다", "호감이 가는 국가다", "우호적인 국가이다"에 영향을 미치는 것으로 나타났다(한국문화산업교류재단, 2017). 이처럼 한류는 한국 이미지 제고에 영향을 주는 요소로 알려져 있다. 한편, 한류에 의한 한국의 이미지 제고는 외국인의 한국 방문과 거주에 영향을 줄 수 있다는 측면에서 경제적 효과까지 유발할 수 있다.

예컨대, 베트남인과 필리핀인이 한국 드라마에 대해 긍정적 태도를 보이게 될 경우, 한국에 대해 긍정적 국가 이미지를 가지게 된다는 연구(이양환, 2014), 한류 문화콘텐츠에 관한 호감도가 한국 국가 이미지나 호감도에 긍정적 영향을 미치고, 한국 방문 의도에 영향을 미친다는 연구(김주연·안경모, 2012a; 진효화·이기종, 2014), 한류 콘텐츠의 노출 빈도와 만족도가 한국 관광 방문 의도, 한국 상품 구매, 한글 학습 의도에도 영향을 미친다는 연구(김주연·안경모, 2012b; 이재은·강지원·신정신·최용석, 2017; 文智園, 2014) 등은 한류가 외국인들의 한국에 관한 긍정적 인식, 한국 방문과 거주, 한국 상품 구매 등에 유의미한 영향을 미칠 수 있음을 보여준다.

특히 부와 리(Vu & Lee, 2013)의 연구에 따르면 베트남 여성들의 한국 드라마 시청은 한국에 관한 인식 제고를 넘어 한국 남성과의 결혼 의도에 영향을 준다. 설문에 응답한 대부분의 베트남 여성들은 한국 방문 경험, 또는 한국 남성과의 개인적 접촉 경험이 없었다. 즉, 한국 방문 경험과 한국인과의 접촉 경험이 없는 외국인들의 한국 드라마 시청량이 한국에 관한 긍정적 인식으로 이어질 수 있고, 한국 드라마 시청에 따른 긍정적 한국 인식과 한국 선호도가 한국 남성과의 결혼 의도로 이어질 수 있다는 것을 실증적으로 규명해 냈다. 이는 한국 드라마의 문화계발 효과(Cultivation effect)가 검증된 것이라고 볼 수 있다. 이상의 결과들을 놓고 봤을 때, 미디어를 통해 노출되는 한국에 대한 이미지, 즉, 한류 콘텐츠의 이미지는 외국인들의 한국과 한국인에 관한 인식에 영향을 미친다는 점, 즉, 문화계발 효과가 존재한다는 점을 의미한다.

문화계발이론(cultivation theory)은 미디어의 노출 정도가 현실에 관한 관점 형성에 영향을 미친다고 주장한다(Gerbner, & Gross, 1976). 즉, 문화계발이론은 TV 시청 또는 미디어 이용이 수용자들의 현실 인식과 인과 관계가 있다는 것을 제시한 이론이다. 이 이론은 TV 시청 또는 미디어 이용이 많을수록 미디어 속에서 재현되는 세상을 실제 현실인 양 받아들이게 되며, 결국 미디어와 일치하는 현실 태도와 인식을 형성하게 될 수 있음을 주장한다(Gerbner et al., 1980, 1986).

전통적으로 문화계발 연구는 주로 폭력 또는 범죄, 인종, 고정관념, 성 역할 등과 같이 미디어, 특히 텔레비전이 수용자의 현실 세계 또는 현상에 관한 부정적인 인식을 심어주는 데에 주목해 왔고, 이를 핵심적 연구 주제로 다루어 왔다(오미영, 2014; Gerbner, Gross, Morgan, Signorielli, & Shanahan, 2002; Martins, & Harrison, 2011; Scharrer, & Blackburn, 2017). 또한, 미디어가 외국인들의 국가 이미지 제고, 국가 방문 의도에 미치는 영향과 같이 미디어가 수용자들에게 형성하게 되는 긍정적 인식에 주목한 연구 역시 상당수 축적되어 왔다(황우념・이정기, 2017).

문화계발이론을 활용한 한류 관련 연구는 미디어를 통해 노출되는 한류 콘텐츠, 특히 한국 드라마의 긍정적이고 강력한 영향에 주목해 왔다. 그러나 문화계발이론의 틀 속에서 이루어진 한류와 한국 이미지 관련 연구들은, 한류의 계발 효과에 의해 수용자들이 한국에 관한 긍정적인 이미지를 형성하게 되고, 그에 따라 한국에 대해 긍정적 행동을 하게 될 것이라는 방식으로 이루어져 왔다(김주연・안경모, 2012a; 김주연・안경모, 2012b; 이양환, 2014; 이재은・강지원・신정신・최용석, 2017; 이희진, 2017; 진효화・이기종, 2014; Vu, & Lee, 2013). 이는 미디어와 수용자 효과의 관계를 설계하면서 변인 간의 관계를 지나치게 긍정적인 방향으로 단순화하여 살펴본 것이라고 판단된다.

사실, 문화계발 효과는 다른 어떤 효과이론보다 '상징적 현실'을 만들어 내는 미디어의 '장기적, 누적적' 효과를 다루고 있다. 그런데도 대부분의 선행연구는 양적인 연구방법론이 가진 측정상의 한계로 인해 미디어의 일시적이고 단기적 효과 분석에만 치중해 왔다(Potter, 2014). 서베이를 통해 수집된 데이터는 일시적이고 단기적, 단면적일 수밖에 없다. 이에 응답자의 미디어 노출과 그로 인해 배양된 신념,

그리고 양자 간의 관계가 시간의 추이에 따라 어떻게 변하게 되는지를 추적하여 검증하는 데에 있어 한계를 노출할 수밖에 없다.

한편, 싱가포르 여성의 한국 드라마 시청 경험에 관한 질적 연구(Chan & Wang, 2011)는 앞선 양적 연구들과는 다른 측면의 시사점을 보여주고 있다. 구체적으로 한국 드라마에서 묘사되는 "동화 같은 로맨스"와 "사랑을 위해 모든 것을 바칠 수 있는 감성적인 남성 캐릭터"는 싱가포르 여성 시청자들에게 일상의 스트레스에서 벗어나게 하는 수단으로 활용되고 있었다. 하지만 한국 방문 경험이 있거나 나이가 상대적으로 많은(25세 이상) 한국 드라마 시청자들은 한국 드라마의 이상적이고 잘 짜인 이야기의 본질을 상대적으로 잘 의식하고 있었다. 더불어 싱가포르 여성 시청자들은 한국을 가부장적이고, 여성이 남성보다 열등한 남성 우월주의 사회로 인식하고 있었다(Chan & Wang, 2011).

또한 안정아(2014)의 연구에 따르면, 한국 방문 경험의 유무를 떠나서 중국에서 1980년대에서 1990년대에 출생한 젊은 세대는 한국에 대해 긍정적, 부정적 이미지를 동시에 가지고 있다. 그러나 긍정적인 이미지를 가진 사람들은 한국 방문 경험이 없는 경우, 경험이 있는 사람들보다 더 추상적이고 이상적인 이미지를 가지고 있는 것으로 나타났다. 또한 부정적인 이미지는 기존에 가진 긍정적 인식과 부합하지 않는 직접적인 경험으로 인해 유발되거나, 언론이나 인터넷을 통해 접한 한국의 부정적 정보로 인해 형성된 것으로 나타났다.

대만의 경우, 한국의 대중문화가 대만에서 한류 열풍을 이끌었지만, 대만의 언론은 혐한류를 이끌어 왔다(林宗偉, 2012; 劉莞青, 2015). 또한, 조금주·장원호·김익기(2013)의 연구에 따르면, 대만의 대학생들은 한국의 유행이나 대중문화를 좋아하지만, 한국 전통 문화에 대해서 크게 관심이 없었다. 오히려 그들은 한류가 과연 한 국문화를 대표할 수 있을지에 관한 의심이 있으며, 한류의 대만 진 입에 대해, 대만 문화 산업의 위축을 우려하는 것으로 나타났다.

이는 한국 드라마를 시청하는 외국인들이 단순히 한국의 긍정적 이고 좋은 이미지만을 수용하는 존재가 아니라는 점을 보여준다. 한국 드라마와 같은 한류의 문화계발 효과는 외국인 수용자들의 특 성과 경험에 따라 긍정적 경험과 부정적 경험을 차별적으로 끌어내 거나 동시에 끌어낼 수 있고, 경험, 시간의 추이에 따라 문화계발 효과가 변화를 거듭할 수 있음을 보여주고 있기 때문이다. 결과적 으로 외국인의 한국에 대한 이미지 형성과정에서 미디어의 영향력 은 쉽게 간과할 수 있는 부분이 아니지만, 한국의 이미지를 형성하 는 데에 있어서 한국 문화콘텐츠를 비롯한 한류뿐만 아니라, 현지 의 언론 또는 인터넷에서 다루는 내용과 수용자의 판단, 사고방식 및 자신의 경험들도 중요한 원인이 될 수 있음을 짐작하게 한다.

문화계발 효과는 미디어의 '장기적, 누적적'인 효과를 강조한 이론 이다(Potter, 2014). 그러나 대부분의 선행연구가 양적인 연구방법으 로 진행되었고, 이 과정에서 미디어의 일시적 영향력만을 검증해 왔 기 때문에 미디어 효과 형성 후 효과의 지속성 여부와 변화과정을 간과할 수밖에 없었다. 이에 이 연구는 질적인 연구방법을 통해 한국 거주 대만인들의 한국 이미지 형성과정을 파악함으로써 미디어의 영 향과 시간 추이에 따른 수용자의 경험 변화 및 심리적 처리 과정 등 이 서로 어떻게 결합하고 상호작용을 하는지를 추적하고자 한다.

2. 소셜미디어 시대 문화계발
   효과의 변곡(變曲)과 반향(反響)

1) 전통적 문화계발이론의 발전과 비판

문화계발이론이 제안된 이래, 많은 학자에 의해 이론의 개념적, 방법론적인 문제점들이 활발히 제기되었다. 이에 문화계발이론은 이미 수차례의 수정 과정을 겪었다. 초기 문화계발이론은 중시청자 측정에 관한 문제 제기(Hughes, 1980), 데이터 재검증의 실패에 관한 문제 제기(Hirsch, 1980)에 직면했다. 텔레비전 노출량보다 개인의 인구 통계학적 차이, 프로그램의 선택성, 지각된 현실성, 개인이 처한 환경과 같은 변인이 계발 효과 유발에 핵심적 역할을 한다는 반론도 제기된 바 있다(Doobs & McDonald, 1979; Eschholz, Chiricos, & Gertz, 2003; Rubin, Perse, & Taylor, 1988). 비교적 최근에는 한 사회에 관한 문화적응 정도와 같은 수용자 특성도 미디어의 문화계발 효과에 영향을 미치는 핵심적 요인으로 고려되고 있다(이민규·우형진, 2004; Woo & Dominick, 2001, 2003).

앞서 소개한 문화계발이론 활용 연구결과들은 텔레비전 시청자는 미디어 정보의 단순하고 수동적 수용자가 아니라, 사회 내의 구조적 위치와 개인적 경험을 바탕으로 주관적으로 메시지를 수용하고, 수용과정에서 의미를 구성한다는 점을 짐작할 수 있다. 즉, TV 시청과 시청 후 형성되는 특정 주제에 관한 인식과 신념 사이에 연관성이 존재한다(Herrett-Skjellum, & Allen, 1996; Morgan, & Shanahan, 1997; Oppliger, 2007)는 것은 부정할 수 없지만, 미디어와 수용자 인식 사이에 생각보다 복잡한 요인들이 개입하게 되고, 그 요인들이 상호작용을 하는 과정에서 문화계발 효과가 형성된다는 것이다.

한편, 문화계발이론이 다른 변수의 영향을 무시한다는 비판에 대응하여 거브너와 그의 동료(Gerbner et al., 1980)들은 주류화(mainstreaming)와 공명(resonance)의 개념을 제시한 바 있다. 주류화란 획일적인 이미지를 나타내는 텔레비전의 힘이다. 텔레비전에서는 차이가 편집된다. 대신 대다수 시청자가 수용할 수 있는 혼합된 균일한 이미지가 제공된다. 문화계발이론은 이러한 의례적인 패턴이 동일성과 획일성을 강화한다고 주장했다(Gerbner, Gorss, Jackson-Beeck, Jeffries-Fox, & Signorielli, 1978). 그러나 기술의 발전, 미디어 시스템의 확장 및 차별화에 따라 미디어의 주류화 영향은 점차 사라지고 있다고 평가받고 있다(Jansson, 2001; Morgan, & Shanahan, 2010).

기술의 발전에 따라 텔레비전 장르와 콘텐츠를 담아내는 미디어가 다양해지고 있다. 이에 같은 사건이나 현상에 관한 묘사라고 해도, 프로그램이나 메시지를 전송하는 채널의 특성에 따라 각기 차별화된 내용으로 표현될 수 있다. 또한, 차별화된 내용에 따라 영향력도 다를 수 있다(백상기·이양환·장병희·류희림, 2011; Grabe, & Drew, 2007; Iyengar, 1991). 구체적으로 텔레비전 뉴스 및 범죄 관련 리얼리티 쇼는 신문이나 범죄 드라마보다 범죄에 관한 인식과 두려움에 더 많은 영향을 미치는 것으로 나타났다(Chiricos, Padgett, & Gertz, 2000; Eschholz, Chiricos, & Gertz, 2003; Romer, Jamieson, & Aday, 2003). 그라브와 드류(Grabe, & Drew, 2007)에 따르면 TV 드라마의 경우에는 범죄에 관한 문화계발 효과가 없는 것으로 나타났지만, TV 뉴스는 사회에서 발생하는 범죄 빈도에 관한 인식에 영향을 미치고, 신문은 개인적으로 인식된 범죄 위험의 평가에 영향을 미치는 것으로 나타났다.

황우녑과 이정기(2017)의 연구에 따르면, 대만 영화, 방송, 뉴스, 광고, 그리고 한국 방송에서의 대만 콘텐츠와 한국에서 활동하는 대만 출신 연예인 등 다양한 미디어 노출이 한국인의 대만, 대만인 인식과 태도에 각기 다른 영향을 미치는 것으로 나타났다. 구체적으로 한국에서 대만 관광청 광고 노출이 많을수록, 한국 미디어 속 대만 연예인 노출이 많을수록 '대만인'에 관한 긍정적 인식이 형성되는 것으로 나타났다. 그리고 대만 영화 관람 정도가 높고 대만 관광청 광고 노출이 많을수록, 한국 미디어 속 대만 연예인 노출이 많을수록 '대만'에 관한 긍정적 인식이 형성되는 것으로 나타났다. 또한, 대만 영화 관람 정도가 높고, 한국 미디어 속 대만 연예인 노출이 많을수록, 대만과 대만인에 관한 긍정적 인식이 높을수록 '대만 방문'에 관한 긍정적 인식이 높은 것으로 나타났다.

미디어 시스템의 확장과 차별화 역시 산업화 이후 현대화 과정의 중요한 특징 중 하나로 평가받고 있다. 그리고 미디어 산출물의 전문화는 수용자들의 미디어 이용 패턴을 더욱 개별화하게 만든 원인이 되었다(Jansson, 2001). 즉, 개별화된 다중미디어 이용 환경에서 미디어 메시지나 매개된 문화 기호의 통일된 흐름을 통해 통일적 국가 이미지를 형성하는 것은 이제 불가능한 일이 되었다고 해도 과언이 아니다. 프로그램의 다양성이 확보된 나라의 경우 문화계발 효과가 약하게 나타난다는 연구결과도 같은 맥락으로 해석될 수 있다(Morgan, & Shanahan, 2010).

이는 비록 한국의 문화콘텐츠가 한류라는 문화적 흐름을 형성하고, 미디어를 통해 외국인에게 노출됨으로써 외국인의 한국 이미지 제고에 긍정적인 영향을 미치는 것으로 조사(한국문화산업교류재단, 2017)된다고 해도, 외국인들은 또 다른 미디어 채널을 통해 얼마든지 한국에 관한 다른 정보를 접할 수 있게 된 현실을 보여준다. 그리고 이는 다른 미디어를 접하는 과정에서 초기에 형성된 한국에 대한 이미지가 더욱 긍정적으로 혹은 부정적으로 변화할 수 있음을 예측하게 한다.

문화계발 효과 연구는 주로 전통 매체인 텔레비전을 메시지 시스템으로 간주하여 이루어져 왔다. 그러나 최근에는 문화계발 효과 연구가 공유된 이야기와 가치를 전달하는 집합적, 상징적 환경을 특성으로 하는 SNS에도 적용 가능하다는 주장이 제기되고 있다(나은영, 2012; 이준웅·장현미, 2007; 최윤정·이종혁, 2016; Morgan, Shanahan, Signorielli, 2015).

예컨대, 나은영(2012)의 연구에서 SNS 중이용자는 SNS가 실제 현실을 더욱 잘 반영하고 있다고 생각했다. 문화계발 효과가 검증된 것이다. 그리고 보수성향의 이용자가 SNS에서 보수의 비율을 높게 추정하고, 진보성향의 이용자가 SNS에서 진보의 비율을 높게 추정하는 이른바 합의착각 효과도 검증되었다. 인터넷은 다양한 정보와 각양각색의 사람들을 접촉할 기회를 제공한다. 그러나 동질적인 정보 추구와 동질적 사람들만을 선호하는 이용자의 한정된 정보 접근 경향은 결국 동질적 의견을 과대 수용하게 할 가능성을 제기한다(나은영, 2006, 2012).

다중미디어 시대, 사람들의 미디어 이용 패턴은 더 이상 단일 미디어 이용에만 제한되지 않는다. 텔레비전을 시청하는 동시에 다른 시청자들과 온라인 가상공간에서 대화를 진행하기도 하고, 사회적 의견을 교환하는 사회적 시청행위가 나타나기도 한다(최윤정, 2014). 이러한 상황에서 텔레비전을 시청하게 될 경우, 온라인 대화가 결국 프로그램 몰입을 방해하고, 이는 문화계발 효과에 부정적인 영향을 주게 된다(최윤정·이종혁, 2016).

초기의 문화계발이론 연구가 제시하고 있는 주류화 가설은 점차 영향력을 상실해 가고 있다. 오히려 미디어의 특성과 차별화된 메시지, 그리고 개인에 의한 차별화된 이용 패턴에 따라 수용자들이 경험하게 되는 계발 효과는 차별적으로 나타날 수밖에 없다. 아울러, 더 이상 수용자들은 전통적 미디어를 통해 메시지를 피동적으로 수용하기만 하는 존재가 아니다. 수용자들은 전통미디어 수용과 함께 상호작용성이 극대화된 인터넷과 SNS를 통해 각종 정보를 능동적으로 수용하는 과정을 거치는 존재로 진화하고 있다. 이는 새로운 형태의 문화계발 효과 검증의 필요성을 제시하고 있다.

2) 전통적 문화계발이론의 확장: 공명효과의 등장

거브너와 동료들(Gerbner et al., 1980)에 따르면 공명효과는 특정 집단의 문화계발 효과가 더 크다는 것을 의미하는 개념이다. 예컨대, 범죄에 관한 우려는 텔레비전 중시청자 중 여성 또는 우범지역 거주자가 높았다. 연구자들은 여성의 범죄 취약성과 우범지역 거주경험 등으로 인해 계발 효과가 강화되기 때문이라고 주장했다(Signorielli, & Morgan, 1990). 이처럼 공명효과는 텔레비전 시청자의 개인적 경험의 중요성을 강조하며, 시청자 자신의 실제적 경험이 텔레비전에서의 묘사와 비슷할 경우, 텔레비전 메시지가 인식에 미치는 영향이 증폭되어 문화계발 효과가 강화된다고 주장한다(Bryant, & Thompson, 2001). 그러나 공명효과에 관한 검증은 늘 일치하지 않았다.

일부 학자들은 기존 공명효과에 대한 반론을 제기하였다(우형진, 2006; 이정기·김영수·박경우·금현수, 2016; Woo, & Dominick, 2001, 2003). 그들의 연구결과에 따르면, 특정한 상황에 관한 지식과 경험의 미비는 오히려 수용자에게 텔레비전을 의존하게 하며, 문화계발 효과를 강화할 수 있다. 반면, 수용자가 사전 지식과 직접적인 경험을 가진 경우에는, 텔레비전에서 왜곡된 내용과 비교하여 판단할 수 있으므로 오히려 문화계발 효과가 축소될 가능성도 있다(우형진, 2006; 이정기 등, 2016).

또한, 백상기 등(2011)의 재외동포 한국 뉴스 미디어 이용 연구에서는 인터넷과 텔레비전 뉴스의 문화계발 효과가 없거나 적은 대신 신문의 중노출자가 문화계발 효과를 나타내는 것으로 나타났다. 이러한 결과는 인터넷과 TV 뉴스의 쉬운 접근성 때문에 한국의 상황을 더욱 쉽게 파악할 수 있고, 정확한 정보를 얻을 수 있었지만, 신문의 경우, 지면의 제한과 실시간 업데이트가 불가하다는 특성 때문에 오히려 문화계발 효과가 유발되었다는 맥락에서 해석될 수가 있다. 반면, 이정기(2016)의 연구에서는 연령대별, 성별, 그리고 정치성향에 따라 특정한 이슈에 관한 차별적인 공명효과가 있는 것으로 검증되었다. 공명효과의 반론에 대한 재반론을 제기한 것이다.

종합적으로 정리하면, 문화계발이론은 반론에 반론을 거듭하면서 발전하고 있다. 그리고 다중미디어 환경에 따라 문화계발을 끌어내는 미디어도 텔레비전에 한정되지 않고, 다양한 미디어로 확장되고 있으며, 문화계발 효과를 끌어내는 사회·심리적 변인도 충분히 고려되며 연구가 이루어지고 있음을 확인할 수 있다.

3) 문화계발이론 비판과 '변곡(變曲; inflection)'

문화계발 효과는 미디어의 장기적, 누적적인 영향을 강조하는 거시적인 이론임에도 불구하고, 대부분의 연구가 미디어의 단기적인 효과에만 치중하는 실증주의적 패러다임의 서베이를 중심으로 진행되어 왔다. 하지만, 인간의 삶은 고정불변한 것이 아니다. 삶의 흐름에 따라 인간의 단계적 역할도 시시각각 변하기 마련이다. 선행연구에 의하면 문화적응 정도, 군대 복무경험, 사회 구조적 위치와 같은 개인의 경험과 특성이 차별적 문화계발 효과를 끌어내는 것으로 나타났다(이민규・우형진, 2004; 이정기, 2016; 이정기 등, 2016; Woo & Dominick, 2001, 2003).

그러나 경험의 영향은 단기적으로만 나타나는 것이 아니다. 시간의 추이에 따라 누적될 수도 있고, 인간의 단계적 역할, 사회 구조적 지위의 변화에 따라 바뀔 수도 있다. 즉 미디어의 영향은 시간의 추이에 따라 축적될 수도 있고, 약화될 수도 있다. 다시 말해 단기적으로 특정 미디어의 영향에 의해 문화계발 효과가 형성되었다고 해도, 이후 시간의 추이와 경험에 따라 문화계발 효과는 증폭될 수도 축소될 수도 있다. 아울러 다중미디어 환경이 조성되고 국가 간 여행이 상대적으로 어렵지 않게 됨에 따라 외국인이 텔레비전을 통해 처음 경험한 한국의 모습은 인터넷 커뮤니티, 혹은 한국에서의 경험을 통해 증폭되거나 축소될 수도 있다.

결과적으로 문화계발 효과는 단일적, 직선적인 방식으로 수용자들에게 받아들여지는 것이 아니라 시간의 추이와 경험 등에 의해 곡선적인 방식으로 변화되는 과정을 겪는다. 장기적, 누적적 관점에서 문화계발 효과가 변화, 변곡(變曲; inflection)될 수 있다는 것이다. 이러한 관점에서 볼 때, 한국에 거주하고 있는 대만인이 한국과 대만의 소셜미디어를 이용하는 과정과 함께 다양한 문화적 체험을 하는 과정에서 한국에 대한 이미지를 형성하게 되고, 형성된 이미지의 변화를 경험하게 될 것으로 생각해 볼 수 있다.

여기에서 변곡은 이러한 미디어 효과의 변화과정과 굴절 현상을 비유적으로 표현한 말이다. 변곡(變曲)은 표면적으로 "변화(變化)하는 굴곡(屈曲)"으로 이해할 수 있다. 그리고 변곡선(變曲線)이라는 표현은 "어떤 일이나 어떤 사람의 인생에 생기는 굴곡"을 비유한 말로 쓰이기도 한다. 학술 연구에서 변곡은 시간의 추이에 따라 특정 통계치가 변화하는 추이를 파악하기 위한 개념으로 활용되기도 한다(설재훈, 2003). 기존 문화계발이론의 공명효과는 시간의 추이에 따른 계발 효과의 역동적인 변화의 과정, 즉 변곡의 과정을 충분히 담아내지 못하고 있다. 일부 진행된 문화계발이론 연구 역시 데이터 수집의 한계 때문에 문화계발 효과의 누적적인 효과 검증이 어렵다고 말하고 있다(Tsay-Vogel, Shanahan, & Signorielli, 2016).

따라서 이 연구는 질적 연구방법, 현상학적 방법을 활용하여 한국 거주 대만인(외국인)의 한국 이미지 형성의 장기적이고 누적적인 과정을 긴 호흡으로 추적해 보고자 했다. 이를 통해 미디어의 영향 및 자신의 경험이 어떻게 서로 영향을 미치면서 상호작용을 하는지에 관한 수용자의 인지 과정을 파악하고자 했다.

4) 문화계발이론의 비판과 '반향(反響; reverberation)'

과거의 문화계발 효과 연구는 주로 텔레비전을 비롯한 전통미디어를 중심으로 검증되어 왔다. 비록, 최근 소셜미디어 시대의 도래와 함께, 인터넷과 소셜미디어에서의 문화계발 효과 연구도 진행되고 있지만, 관련 연구 역시 여전히 미디어 이용자를 메시지의 수용자만으로 간주하고 있다(나은영, 2012; 이준웅·장현미, 2007; 최윤정·이종혁, 2016). 하지만, 문화 소비는 디코딩(해석)의 과정뿐만 아니라 특정 사회적 맥락에서 사회적 행위자에 의한 재-인코딩(표현)을 포함한다(Jansson, 2002).

인터넷과 소셜미디어의 발달과 함께, 최근의 미디어 이용행태는 전통의 일방적 선형 방송에서 쌍방향적 상호작용으로 전환되고 있다. 이에 따라 미디어와 수용자, 생산자와 소비자의 경계가 점점 사라지고 있으며, 이들은 인터넷 또는 소셜미디어상에서 거의 동등한 위치에 있으며, 누구나 정보의 생산과 유통을 할 수 있게 되었다(김미경·박은희, 2012). 결과적으로 미디어에서 개인에게 미치는 영향 또한 개인의 반향(反響; reverberation)으로 새로운 영향을 발휘할 수 있게 되었다.

예컨대, 한국의 경험을 통해 한국 거주 대만인이 형성한 한국의 이미지는 개인의 소셜미디어, 유튜브 계정을 통해 색이 입혀져 또 다른 대만인에게 공유되는 현상이 발생하게 된다. 이러한 현상은 소셜미디어를 통해 대만인들이 한국을 직접 방문하지 않고도 한국을 방문한 사람들의 경험을 간접적으로 차용하여 한국에 대한 이미지를 형성하거나 수정할 수 있는 상황을 만들어 낸다.

2018년 4월 말, 한 한국 유튜버가 대만에서 택시기사에게 바가지를 썼다는 내용의 영상을 업로드하여 대만 사회에서 이슈가 된 적이 있다. 그 유튜버는 대만 여행 중 택시를 이용해 어딘가를 가려고 했다. 택시가 움직이던 중 유튜버는 택시가 의도적으로 길을 돌아 자신에게 바가지를 씌운다고 판단했다. 그러나 이는 해당 유튜버가 대만 언어, 지리 등에 익숙하지 않아서 발생한 오해였다. 이를 알 리가 없는 유튜버는 이후 자신의 유튜브에 택시기사를 강하게 비난하는 콘텐츠를 업로드했다. 이 영상이 업로드된 뒤 대만과 대만 택시기사를 비난하는 수많은 댓글이 달렸다. 심지어 이 사건은 한국 인터넷 언론사 인사이트를 통해 보도되어(전중강, 2018. 04. 29) 대만에 관한 부정적 인식을 유발하기도 했다. 이 사건이 대만 네티즌들에게 알려지면서 대만 네티즌들은 한국 유튜버의 왜곡된 인식을 바로잡기 위해 해당 영상의 댓글을 통해 불만을 표출하기도 했다(吳孟庭, 2018. 05. 22). 사건이 대만 네티즌들에게 이슈가 되자 며칠 뒤 한국인과 결혼하여 한국에 거주 중인 한 대만 유튜버가 해당 영상을 분석하고, 한국 유튜버의 오해 상황을 설명한 영상을 업로드했다. 관련 내용은 대만의 이티투데이(吳孟庭, 2018. 05. 22), 한국의 한국일보(이순지, 2018. 05. 23) 등의 언론을 통해 보도되었고, 이로 인해 한국인 유튜버에 관한 한국인과 대만인들의 비난은 더욱 거세졌다. 결국, 논란을 일으킨 한국인 유튜버는 자신의 유튜브에 사과 영상을 올렸다.

앞선 사례는 소셜미디어 시대, 매스미디어를 통해 형성된 특정 국가에 관한 인식이 유튜브와 같은 소셜미디어를 통해 강화되거나 변화될 수 있다는 것을 보여준다. 이와 함께 소셜미디어를 통해 형성된 계발 효과가 또 다른 형태의 소셜미디어에 의해 재변화될 가능성이 있음을 보여준다. 또한, 이 사례는 소셜미디어 시대, 매스미디어와 소셜미디어에 의해 영향을 받아 특정한 문제에 관한 인식을 형성한 사람이 언제든 불특정 다수의 다른 사람들에게 새로운 영향을 미칠 수 있는 환경, 이른바 '반향(反響; reverberation)'을 일으킬 수 있는 환경이 조성되었음을 보여준다.

표준국어대사전에 따르면 반향은 "어떤 사건이나 발표 따위가 세상에 영향을 미치어 일어나는 반응", "소리가 어떤 장애물에 부딪혀서 반사하여 다시 들리는 현상"으로 정의된다. 마케팅 영역에서 특정 제품에 관한 소비자 평가가 특정 브랜드에 관한 평가에 영향을 미칠 수 있고, 이를 브랜드 확장의 반향효과로 지칭한 연구도 존재한다(허종호, 2016; Gürhan-Canli & Maheswaran, 1998). 이에 이 연구에서 의미하는 반향은 한국 거주 대만인이 소셜미디어를 통해 자체적으로 생산한 한국 관련 콘텐츠를 공유하는 행동을 일컫는다. 다시 말해 반향은 변곡의 과정을 통해 형성된 한국에 대한 이미지가 새로운 한국 관련 콘텐츠의 형태로 구성되어 SNS를 통해 불특정 다수에게 노출되는 현상을 지칭한다. 반향은 변곡에 의해 형성된 생산물인 동시에 새로운 변곡을 끌어내는 원동력이 될 수도 있다는 측면에서 주목할 만한 개념이라고 판단했다. 비록 타인의 반향을 수용하는 차원에서 반향은 소셜미디어 생산물 중의 하나에 불과하지만, 개인이 반향을 수행하는 차원에서 자신의 지식과 경험을 바탕으로 타인에게 영향을 미칠 가능성이 존재한다는 측면에서 의미가 있다.

이 연구는 2000년대 이후 수용자들의 미디어 이용행태의 변화과정에 주목함으로써 과거의 문화계발 효과 연구에서 중시했던 전통 미디어의 일방적인 효과 형성과정에 관한 문제를 제기하고자 했다. 지금까지 문화계발 효과 연구에서 다루는 영향은 수용자 인식에 미치는 것만으로 그쳤으며, 그러한 영향의 새로운 발전 가능성, 즉 개인으로 인한 영향에 관한 탐색이 이루어지지 않았다. 따라서 본 연구는 한국 거주 대만인의 한국 이미지 형성의 역동적인 변곡(變曲) 과정 추적과 그들의 반향(反響) 현상을 관찰함으로써, 문화계발 효과의 확장 가능성을 모색해 보고자 했다.

대만인의 한국 이미지
형성과정에 관한 논의

대만은 한국과 유사한 정치·사회적 배경을 가지고 있다. 일본에 의한 식민지 경험, 이념 대결과 분단, 독재 정권의 장기 집권, 민주화 운동에 의한 정권 교체 등의 정치·사회적 흐름이 유사하다. 또한, 자본주의 정치 시스템과 유교라는 사회문화적 양식을 공유하고 있다는 공통점도 있다(李子千, 2011). 그리고 대만과 한국은 '아시아의 네 마리 용' 중 하나로 언급되어 왔을 정도로 경제적 수준이 아시아 최상위권에 속한다. 이처럼 대만과 한국은 여러 가지 측면의 공통점을 가지고 있다. 이는 대만 언론이 한국을 대만의 경쟁 대상으로 언급(林宗偉, 2012; 劉莞青, 2015)하게 된 원인이 되었다.

1990년대 대만은 경제적으로 한국을 앞서고 있었다. 이러한 상황은 2000년 초반 한국 경제의 비약적 발전으로 인해 역전된다. 경제적 역전 현상은 대만 언론이 "성장 중인 한국"과 "정체 중인 대만"을 대조하여 보도하게 된 원인이 되었다(經濟日報, 2018. 1. 11). 대만 언론의 이러한 보도 경향은 1992년 8월 한국이 하나의 중국 원칙을 고수하는 대-중국 수교 체결을 위해 대만에 일방적 단교를 통보한 역사적 상황 속에서 확대되었을 것으로 추측된다. 이후 스포츠 영역에서도 대만은 늘 한국을 가상의 적으로 상정하게 되었다. 2013

년 월드 베이스볼 클래식(World Baseball Classic 2013)에서 유래된 이른바 "한국을 너무 이기고 싶다"1)라는 구호는 대만 언론의 대-한국 정서를 잘 표현해낸 것으로 보인다.

한편, 대만은 대중화문화권(大中華文化圈)의 정통(正統)을 계승한다는 우월감을 가지고 있다. 이러한 우월감은 한국에 관한 태도에서 나타나기도 한다. 대만은 자국을 중국과의 상호작용 속에서 판단하고 있기 때문이다. 따라서 한국에 관한 사상적 우월감을 가지고 있다(江佩蓉, 2004). 더불어 대만은 한국전 참전 이후 1992년 한국과 단교(斷交)하게 될 때까지 한국을 형제지국(兄弟之國)으로 인식하고 있었고, 이 과정에서 대만은 한국에 도움을 주는 국가, 앞서는 국가라는 비교우위의 인식을 하고 있었다.

그러나 1992년 한국은 대만과의 수교 관계를 일방적으로 종료하게 된다. 이후 두 나라는 '가깝지만 먼 나라'가 되어 버렸다(최창근·홍길동·신아람, 2012). 한국의 일방적인 수교 단절은 대만에 강한 배신감을 느끼게 했고, 대만에 한국은 배은망덕한 파렴치한 국가가 되었다(朱立熙, 1993; 朱立熙, 2015). 특히 단교 당시 한국 정부는 '하나의 중국' 원칙으로 대만의 대사관을 중국으로 양도하였다. 더욱이, 한국은 대만의 외교·영사 인원들에게 24시간 이내에 관사를 비우고 출국해야 한다는 요청을 내렸고, 대만 외교부의 철수과정은 대만 방송사들에 의해 생중계되었다. 이후 대만은 한국

---

1) 2013년 월드 베이스볼 클래식(World Baseball Classic 2013)에서 대만과 한국의 경기가 생중계되는 동안, 대만 현지 앵커 쉬잔위안(徐展元)은 눈물을 흘리며 "한국을 너무 이기고 싶다!"라고 소리쳤고, 이는 대만 네티즌들에게 큰 호응을 얻었다. 그 이후, 한국의 야구 경기가 있을 때마다 "한국을 너무 이기고 싶다"라는 구호가 등장하였다. 2018 아시안게임의 야구 경기에서 대만이 한국을 2대 1로 이겼을 때, 대만 언론은 드디어 "진짜 이겼다"라는 타이틀로 바꿀 수 있었다(NOWnews今日新聞, 2018. 8. 27).

에 관한 경제·무역 혜택을 철회하였고, 대만과 한국 간의 항공 운항을 중지시키는 등 여러 보복성 조치를 하게 된다. 양국 간의 사회·문화적 교류가 대부분 단절된 것이다(문홍호·주리시, 2015).

양국 간의 교류가 본격적으로 재개된 시점은 1990년대 중·후반 대만 방송사의 환경 변화에 기인한다. 이 시기 대만은 케이블 방송사의 설립·합법화가 이루어진다. 케이블 방송사 설립·합법화는 자연스럽게 급격한 채널의 증가와 치열한 시청률 경쟁으로 이어지게 된다. 대만 방송사들에는 제작 시간과 비용이 많이 필요한 자체 제작 콘텐츠보다 해외 콘텐츠를 수입하는 것이 더 효율적인 선택이었다(이정기·황우념, 2016). 한편, 이 시기에 대만에는 일본 문화 열풍이 분다. 이 과정에서 일본 드라마의 수입가가 폭등했고, 대만 방송사는 값싼 한국 드라마에 관심을 가지기 시작했다(허욱, 2009). 아이러니하게도 일본 드라마의 대체제로 수입한 한국 드라마가 대만에서 큰 인기를 얻기 시작했고, 한국 드라마는 대만을 비롯한 아시아 전 지역에서 한류 열풍이라는 문화적 현상을 만들어 내기 시작했다.

한류의 흥행은 한국 드라마에 등장하는 배우, 요리, 패션, 휴대폰, 화장품 등 다양한 한류 제품들의 구매 열기를 고조시켰고, 한국 관광, 한국어학습 열풍을 끌어내기도 했다(郭秋雯, 2011). 한국관광공사(2018)의 통계에 따르면, 2000년 한국에 방문한 대만인은 127,120명에 불과했다. 그러나 2018년 한국 방문 대만인의 수는 100만 명에 이를 것으로 전망되고 있다(黃仕揚, 2018. 8. 29). 한국에 관한 대만인의 관심은 2011년 400여 명에 불과하던 한국행 워킹홀리데이 비자의 정원이 2016년 600명(樂嘉妮·黃昭盛, 2017. 3. 3), 2018년 800명으로 확대하게 된 원인이 되었다(翁嫆琋, 2017. 12. 28). 이처럼 한류는 대만인들에게 한국에 관한 다양한 형태의 관심을 끌어내게 되었다.

대만에서 '한류'2)라는 용어가 최초로 나타난 것은 1997년이다. 아시아 금융 위기 이후 한화 가치가 급감하여, 대량의 한국 제품을 덤핑 수출함에 따라 대만의 수출 산업은 큰 타격을 입게 된다. 당시 대만 언론은 한국의 대량 저가 수출 제품을 '한류(韓流)'라는 단어로 묘사했다. 즉, 한류라는 용어는 대만 산업에 관한 타격을 묘사한 것이었다(中國時報, 1997. 12. 12.: 聯合晚報, 1997. 12. 25.: 江佩蓉, 2004, 재인용). 즉, 그 당시의 '한류(韓流)'라는 단어는 한국 제품을 지칭하는 것인 동시에 차다는 의미의 중국식 발음과 같은 '한류(寒流)'의 뜻을 포함함으로써 대만의 수출 산업의 침체기를 표현한 것이었다.

2000년 이후 대만의 케이블 TV에서 방송된 <불꽃>, <가을동화>, <겨울연가>, 그리고 <대장금> 등의 한국 드라마가 인기를 얻기 시작했고, 한류는 한국의 대중문화를 지칭하는 단어로 다시 명명되었다(施佩姍, 2013). 그러나 대만에서의 한류 현상에는 한국문화에 관한 이질성이 포함되어 있다. 구체적으로 대만에서의 한류 현상은 한국을 동경하고 좋아하는 '합한(哈韓)' 감정, 한국에 대해 염려하는 '공한(恐韓)' 감정, 그리고 한국을 적대시하는 '구한(仇韓)' 감정이 모두 포함되어 있다(江佩蓉, 2004).

곽추문(郭秋雯, 2011, 2018)의 연구에 따르면, 대만인의 한국 이미지 형성과 한국에 관한 정보는 대부분이 미디어나 주변 지인들을 통해 얻게 된다. 특히 언어의 장벽으로 인해, 한국에 관한 지식과

---

2) 이은숙(2002)에 따르면 "한류"라는 용어가 최초로 등장한 것은 중국 <북경청년보(北京靑年報)>의 1999년 11월 19일 자 "동풍(東風)도 동점(東漸)할 때가 있다"라는 기사에서다. 그러나 한류라는 단어는 1997년 이미 대만에서 활용되고 있는 단어였다.

정보는 미디어를 통해서 접하게 되는 경우가 많다. 따라서 미디어에서 한국에 대해 편협하게 묘사하게 되면 대만인은 한국인을 부정적으로 인식할 수밖에 없다. 즉, 대만인의 한국 인식을 형성하는 과정에 가장 중요한 역할을 하는 것은 미디어다(林宗偉, 2012). 이는 대만인의 한국 인식에 전통적 의미의 문화계발 효과(cultivation effect)가 작용할 수 있음을 의미한다.

문제는 대만인이 인식하는 한국문화의 방향이 부정적이라는 것이다. 대만인은 한국을 '서열 관계 중시', '민족성과 자존심이 강하다.', '경쟁이 치열하고 스트레스가 크다.', '남성 우월주의' 외에는 '단결', '애국주의', '권위주의', '보수적', '외모지상주의', '오만' 등으로 인식했다. 대만인의 한국인에 관한 인식은 '강한 민족성', '애국', '승부욕', '적극성', '체면 중시', '성형', '배타적', '이기적' 등의 특성이 나타났다(곽추문, 2015). 대만 IT 산업 종사자들의 한국 인식은 전반적으로 부정적이었고, 한국인과 접촉 경험이 있는 사람 중 '한국인은 믿을 수 없고, 신뢰할 수가 없다', '한국인이 싫다.' 등의 부정적인 인식을 하는 사람의 비율은 무려 97%로 나타나기도 했다(곽추문, 2011).

종합적으로 정리하면, 대만인의 한국 이미지 형성과정에서 가장 큰 영향을 미치는 것은 미디어인 것으로 보인다. 물론 관련 연구가 누적된 것이 아니기에 한국 이미지 형성과정에서 미디어의 역할에 관한 추가적 연구가 필요한 상황이다. 그리고 미디어 외에도 역사적, 문화적, 경제적, 산업적, 그리고 개인 경험적인 요소들이 서로 복잡하게 상호작용을 하여 대만인의 한국인 이미지를 형성하고 있는 것으로 보인다.

다만 지금까지 진행해왔던 한국 이미지 형성에 관한 연구들은, 대부분 한류와 관련된 미디어의 영향력 연구가 주를 이루고 있다 (김주연·안경모, 2012a; 김주연·안경모, 2012b; 이양환, 2014; 이재은·강지원·신정신·최용석, 2017; 진효화·이기종, 2014; Vu, & Lee, 2013). 이러한 미디어 영향력 연구에서는 미디어와 수용자의 인식 사이에 상관관계를 파악하는 것으로 외국인의 한국 이미지 형성과정을 지나치게 단순화하여 파악하는 경향이 있다. 이에 기존 양적 연구에서 측정하기 어려운 외국인의 한국 이미지 형성과정, 내적 처리 과정을 추적하는 후속연구가 필요하다고 판단된다.

국가 이미지 형성과정에 관한 질적인 접근

지금까지 국가 이미지 형성과 관련된 연구들은 주로 실증주의적 연구의 형태로 이루어져 왔다. 대부분의 연구는 문화계발이론을 이론적 틀로 적용하고 있으며, 미디어 콘텐츠 노출이 수용자의 태도나 인식 또는 행동(의도)에 미치는 영향 등을 분석하고 있다. 이러한 접근은 수용자를 단순히 미디어에 영향을 받는 존재, 즉, 피동적, 수동적 수용자로만 간주하고 있다. 문화계발이론을 차용한 한류 연구는 주로 한류가 외국인 수용자의 긍정적 한국 이미지 형성에 영향을 미친다는 것, 한류가 한국에 관한 긍정적 행동(의도)에 영향을 미친다는 것, 또는 한류로 인해 혐한 정서가 줄어들 수 있다는 것 등으로 요약될 수 있다(김주연·안경모, 2012a; 김주연·안경모, 2012b; 이양환, 2014; 이재은·강지원·신정신·최용석, 2017; 이희진, 2017; 진효화·이기종, 2014; Vu, & Lee, 2013). 이는 선행연구들이 주로 한류의 강력한 계발 효과를 강조해 왔음을 보여주는 것이다.

그러나 문화연구의 전통에서 바라보는 수용자상은 실증적 연구에서 다루는 수용자상과는 차이가 있다. 즉, 질적인 연구에서의 수용자는 단순히 특정 메시지에 영향을 받는 수동적 존재가 아니라 메시지를 해석하고, 그 과정에서 나름의 의미를 창출할 수 있는 능동적 수용자다. 다시 말해 질적 연구에서의 수용자는 메시지의 소비자이자 의미의 생산자로서 존재한다(나미수, 2015). 이러한 측면에서, 수용자가 미디어에서 얻게 되는 메시지를 어떻게 수용하고 해석하며, 의미를 부여하는지를 검토하기 위해서는 질적인 접근 방법이 양적인 접근 방법보다 적절할 수 있을 것으로 판단된다.

전술했듯 질적인 측면에서 국가 이미지 형성과정을 분석해 낸 선행연구는 많지 않은 편이다. 많지 않은 선행연구를 검토해 보면, 관련 연구가 크게 두 가지 유형으로 구분된다는 사실을 확인할 수 있다. 미디어 프레임 연구와 질적 수용자 연구가 그것이다.

첫째, 미디어의 프레임에서 재현되는 국가 이미지를 분석하는 형태의 연구다. 미디어 프레임과 관련하여 린종웨(林宗偉, 2012)는 대만·한국이 수교 관계를 종료한 1992년을 중심으로 1992년 이전과 이후의 대만 언론이 다루는 대만·한국 스포츠 관련 보도의 변화를 살펴보았다. 그 결과, 1992년 이전의 보도는 사건에 대해 상대적으로 객관적 입장을 취해 보도했지만, 1992년 이후의 보도는 사건에 관한 설명이 줄어든 대신 한국 또는 한국인에 관한 정서적인 묘사가 많아진 것으로 나타났다. 그는 이러한 현상을 혐한 보도 양상으로 보고, 이러한 미디어의 혐한 보도 양상은 시간적 추이에 따라 축적된다고 주장했다. 아울러 이러한 보도의 축적은 대만인들이 일종의 사회적 진실 및 집단 기억을 형성하게 되는 원인이 된다고 주장했다.

한편, 외국인에 관한 우범자 인식이 언론의 외국인 범죄 보도에 따라 형성, 강화된다는 연구(박상조·박승관, 2016), 이주노동자에 관한 언론의 부정적 보도 경향과 온라인 커뮤니티에서의 갈등 담론 등에 따른 부정적 이미지 형성 및 혐오 확산 가능성이 있다는 연구(임양준, 2012; 채영길, 2014), 한국 드라마 속에서 유색 인종과 흑인 혼혈은 사회 하위 계층으로 묘사되는 경향이 있다는 연구(주혜연·노광우, 2013), 미국 대중매체에서 나타난 아시아계 남성 이미지 연구(신혜영, 2011), 한국 다문화 프로그램에서 인종차별주의적 식민주의를 재현하는 경향이 있다는 연구(Kang, 2017) 등은 모두 미디어의 '타자'에 관한 묘사로 인하여 다른 나라, 인종, 그리고 외국인에 관한 부정적 인식 또는 고정관념이 형성될 수 있다는 연구 결과를 제시하고 있다. 이러한 연구들은 특정 국가, 국민에 관한 이미지 형성에 영향을 주는 미디어의 힘을 전제하고 있다. 그러나 이러한 연구의 대부분은 실제 수용자 인식에 관한 조사를 간과하고 있다.

둘째, 질적 수용자 연구다. 수용자들이 미디어에서 노출되는 메시지를 어떻게 해석하고 의미를 부여하는지, 어떠한 과정을 통해 특정 국가에 관한 인식이 형성되는지에 관한 연구 유형이다. 질적 수용자 연구는 실증주의적 수용자 연구에서 상정하고 있는 수동적 존재로서의 수용자관과 달리 수용자를 매우 능동적인 존재로 인식하는 능동적 수용자관을 가지고 있다. 능동적 수용자들은 메시지 노출 이후 스스로 메시지를 해석하고, 의미를 부여하는 과정을 거쳐 특정 상황에 관한 인식을 형성하게 된다.

예컨대, 질적 수용자 연구의 형태로 진행된 황우녑(2017)의 연구는 한국 영화 <부산행>에서 묘사되는 각종 사회적 계층의 인간상이 대만 관람객들에게 '인간성'에 관한 성찰을 유발하고 있음을 보여주고 있다. 그들은 영화를 보는 과정에서 대만과 한국의 사회적 상황을 서로 대조하는 과정을 거치는데, 이러한 과정에서 영화에 관한 공감이 유발되는 것으로 나타났다. 즉, 대만 관람객들은 한국 영화에서 비치는 '어두운 현실'을 마치 그들이 경험하고 있는 현실로 인식하게 되며, 이는 관람객들에게 일종의 문화적 '공명' 현상을 유발하게 되는 것으로 나타났다.

찬과 왕(Chan, & Wang, 2011)은 심층 인터뷰를 통해 한국 드라마에 관한 싱가포르 여성의 해독 과정을 분석하였다. 그들의 연구에 따르면 중국계 싱가포르 여성들은 한국문화와 중국문화의 유사성을 인식하고 있었다. 일부 사람들은 한국문화의 많은 전통이 중국에서 유래해왔다는 신념을 가지고 있었다. 따라서 한국 드라마에서 묘사된 가치는 중국계 싱가포르 여성들에게 이질적이지 않았다. 하지만 일부 젊은 연구 참여자들은 한국인이 '너무 전통적'이라고 느꼈으며, 그러한 가치관에 동의하지 못한다고 표현했다. 또한, 한국 드라마에서 묘사된 성적 계층 구조에 대해, 싱가포르 여성들은 자신이 처한 싱가포르 사회와 대조하면서, 그들의 사회가 한국보다 성적 평등이 더 잘 이루어지고 있다고 인식하는 것으로 나타났다.

한편, 궈자핑(郭家平, 2007)의 연구에 따르면 대만 여성 시청자들은 한국 드라마를 시청하더라도 한국에 관한 기존 태도와 인식이 쉽게 바뀌지 않는 것으로 나타났다. 더욱이, 대만 여성의 한국에 관한 (부정적인) 태도는 한국 드라마 선호와 크게 연관성이 없었다. 즉, 그들은 한국에 대해 부정적인 인식을 하고 있음에도 불구하고, 한국 드라마를 선호하고 즐겨보는 것으로 나타났다. 그리고 그들은 자신의 판단과 수요에 따라 한국 문화콘텐츠를 선택적으로 채택하고, 또한 다른 채널(언론 보도나 잡지, 인터넷 등)을 통해 얻은 정보와 자신의 직·간접적인 경험을 바탕으로 한국이라는 국가에 관한 이해를 형성하는 것으로 나타났다.

젊은 대만 남성의 한국 드라마 시청 경험 연구(陳姿伶, 2008)에서는 한국 드라마에서 재현되는 '남성 우월주의'에 대해, 대만 남성은 기본적으로 인정하지 못하여, 싫어하는 감정을 표출하였다. 그들은 한국 사회에서의 남녀 불평등 문제에 대해 대만의 상황과 거리를 두어, 마치 대만에서 그러한 문제들은 일어날 수 없는 것처럼, 대만 남성의 성찰이 불필요한 것으로 여겨지는 태도가 보였다. 이러한 한국의 남성 우월주의 및 가부장적 사회 분위기 인식은 그들의 혐한 정서를 정당화하는 기능을 수행하기도 했다.

이상의 결과들을 종합적으로 정리하면, 수용자들의 미디어 콘텐츠에 관한 채택은 능동적이고 주관적인 양상을 보여주고 있음을 확인할 수 있다. 그들은 때로 미디어를 통해 자신이 처한 현실에 관한 성찰을 하기도 하고, 때로는 미디어의 상황과 자신의 상황을 비교하고 대조함으로써 자신에 대해 긍정하거나 자기 생각을 정당화하기도 했다. 다만 지금까지 진행되었던 연구들은 단일적 문화콘텐츠에 관한 수용자 연구에 치중하고 있다. 국가 이미지 형성에 개입될 수 있는 다른 요소에 관한 언급은 극히 제한적이었다.

또한, 인터넷과 소셜미디어의 발달과 함께, 최근의 미디어 이용 행태는 단방향적·선형적 수용에서 쌍방향적·상호작용적 수용으로 전환되고 있다. 이에 따라 미디어와 수용자, 생산자와 소비자의 경계가 점점 사라지고 있다. 누구나 정보를 생산과 유통할 수 있게 된 것이다(김미경·박은희, 2012). 따라서 개인은 미디어에서 얻어진 메시지로부터 자신의 해석 방식에 따라 새로운 의미를 창출할 수도 있고, 미디어 메시지가 자신의 다른 경험들과 상호작용을 하면서 전혀 다른 새로운 인식이 형성될 수도 있다. 이렇게 개인에 의해 새롭게 창출되는 이미지들을 개인의 의지에 따라 온라인 공간을 통해 공유하는 '반향' 행위도 할 수 있게 되었다. 이와 같은 미디어 수용의 역동적인 과정에 관한 연구는 아직 진행된 바가 없었다. 따라서 본 연구는 한국 거주 대만인들의 한국 이미지 형성의 역동적인 과정을 추적함으로써, 미디어 이용자 연구의 새로운 가능성을 모색해 보고자 했다.

연구문제

이 연구의 목적은 기존 문화계발 효과 연구의 한계를 극복하고, 소셜미디어 시대 미디어 효과의 변곡과 미디어 이용자의 반향과정을 장기적인 호흡에서 질적인 방식으로 추적하는 데에 있다. 구체적으로 한국에 거주하고 있는 대만인의 대만과 한국에서의 소셜미디어 이용 경험, 문화적 경험이 어떤 맥락 속에서 이루어지고 있는지 확인하고, 이러한 경험이 한국에 대한 이미지 형성에 어떠한 기여를 하게 되며, 형성된 한국 이미지의 변화과정이 어떠한지에 대해 추적해 보고자 했다. 그리고 대만과 한국의 미디어 노출 경험과 문화적 경험을 통해 형성된 한국 이미지가 소셜미디어 등을 통해 공유되는 행동은 어떠한 맥락 속에서 이루어지며, 또한 어떠한 의미가 있는지를 확인함으로써 문화계발 효과의 변곡과 반향의 새로운 가능성을 도출하고자 했다. 즉 이 연구는 전통적인 문화계발 효과와 공명효과를 검증하고, 문화계발 효과의 변곡 과정과 문화계발 효과의 반향 경험, 그리고 반향의 효과에 근거한 문화계발 효과의 파생 변곡 가능성을 추적하기 위해 다음과 같이 4개의 연구문제를 설정하였다.

연구문제 1은 전통적 문화계발 효과의 검증에 관한 것이다. 한국에 관한 경험이 없는 대만인들이 대만에 거주할 당시의 한국에 대한 이미지가 어떠한지에 대해 추적함으로써 한국 방문 이후 한국에 대한 이미지와의 차이, 변화과정을 확인하기 위해 설정되었다. 구체적으로 한국에 대한 이미지를 형성하게 된 원인이 무엇인지, 매스미디어, 소셜미디어, 대인 커뮤니케이션과 문화적 경험이 한국에 대한 이미지 형성과 변화의 과정에 어떠한 영향을 주고 있는지, 어떠한 원인이 한국에 관한 초기 이미지 형성에 기여하고, 어떠한 원인이 한국에 대한 이미지를 왜곡, 강화하고 있는지 등에 대해 심층적으로 분석해 보고자 했다. 대만인의 한국에 대한 이미지 형성과정에서 문화계발 효과를 추적해 보고자 한 것이다.

연구문제 2는 문화계발 효과의 공명과 변곡 과정 추적에 관한 것이다. 즉, 한국을 방문한 이후 대만인들의 한국에 대한 이미지가 어떻게 변화하였는지를 추적하기 위해 설정되었다. 구체적으로 한국 방문 후 한국에 관한 어떠한 경험과 커뮤니케이션 상황이 한국에 대한 이미지 강화와 한국에 대한 이미지의 수정 과정에 영향을 주는지에 대해 심층적으로 분석해 보고자 했다. 즉, 연구문제 2를 통해서 이 연구는 대만인의 한국에 대한 이미지 형성과정에서의 공명효과와 변곡의 과정을 추적해 보고자 했다.

연구문제 3은 문화계발 효과의 반향 경험 확인에 관한 것이다. 즉, 한국에 방문한 경험을 가진 대만인들이 자신의 경험을 공유하는 이유가 무엇인지를 확인하기 위해 설정되었다. 구체적으로 이들이 한국에 대한 이미지가 강화되어 자신의 경험을 공유하는 것인지, 한국에 대한 이미지가 수정되어 한국에 대한 이미지를 공유하는 것인지와 같은 구체적인 공유의 맥락과 내용을 파악하고자 했다. 연구문제 3을 통해서 이 연구는 한국을 경험한 대만인들의 한국 이미지가 어떠한 방식으로 공유되는지, 반향의 과정을 추적해 보고자 했다.

연구문제 4는 반향의 효과 및 문화계발 효과의 파생 변곡 가능성을 추적하기 위한 것이다. 즉, 한국 방문 경험을 가진 대만인들이 공유한 콘텐츠가 콘텐츠를 구독한 대만인들에게 어떠한 반응을 유발하고 있는지에 대해 확인해 보고자 했다. 연구문제 4를 통해서 이 연구는 다양한 미디어와 경험을 통해 한국에 대한 이미지를 형성한 대만인들이 생산해 낸 콘텐츠가 한국을 방문한 경험이 없는 대만인들의 한국에 대한 이미지 형성과정에 어떠한 기여를 할 수 있는지에 관한 맥락을 파악하고자 했다. 즉, 연구문제 4를 통해서 이 연구는 반향의 효과와 파생 변곡의 가능성을 확인해 보고자 했다.

<전통적 문화계발 효과의 검증>
연구문제 1. 한국 방문 전 대만인의 한국에 대한 이미지는 어떠하며, 미디어 노출 경험과 문화적 경험은 한국 이미지 형성과정에 어떠한 기여를 하였는가?

<문화계발 효과의 공명과 변곡 과정 추적>
연구문제 2. 대만인의 한국 방문 경험은 한국에 대한 이미지에 어떠한 변화를 유발하였으며, 한국 방문 후 한국에 대한 이미지는 어떠한가?

<문화계발 효과의 반향 경험 추적>
연구문제 3. 한국 방문 경험을 가진 대만인들이 한국에 대한
　　　　　　이미지를 공유하는 이유와 내용은 무엇인가?

<반향의 효과, 문화계발 효과의 파생 변곡 가능성 추적>
연구문제 4. 한국 방문 경험을 가진 대만인들이 공유한 콘텐
　　　　　　츠는 콘텐츠 구독자들에게 어떠한 반응을 유발하
　　　　　　고 있는가?

　연구문제에 기반을 둔 '한국 거주 대만인의 한국 이미지 형성과
정' 연구 체계는 <그림 1>과 같이 정리될 수 있다. <그림 1>에서
확인할 수 있는 원형 구조 속 4개의 분면은 연구문제에 해당한다.
문화계발 효과의 장기적 흐름을 질적인 측면에서 검증하고자 한 이
연구의 목적에 부합할 수 있게 각각의 연구문제는 시간의 흐름에
따라 수용자들이 경험하게 되는 각종 사건을 중심으로 설정되었다.
즉 4개의 분면은 시계방향에 따른 시간의 흐름을 형상화하고 있다.
　먼저 1사분면은 1년 이상 한국 거주경험을 가진 대만인들이 한
국을 방문하기 이전 단계에서 경험할 수 있는 문화계발 효과와 한
국에 관한 문화적 경험의 과정을 확인하고자 한 연구자의 의도를
담고 있다. 2사분면은 대만인들이 한국을 방문한 후 1년 이상 생활
을 하는 과정에서 경험하게 되는 한국에 대한 이미지의 강화(공명)
와 변화(변곡)의 과정을 추적하기 위해 설정되었다. 3사분면은 한
국 거주경험을 가진 대만인들이 1년 이상 한국에서 생활하면서 형
성된 한국에 대한 이미지를 어떠한 목적에서 공유하는지에 관한 맥

락을 파악하기 위해 설정되었다. 즉 3사분면의 내용은 2사분면에서 한국에 대한 이미지가 형성된 후 발생하는 일이라고 할 수 있다. 4 사분면은 한국 거주경험을 가진 대만인의 한국 생활 공유 행위(반향)가 한국 방문 경험이 없는 또 다른 대만인에게 어떠한 영향을 미치는지에 관한 추적을 하기 위해 설정되었다. 한국 거주경험을 가진 대만인의 반향효과를 확인하고자 한 것이다.

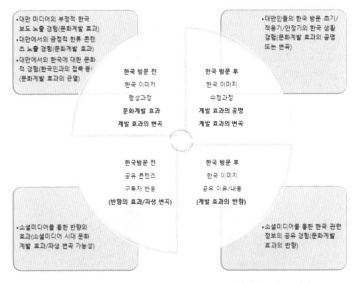

〈그림 1〉 '한국 거주 대만인의 한국 이미지 형성과정' 연구 체계도

분석방법

1. 현상학적 연구방법

1) 현상학의 특징

현상학은 후설(Husserl, 1931)에 의해 개념화되고 이론화됐다(Alase, 2017). 쉴러(Schiller), 하이데거(Heidegger), 사르트르(Sartre), 메를로-퐁티(Merleau-Ponty) 등의 사상에 기초한 현상학은 괄호 치기/판단중지(epoché), 환원, 의식의 지향성, 본질직관이라는 방법에 철학적인 핵심을 두고 있다(강진숙·김지연, 2013, 185쪽). 즉 연구자들은 현상학적 연구방법을 실행할 때 자료의 수집과 분석과정에서 자신의 선입견을 '괄호 치기'하고, 연구하고자 하는 경험의 영역으로 '환원'하여 몰입함으로써 연구대상자들의 '의식'의 '본질적' 구조를 탐색하게 된다.

한편, 현상학(Phenomenology)은 그리스어로 '나타나다, 빛에 들어오다(To appear, to come into the light)'를 의미하는 '현상(phenomenon)'과 '말하기(To say)'를 의미하는 'Logos'의 합성어다(Cohn, 1997). 어원적인 의미로 볼 때, 현상학(Phenomenology)은 '사실을 있는 그대로 보는 것'을 의미한다(박미은·신희정·이미림, 2012).

현상학은 인간의 경험을 중시한다. 경험은 현상학이 최종적으로 도달하고자 하는 '사태'를 의미한다. 현상학이 의미하는 인간의 경험은 과학적 인과 관계를 통해 설명될 수 없다. 경험 전체를 개방적으로 이해하는 과정에서 의미가 드러나게 되기 때문이다(홍성하, 2011, 219쪽). 즉 현상학은 인간이 경험하고 있는 일상이 모든 지식이나 이론의 근거가 될 수 있다고 보고 있다. 그리고 이러한 일상의 경험을 통해 경험의 근저에 있는 본질적인 구조를 탐구하는 것을 목표로 하고 있다(정선주, 2018; Creswell, 2013). 결과적으로 현상학의 기본적 질문은 '이 현상의 경험이 이 사람이나 집단에 주는 의미, 구조 및 본질은 무엇인가?'의 형태로 나타나게 된다(Patton, 2002). 이처럼, 현상학적, 그리고 현상 기록적 접근은 공통으로 인간이 경험에 어떻게 의미를 부여하고, 의식으로 전환하는지에 관한 개별적, 공유적인 의미를 탐구하는 데 초점을 맞추고 있다(Patton, 2002).

한편, 현상학(Phenomenology)은 실증주의적 패러다임을 가진 양적 연구방법으로 인간의 현상을 이해하는 것이 제한적일 수 있다는 비판에서 출발하고 있다(박승민, 2012). 실증적 패러다임이 인간의 행동을 너무 단순화하여 인간이 갖는 의미를 축소하기 때문에 인간을 전체로 파악하게 하기에는 제한적이라는 것이다(김분한 외, 1999). 현상학이 현상에 주목하는 것은 주관성을 도외시한 서구의 객관주의에 대한 반발의 의미가 강하다(박인철, 2015). 이에 현상학은 특정 현상에 관한 개인들의 경험을 보편적 본질로 기술한다(Creswell, 2013). 현상학은 현상이라는 개념을 도입하면서 새로운 차원에서 대상성의 의미를 규명한다는 측면도 있지만, 더 강조점을 두는 것은 주관적 체험의 숨겨진, 간과된 의미를 드러내는 것에 있다. 결과적으로 주관성은 현상학의 주된 특징이다(박인철, 2015).

2) 무스타카스(Moustakas)의 현상학 방법론

현상학적 연구방법은 콜라이찌(Colaizzi, 1978), 지오르지(Giorgi, 1985), 반 매넌(Van Manen, 1990), 무스타카스(Moustakas, 1994) 등 많은 학자에 의해 발전되어 왔다(박은혜, 2015). 이 가운데 콜라이찌(Colaizzi, 1978)의 현상학적 분석방법은 개인의 특성보다 전체적인 공통의 특성을 도출하는 데에 초점을 맞추고 있다. 그리고 지오르지(Giorgi, 1985)의 현상학적 분석방법은 연구대상자 개개인 독특성을 상황적, 구조적 진술에서 자세히 설명하고, 일반적·구조적 진술에서 전체 연구대상자의 경험을 통합하는 것에 초점을 맞추고 있다(김분한 외, 1999: 하정미, 2011 재인용). 한편, 무스타카스(Moustakas, 1994)는 기존의 현상학적 연구방법을 종합적으로 정리한 후 구조화하는 방식에 초점을 맞추고 있다. 또한, 무스타카스의 현상학 방법론은 연구자의 해석보다 연구 참여자의 경험 기술에 방점을 둔 현상학 방법론으로 알려져 있다(김지연, 2017, 140쪽).

무스타카스의 현상학적 연구방법은 다음과 같은 단계로 구성된다. 첫째, 연구하고자 하는 현상을 확인한다. 이는 연구 아이디어를 정리하고, 연구계획을 수립하는 과정을 의미한다. 둘째, 현상에 관한 연구자의 개인적 경험을 기술하여, 연구자의 선이해를 점검한다. 즉, 연구자 (자신) 경험의 팔호 치기/판단중지(epoché)다. 팔호 치기는 연구자의 현상에 관한 관점을 배제하고 연구 참여자들이 알려준 경험에 집중할 수 있게 도와준다. 셋째, 현상을 경험한 사람들로부터 자료를 수집한다. 이는 심층 인터뷰 등의 방식으로 원-자료를 수집하는 단계를 의미한다.

넷째, 수집된 정보들을 의미 있는 진술로 정리하고 분석한다. 이 단계는 연구대상자의 심층 인터뷰 결과를 통해 연구대상자가 연구 주제를 어떻게 경험했는지에 관한 진술을 찾은 후 의미 있다고 판단 되는 진술을 수평적으로 나열하는 단계다. 수평적으로 나열된 응답 자들의 진술문은 각각 동등한 가치를 가지게 된다. 다섯째, 의미 있 는 주제를 결합한다. 이 단계는 연구자의 판단에 따라 수평적으로 나 열된 응답자들의 진술문이 특정한 주제(의미 단위)를 중심으로 정리 되는 단계다(강진숙·장지훈·최종민, 2009, 23쪽). 여섯째, 연구 참 여자들이 현상에 대해 '무엇'을 경험하였는지에 대해 조직적으로 기 술한다. 이 단계에서 연구자는 연구대상자들의 축어적 예를 포함한 경험 전반을 조직적으로 기술하게 된다(강진숙·장지훈·최종민, 2009, 23쪽). 일곱째, 경험이 '어떻게' 일어났는지에 관한 조건, 상황 또는 맥락에 관한 구조적 기술을 한다. 이 단계에서 연구자는 상상적 변형이나 구조적 기술을 활용하여 특정한 경험이 발생하게 된 가능 한 모든 의미와 관점을 도출하고, 의미를 주제별로 분류한 후 기술하 게 된다(강진숙·장지훈·최종민, 2009, 23~24쪽). 여덟째, 경험의 본질을 전달하기 위해 현상에 관한 조직적·구조적 기술을 통합한다. 이러한 분석 단계를 간단하게 정리하면 다음 <그림 2>와 같다.

〈그림 2〉 무스타카스(1994)의 현상학적 연구방법 분석 단계 요약

3) 무스타카스(Moustakas)의 현상학 방법론의 적용

이 연구는 한국 거주경험이 있는 대만인들을 대상으로 소셜미디어 시대 한국 이미지 형성과정을 개인의 경험적 진술에 근거하여 확인하고자 했다. 개인의 경험적 진술을 통해 소셜미디어 시대 미디어의 영향력에 대해 의미 있는 발견을 해내고자 한 것이다. 이는 문화계발 효과가 미디어의 장기적, 누적적 효과를 강조하는 거시적 이론이라는 측면, 개인에 관한 미디어의 영향이 시간의 추이, 개인의 경험에 따라 누적될 수도, 변화할 수도 있음을 고려한 것이다. 그러나 대부분의 문화계발 효과 연구는 양적 연구방법론을 활용하여 미디어의 단기적 효과를 검증하는 것에만 치중해 왔다. 양적 연구방법론을 통해서는 미디어의 노출과 수용자 인식 사이의 관계가 수학적 공식처럼 단순화되어 제한적으로 설명될 수밖에 없다.

이는 이 연구가 실증적 패러다임 연구의 객관주의에 대한 반발의 의미가 있는 현상학(박인철, 2015)에 주목하게 된 이유다. 현상학은 개인의 경험을 보편적 본질로 기술함으로써(Creswell, 2013), 주관적 경험 속에 숨겨졌거나 간과된 의미를 드러내는 데 효과적이다(박인철, 2015). 1992년 한국과의 단교, 2000년 이후 한류 열풍의 진원지로 한국에 대해 애증의 감정이 있다고 알려진 대만인들의 한국 이미지 형성과정을 확인하기 위해서는 대만인들의 경험과 경험 속에 숨겨졌거나 간과된 의미를 드러내는 데 효과적인 현상학을 방법론으로 활용하는 것이 적절할 수 있다고 판단했다. 특히 한국 거주경험이 있는 대만인의 한국 이미지 형성과정에서 문화계발 효과와 같은 장기적·누적적 미디어의 영향력을 확인하기 위해서는 개인의 경험이 이루어지는 공간(대만, 한국)과 시간(한국 방문 이전,

한국 방문 이후), 관계성(한국 이미지 형성과정에서의 미디어와의 관계, 사람들과의 관계)에 관한 맥락을 충분히 고려할 필요가 있다고 판단했다(유혜령, 2014; 김성연·김현주, 2019).

이러한 맥락에서 이 연구는 대만인들의 경험에 초점을 두고 한국 이미지 형성과정의 구조적 본질에 다다르기 위한 하나의 방법으로 연구자의 해석보다 연구 참여자의 경험 기술에 방점을 둔(김지연, 2017, 140쪽), 현상학 방법론인 무스타카스(Moustakas)의 현상학 방법론을 연구방법론으로 활용하고자 했다.

구체적으로 글로벌 시대 한국 거주 대만인들의 대만과 한국에서의 경험(양국의 다중미디어 노출, 문화적 경험 등)을 통해 문화계발 효과의 역동적인 과정을 추적하고, 이러한 과정이 개인에게 어떠한 의미를 부여하게 되는지에 대해 확인하고자 했다. 그리고 대만과 한국의 미디어 노출 경험과 문화적 경험을 통해 형성된 한국 이미지가 소셜미디어, 유튜브 등을 통해 공유되는 행동은 어떠한 맥락 속에서 이루어지며, 또한 어떠한 의미가 있는지를 확인함으로써 문화계발 효과의 변곡과 반향의 새로운 가능성을 도출하고자 했다.

2. 인터뷰 대상자

이 연구의 목적은 소셜미디어, 글로벌 이동 시대 다양한 미디어 이용 경험과 문화적 경험으로 인한 문화계발 효과의 변곡 과정, 그리고 소셜미디어에 의한 반향의 경험들을 추적해 내는 것에 있다. 구체적으로 이 연구의 목적은 3가지로 요약된다. 첫째, 한국에 거주하고 있는 대만인들의 대만과 한국에서의 다중미디어 이용 경험,

문화적 경험이 한국 이미지 형성에 어떠한 기여를 하게 되는지 확인하는 것이다. 둘째, 한국 경험의 과정에 따라 대만인의 한국 이미지가 어떻게 변하게 되는지, 변곡의 과정을 추적하는 것이다. 셋째, 한국 거주 대만인이 소셜미디어를 통해 한국에 대한 이미지를 공유하는 행동, 즉 반향의 본질과 의미를 밝혀내는 것이다. 즉 이 연구는 한국 거주 대만인의 소셜미디어 이용 경험과 문화적 경험을 통해 문화계발 효과의 변곡과 반향의 실체를 규명해 보고자 했다. 연구방법론으로는 인간의 경험을 중시하는 현상학을 택했다.

이에 이 연구는 한국 거주경험을 1년 이상 가진 대만인을 연구대상자로 선정했다. 한국 행정안전부의 <지방자치단체 외국인 주민 현황> 자료에 따르면, 외국인 주민은 외국인 노동자, 결혼이민자, 유학생, 혼인귀화자의 4개 유형으로 분류된다(유정균·김두섭, 2017, 재인용). 이 연구는 한국 거주 외국인 주민 유형 구분에 근거하여 모든 유형의 한국 거주 대만인이 연구대상자에 포함될 수 있도록 했다. 연구대상자의 선정은 각 유형의 한국 거주 대만인들이 활동하고 있는 온·오프라인 모임을 통해 연구대상자를 모집하는 방식의 의도적 표집(purposive sampling),[3] 연구대상자를 통해 새로운 한국 거주 대만인을 소개받는 방식의 눈덩이 표집(snowball sampling) 방식을 활용했다. 의도적 표집과 눈덩이 표집 방식은 현상학 연구 등 다양한 질적 연구에서 활용되고 있는 표집 방법이다(Mason, 1996/2008; 김성연·김현주, 2019).

구체적으로, 한국 거주 대만인(결혼이민자, 유학생)인 연구자와 친분

---

3) 의도적 표집은 "경험적으로 대표성을 가지는 표본을 창출해 내기 위하여 행하는 통계적 확률 표집(probability sampling)과 대비되는 것이다"(Mason, 1996/2008, 150쪽)

을 가지고 있는 대만인들을 일차적인 섭외 대상으로 하였다. 이들에게 이 연구의 목적과 취지, 진행 방식, 소요 시간, 사례품(스타벅스 카페라테 e-coupon) 정보에 관한 내용을 메신저를 통해 설명했다. 이러한 과정을 통해 총 12명의 인터뷰 대상자를 확보했다. 이후 다수의 한국 거주 대만인들이 모여 있는 3개의 페이스북 비공개 그룹, 즉, 'TWIK(Taiwan Wife in Korea association; 台灣人妻在韓協會; 가입자 수: 1,416명)', '대만인 재한국(台灣人在韓國; 가입자 수: 1,977명)', 그리고 '중화민국재한동학회(中華民國在韓同學會; The Student's Association Of The ROC In Korea; 가입자 수: 4,211명)'에 이 연구의 취지를 설명하는 게시글을 작성했다. 이러한 과정을 통해 총 16명의 인터뷰 대상자를 확보했다. 또한, 연구에 참여한 인터뷰 대상자들의 소개를 받아 4명의 인터뷰 대상자를 추가로 확보했다. 결과적으로 총 32명의 인터뷰 대상자를 확보했다. 그러나 인터뷰 시간의 조율과 인터뷰 대상자의 개인적 사정으로 4명이 연구 참여를 포기했다. 최종적으로 총 28명의 인터뷰 대상자가 연구에 참여했다. 인터뷰 대상자의 기본적인 정보는 <표 1>과 같다.

〈표 1〉 인터뷰 대상자 기본 정보

참여자 번호	연령 (만)	성별	직업	한국 생활 기간(거주지)	한국 생활목적	한국 생활 공유 SNS (활용 순)	페이스북 팬 페이지 팔로워 수
1	34	여	디자이너	1년 1개월(부산)	결혼, 취직	인스타그램, 페이스북	348
2	32	여	숙박업	11년(서울 10년, 강릉 1년)	유학, 취직, 결혼	인스타그램, 페이스북	142
3	25	여	대학원생	2년(안산)	유학	인스타그램	N/A

참여자 번호	연령 (만)	성별	직업	한국 생활 기간(거주지)	한국 생활목적	한국 생활 공유 SNS (활용 순)	페이스북 팬 페이지 팔로워 수
4	32	여	외식 음료	8년(서울)	유학, 취직	페이스북	N/A
5	29	남	주재 공무원	2년(서울)	직장	페이스북, 인스타그램	N/A
6	35	여	주재 공무원	3년(서울)	직장	페이스북, 인스타그램	N/A
7	35	남	회사원	11년(서울)	유학, 취직	페이스북, 인스타그램, 유튜브	387
8	36	여	주부	1년 7개월(서울)	결혼	페이스북, 인스타그램	N/A
9	29	여	EPIK 영어교사	6년(광주 2년, 부산 4년)	EPIK 교사, 결혼	페이스북, 인스타그램	N/A
10	33	여	대학원생	3년 4개월(서울)	유학, 결혼	페이스북	N/A
11	35	여	마케팅	6년(서울)	취직, 결혼	인스타그램	N/A
12	32	여	회사원	3년(서울)	유학, 결혼	페이스북	N/A
13	34	여	화교학교 교사	3년 6개월(서울 1년, 천안 아산 6개월, 대구 2년)	워킹홀 리데이, 직장, 결혼	페이스북, 인스타그램	N/A
14	30	여	주부	4년(김포)	직장, 결혼	페이스북	N/A
15	33	여	주부	1년 8개월(인천)	결혼	페이스북, 인스타그램	N/A
16	22	여	대학원생	2년(서울)	유학	인스타그램, 트위터, 페이스북	N/A
17	31	여	구직 중	2년 6개월(서울 1년 6개월, 인천 1년)	워킹홀 리데이, 결혼	페이스북, 인스타그램	N/A
18	32	여	판매업	3년 10개월(부산)	결혼, 취직	페이스북, 인스타그램	7,839

참여자 번호	연령 (만)	성별	직업	한국 생활 기간(거주지)	한국 생활목적	한국 생활 공유 SNS (활용 순)	페이스북 팬 페이지 팔로워 수
19	26	여	회사원	4년(광주 6개월, 수원 1년, 서울 2년 6개월)	유학, 워킹홀 리데이, 취직	페이스북, 인스타그램	614
20	30	여	대학원생	2년(서울)	유학	페이스북	N/A
21	30	여	회사원	2년(서울)	결혼, 취직	페이스북, 인스타그램	N/A
22	34	여	학생	2년(인천)	결혼, 어학원	페이스북, 인스타그램	N/A
23	40	여	주부	1년 3개월(수원)	남편 (대만인) 직장	인스타그램	N/A
24	32	남	판매업	7년(부산)	유학, 취직	페이스북	2,428
25	25	여	회사원	2년 6개월(서울)	유학	페이스북, 블로그, 인스타그램	N/A
26	28	여	대학원생	2년(서울)	유학	페이스북	N/A
27	30	여	주부	5년(안산)	유학, 취직, 결혼	페이스북, 인스타그램	N/A
28	35	남	회사원	2년 6개월(서울)	취직, 유학	페이스북, 인스타그램	N/A

이 연구는 한국에 거주하고 있는 다양한 인구 통계적 속성을 가진 대만 인터뷰 대상자를 확보함으로써 일반화 가능성이 있는 분석 결과를 도출하기 위해 노력했다. 그러나 이 연구의 참여자 28명 가운데 남성은 4명(14.29%)에 불과했다. 표면적으로 볼 때, 여성 편중적인 인터뷰 대상자 구성이라고 판단될 여지가 있다. 그러나 실제로 한국에 거주하고 있는 대만인 가운데 여성이 절대다수를 차지하고 있다.

예컨대, 2017년 기준 대만인의 체류자격별 체류 현황 통계에 따르면 유학(D-2) 비자로 한국에 체류한 사람 중 여성은 86.5%(732명)에 이르는 것으로 나타났다. 반면, 남성은 13.5%(114명)에 불과했다. 또한 결혼이민(F-6) 비자로 한국에 체류한 사람 중 여성은 92.5%(780명)에 이르는 것으로 나타났다. 반면, 남성은 7.5%(63명)에 불과했다. 이밖에 관광취업자(H-1) 중 여성의 비율은 93.9%(458명), 남성의 비율은 6.1%(30명)였고, 특정 활동자(E-7) 중 여성의 비율은 75.6%(198명), 남성의 비율은 24.4%(64명)였다(출입국·외국인 정책본부, 2018). 즉 유학, 결혼이민, 관광취업, 그리고 특정 활동(취업) 목적 대만 국적 한국 체류자 중 여성의 비율이 88.9%(2,168명)로 남성의 비율 11.1%(271명)에 비해 월등히 높았다.

이러한 통계와 견주어 볼 때, 본 연구에서의 남성의 비율(4명, 14.29%)은 결코 낮은 수치로 볼 수 없다. 더구나 대만의 한국 드라마 시청자의 70%가 여성이라는 결과(譚偉晟, 2016. 01. 09), 한국어를 학습하는 대만인의 90% 이상이 여성이라는 결과(丁興蘭, 2011)가 존재한다. 이는 대만에서의 한국 인식, 이미지를 확인하고자 한 이 연구의 대상이 여성에 편중될 수밖에 없는 원인이 되었다. 즉 연구자가 인터뷰 참여자를 확보하면서 여성 인터뷰 대상자의 편중이 나타나게 된 것은 자연스러운 현상으로 볼 수 있다.

한편, 이 연구에는 22세부터 40세까지의 응답자만이 참여했다. 이는 2017년 기준 한국에 거주하고 있는 대만인 36,168명 가운데 46.67%(20대. 8,826명, 30대 8,778명)가 20~30대라는 통계(출입국·외국인 정책본부, 2018), 유학과 결혼, 취업 등의 활동이 가장 활발하게 이루어지는 연령대가 주로 20대와 30대라는 측면, 그리고 20대와 30대가 주로 활동하고 있는 온라인(페이스북 그룹)에서 표집이 이루어졌다는 측면에서 자연스러운 현상으로 판단된다. 그런데도 이 분석의 대상자 중 성별, 연령별 편중이 나타난다는 점은 이 책을 읽는 독자들의 해석에 주의를 요구한다.

3. 인터뷰 방법 및 기록

최종적으로 28명의 인터뷰 대상자에 관한 인터뷰는 2018년 12월 19일부터 2019년 3월 11일까지 진행되었다. 인터뷰는 인터뷰 대상자 각각에 대해 일대일로 진행되는 심층 인터뷰 방식으로 이루어졌다. 인터뷰는 한 명 당 짧게는 약 40분에서 길게는 약 3시간 동안 진행되었다.

인터뷰 날짜와 시간, 약속 장소 조율의 어려움, 그리고 과반 정도의 인터뷰 참여자가 낯선 연구자를 만난 후 인터뷰를 진행하는 과정에서 유발될 수 있는 불안감을 최대한 줄이기 위해 대만인들이 가장 많이 활용하는 메신저인 라인(Line)을 활용한 음성통화 방식의 인터뷰를 진행했다. 이러한 과정을 통해 24명의 인터뷰 참여자를 인터뷰했다. 그러나 인터뷰 참여자의 요구에 따라 1명은 면대면 인터뷰로 심층 인터뷰를 진행했고, 3명은 텍스트 메신저를 활용한 인터뷰의 형식으로 심층 인터뷰를 진행하기도 했다. 음성통화 및 면대면 인터뷰의 경우 인터뷰 참여자의 동의를 얻은 후 연구자의 휴대폰을 활용하여 인터뷰 전체 과정을 녹음했다. 그리고 인터뷰 진행 과정에서의 상황은 연구자의 노트에 기록했다. 메신저 인터뷰의 경우 인터뷰 참여자의 동의를 얻어 전체 대화 내용을 저장했다. 한편, 면대면 인터뷰의 경우 인터뷰 참여자의 회사가 위치한 대만

타이베이 시내 커피숍(스타벅스)에서 진행됐다. 인터뷰를 마친 뒤에도 몇몇 인터뷰 참여자들은 자신의 경험담을 추가로 메신저를 통해서 전달하기도 했다. 그리고 연구자는 추가적인 질문과 연계된 질문이 필요할 때 텍스트 메신저를 이용하여 연구 참여자들에게 연락하고 추가적인 인터뷰를 진행했다.

한편, 인터뷰 참여자들에 관한 사례비는 커피 쿠폰으로 대신했다. 예컨대 면대면 인터뷰의 사례비는 인터뷰 현장에서 마신 커피 값을 지불하는 것으로 대신했고, 음성 및 메신저 인터뷰 참여자의 사례비는 인터뷰가 끝나는 대로 즉시 메신저로 스타벅스 쿠폰을 전송하는 것으로 대신했다. 인터뷰 진행한 날짜와 시간, 그리고 인터뷰 방법 및 기록 방식은 <표 2>를 통해 정리했다.

〈표 2〉 인터뷰의 진행 및 기록

참여자 번호	연령 (만)	성별	직업	인터뷰 날짜	인터뷰 시간	인터뷰 수단	인터뷰 기록 방식
1	34	여	디자이너	2018.12.19.	15:00~17:44 (2시간 44분)	메신저	텍스트
2	32	여	숙박업	2018.12.21.	10:30~11:36 (1시간 6분)	음성통화	녹음/노트
3	25	여	대학원생	2018.12.22.	13:00~15:18 (2시간 18분)	메신저	텍스트
4	32	여	외식 음료	2018.12.27.	18:36~20:16 (1시간 40분)	음성통화	녹음/노트
5	29	남	주재공무원	2019.01.05.	13:43~14:20 (37분)	음성통화	녹음/노트
6	35	여	주재공무원	2019.01.05.	16:30~17:44 (1시간 14분)	음성통화	녹음/노트
7	35	남	회사원	2019.01.06.	17:00~18:15 (1시간 15분)	음성통화	녹음/노트

참여자 번호	연령 (만)	성별	직업	인터뷰 날짜	인터뷰 시간	인터뷰 수단	인터뷰 기록 방식
8	36	여	주부	2019.01.11.	10:50~11:27 (37분)	음성통화	녹음/노트
9	29	여	EPIK 영어교사	2019.01.14.	13:00~15:00 (2시간)	음성통화	녹음/노트
10	33	여	대학원생	2019.01.16.	20:00~21:46 (1시간 46분)	음성통화	녹음/노트
11	35	여	마케팅	2019.01.17.	21:39~23:38 (1시간 59분)	음성통화	녹음/노트
12	32	여	회사원	2019.01.28.	9:24~11:30 (2시간 6분)	면대면	녹음/노트
13	34	여	화교학교 교사	2019.03.03.	19:10~21:03 (1시간 53분)	음성통화	녹음/노트
14	30	여	주부	2019.03.04.	10:30~11:40 (1시간 10분)	음성통화	녹음/노트
15	33	여	주부	2019.03.04.	14:00~16:40 (2시간 40분)	메신저	텍스트
16	22	여	학생	2019.03.04.	21:00~22:40 (1시간 40분)	음성통화	녹음/노트
17	31	여	구직 중	2019.03.05.	10:00~12:36 (2시간 36분)	음성통화	녹음/노트
18	32	여	판매업	2019.03.05.	17:30~18:45 (1시간 15분)	음성통화	녹음/노트
19	26	여	회사원	2019.03.05.	20:24~22:28 (2시간 4분)	음성통화	녹음/노트
20	30	여	학생	2019.03.06.	15:00~16:10 (1시간 10분)	음성통화	녹음/노트
21	30	여	회사원	2019.03.06.	20:50~22:50 (2시간)	음성통화	녹음/노트
22	34	여	학생	2019.03.07.	19:00~20:55 (1시간 55분)	음성통화	녹음/노트
23	40	여	주부	2019.03.08.	10:30~13:10 (2시간 40분)	음성통화	녹음/노트
24	32	남	판매업	2019.03.08.	20:00~21:10 (1시간 10분)	음성통화	녹음/노트
25	25	여	회사원	2019.03.09.	14:00~15:10 (1시간 10분)	음성통화	녹음/노트

참여자 번호	연령 (만)	성별	직업	인터뷰 날짜	인터뷰 시간	인터뷰 수단	인터뷰 기록 방식
26	28	여	학생	2019.03.10.	9:30~11:40 (2시간 10분)	음성통화	녹음/노트
27	30	여	주부	2019.03.11.	15:00~17:34 (2시간 34분)	음성통화	녹음/노트
28	35	남	회사원	2019.03.11.	20:20~22:20 (2시간)	음성통화	녹음/노트

4. 인터뷰 범위 및 내용

이 연구는 연구문제에 따라 1년 이상 한국에 거주한 경험이 있는 대만인을 대상으로 반-구조화된(semi-structured) 형태의 심층 인터뷰를 진행했다. 반 매넌(Van Manen, 1990)은 "개인의 경험에서 시간, 공간, 신체, 관계의 실존체가 생활세계의 구조에 속한다"라고 보고, "이에 관한 질문과 반성이 중요하다"라고 주장했다(김성연·김현주, 2019, 157쪽, 재인용). 이에 연구자는 한국에 관한 대만인의 이미지 형성이 이루어지는 공간(대만, 한국), 시간(한국 방문 이전, 한국 방문 이후), 관계성(한국 이미지 형성과정에서 미디어와 사람의 영향력, 한국 이미지 공유자와 팔로워 사이의 관계)에 초점을 맞추어(유혜령, 2014; 김성연·김현주, 2019), 반-구조화된 심층 인터뷰 질문을 구성했다. 심층 인터뷰 문항은 <표 3>과 같다. 연구자는 심층 인터뷰 질문을 서면으로 작성한 후 활용하면서 인터뷰를 진행했다. 그러나 비구조화된(unstructured) 형태의 심층 인터뷰와 같은 편안한 상황을 유지하면서 대만인들의 한국에 관한 경험, 한국 생활 전후 한국에 대한 이미지와 그 형성과정, 한국에 관한 콘텐츠 공유 이유와 내용 등을 포괄적으로 확인하고자 했다.

인터뷰 범위	내용
한국 경험	- 한국 거주경험/목적/기간/횟수 - 한국 거주 동반자(단독, 결혼, 친구, 동료 등)
한국 방문 전 한국 이미지 형성과정(계발 효과)	- 한국 생활 전 한국 이미지 형성과정 　(한류, 소셜미디어, 대인 커뮤니케이션, 문화 등) - 한국에 대한 이미지 왜곡, 강화 원인
한국 방문 후 한국 이미지 수정 과정(공명, 변곡)	- 한국 방문 후 한국 이미지의 변화과정 　(초기, 중기, 후기/변곡점) - 한국 이미지 변화에 영향을 준 원인
한국 방문 후 한국 이미지 공유 이유/내용(반향)	- 공유 채널 - 공유 이유 - 공유 내용
한국 방문 전 공유 콘텐츠 구독자 반응(반향효과)	- 구독자 반응

5. 자료의 분석 및 절차

한국 거주경험을 가진 대만인의 한국 이미지 형성과정을 문화계 발이론, 변곡과 반향이라는 개념을 활용하여 확인하고자 한 이 연구는 무스타카스(Moustakas, 1994)의 현상학적 연구방법 분석 절차에 근거하여 진행되었다. 먼저 괄호 치기(epoché)를 통해 연구자의 선경험과 선이해를 기술했다. 이러한 과정을 통해 연구자의 편견을 배제하고 중립적인 태도를 유지하고자 한 것이다. 괄호 치기 후 1년 이상의 한국 거주경험을 가진 대만인 28명에 관한 심층 인터뷰 과정을 통해 분석 자료를 수집했다. 수집된 자료는 무스타카스(Moustakas, 1994)의 현상학적 분석 절차(의미 있는 진술의 목록화, 주제의 결합, 경험의 조직적 기술, 경험의 구조적 기술, 경험의 통합적 기술)를 활용하여 분석되었다.

구체적으로 이 연구는 다음의 과정을 통해 자료를 분석했다. 연구자는 인터뷰 내용의 녹음자료를 2019년 3월 12일부터 3월 25일까지 14일에 걸쳐 글로 옮겨냈다. 이러한 과정을 통해 A4 용지 기준 총 194페이지의 녹취자료를 확보했다. 녹취자료 확보 후 연구자는 정리된 자료를 기존 녹음본과 연구자의 필기 노트와 반복, 대조하면서 수차례 정독했다. 그리고 녹취자료를 반복적으로 읽으면서 녹취자료의 표현 가운데 연구 주제, 현상과 관련하여 의미 있는 단어나 문장, 진술을 찾았다. 이러한 수평화(horizonalization) 과정을 통해 이 연구에서 한국 거주 대만인의 한국 이미지 형성과정과 관련이 있을 것으로 판단된 의미 있는 진술문 657개를 추출했다.

추출된 657개의 진술문 중 중복적인 표현 등을 배제한 후 주제로 발전시켜 의미군으로 묶는 개념화 과정을 통해 의미 있는 진술의 목록을 구성했다. 일차적으로 총 120개의 의미구성 문장을 도출했다. 그리고 도출된 의미구성 문장은 2019년 3월 29일부터 30일까지 2일간 3명의 박사급 연구자들로부터 재검증됐다. 박사급 연구자들은 연구자가 도출한 120개의 의미구성 문장이 제대로 추출되었는지 확인했다. 아울러 120개의 의미구성 문장 가운데 중복되는 문장의 삭제를 권고했다. 이러한 과정을 통해 3개의 의미구성 문장이 삭제됐다.

그리고 수차례의 검토 과정을 통해 14개의 의미구성 문장이 삭제되어 최종적으로 총 103개의 의미구성 문장을 도출했다(부록 1 참조). 103개 의미구성 문장을 의미 있는 진술과 의미 단위에 따라 재분류했다. 103개의 의미구성 문장은 28개의 의미 있는 진술과 10개의 의미 단위로 구성되었다. 이러한 범주화 과정과 결과 역시 3

명의 박사급 연구자들에 의해 검토되는 과정을 통해 연구의 신뢰도와 타당도를 확보하고자 했다. 이 가운데 1명의 박사급 연구자는 범주화 과정을 연구자와 공동으로 진행했고, 나머지 2명의 박사급 연구자는 범주화 과정이 타당하게 이루어졌는지에 대해 평가했다.

이러한 과정을 거쳐 도출된 10개의 최종 의미 단위는 ① '제한된 미디어 정보에 근거한 피상적 이해', ② '문화적 경험 확대에 따른 이해도 증진', ③ '한국 방문 초기: 양면적 이미지의 형성', ④ '한국 생활 적응기: 가상과 현실, 공명과 변곡의 교차', ⑤ '한국 생활 안정기: 변화, 그리고 동화', ⑥ '한국 생활 기록 동기', ⑦ '삶의 일부분으로서 한국 생활 공유', ⑧ '의도적, 선택적 한국 생활 공유', ⑨ '소중(小衆)에 관한 영향력 행사', ⑩ '한국 이미지의 파생 공명, 파생 변곡 유발'로 명명했다. 그리고 이 10개의 의미 단위는 연구 문제에 따라 4개의 주제 범주로 다시 연결했다. 이상의 개념화 과정을 통해서 도출된 주제 목록은 인터뷰 참여자들이 어떤 상황에서 무엇을 경험했는지에 관한 통합적 설명을 기술했다.

자료수집, 의미 있는 진술의 목록화와 주제의 결합이 완료된 후 10개의 의미 단위와 28개의 의미 있는 진술문에 맞추어 한국 거주 대만인들의 한국 이미지 형성과정, 한국 생활, 한국 생활 반향의 과정 등의 구체적인 경험을 사례에 기반을 두고 조직적으로 기술했다. 이 과정에서 28명의 인터뷰 대상자들의 인터뷰 내용이 정리되어 상세하게 제시되었다. 경험의 조직적 기술이 완료된 후 경험의 구조적 기술 단계에서는 응답자들의 경험이 나타나게 된 구조적 상황과 맥락을 대만의 역사와 환경 등을 활용하여 추론하고, 정리했다. 마지막 경험의 통합적 기술 단계에는 한국 거주 대만인들 경험의 의미와 본질이 무엇인지에 대해 통합적으로 정리했다.

한편, 이 연구는 인터뷰 참여자들의 동의를 얻어 SNS ID와 팬페이지 주소를 취득하여 자료 분석의 참고자료로 활용했다. 인터뷰 참여자들의 SNS 공유 내용과 댓글 반응을 파악함으로써 인터뷰 내용을 추가로 검증하고자 한 것이다.

6. 연구의 엄격성 확보

연구자는 이 연구의 엄격성과 결과의 설득력을 구현하기 위해 질적 연구를 평가하는 세 가지 핵심요소, 즉 연구방법의 신뢰도(reliability)와 정확성(accuracy), 분석의 타당성(validity), 그리고 분석의 일반화 가능성(generalizability)을 끊임없이 고민했다(Mason, 1996/2008).

첫째, 연구방법의 신뢰도와 정확성을 확보하기 위해 이 연구는 연구의 목적과 연구문제의 관계를 설명하고, 연구문제의 조사를 위한 연구방법과 인터뷰 대상자의 선정, 자료의 수집, 그리고 수집된 자료의 분석과정을 상세하게 기술했다. 그리고 3명의 박사급 연구자로부터 연구 설계, 자료 분석, 자료 해석 등 연구 전 과정에 대해 검토를 받음으로써 연구의 신뢰도와 정확성을 확보하고자 했다(김수미·정경은, 2013).

둘째, 분석의 타당성을 확보하기 위해 노력했다. 이를 위해 이 연구는 한국 거주경험을 가진 대만인들을 연구대상자로 선정하였다. 연구자는 자료수집 이전 6개월 전부터 정기적으로 재한 대만인 모임(대만 결혼이주민 모임)에 참석했고, 한국 주재 대만 노동자, 한국 주재 대만 유학생들과 교류함으로써 잠재적 인터뷰 참여자들과 호의적 관계를 형성하기 위해 노력했다.

특히 연구자는 연구대상자들과 같은 '한국 거주 대만인'이기 때문에 인터뷰 참여자들과의 라포/유대감(rapport), 친밀감(intimacy), 그리고 신뢰감(trustworthiness)을 상대적으로 쉽게 형성할 수 있었다. 인터뷰 과정에서 같은 대만인이기에 인터뷰 참여자들에게 더 친근하게 다가갈 수 있었고, 마음을 열고 편하게 친구와 이야기를 나누는 분위기로 인터뷰를 진행했다. 또한, 인터뷰 참여자들의 경험에 대해 쉽게 이해하고 공감하는 부분들이 많았다.

다만 연구자의 주관적인 인식이 연구결과에 영향을 미칠 수도 있다는 것을 인지하고 있었다. 따라서 연구자는 괄호 치기를 통해 자신의 선경험 및 선이해를 점검하였고, 인터뷰 참여자의 경험에 연구자의 주관이 개입하지 않도록 최대한 중립적인 태도를 유지했다. 그리고 인터뷰를 진행하는 과정 중에 인터뷰 참여자가 말한 내용이 연구자의 이해와 일치하였는지를 재차 확인하는 과정을 거쳤다. 마지막으로 연구자가 분석한 내용을 참여자들에게 보여주고, 이것이 참여자들의 경험을 정확히 반영하고 있는지 확인하는 과정을 수행했다. 이상의 노력을 통해 자료 분석의 타당성, 즉 연구자의 기술내용과 분석결과를 연구 참여자의 경험과 일치시키고자 했다.

셋째, 질적 연구에서의 이론적 일반화(theoretical generalization) 가능성을 확보하기 위해 노력했다. 일반적으로 연구의 일반화는 양적 연구에서의 경험적 일반화, 즉 연구집단이 광범위한 모집단을 통계적으로 대표한다는 것을 의미한다. 다만, 질적 연구의 일반화는 연구의 규격화가 아니라, 연구자 개인의 특성과 관점을 통해 연구 내용을 자세히 기술하고, 이를 통해 상황을 바라보는 새로운 시각을 끌어내기 위한 목적이 있다. 그러므로 질적 연구는 경험적 일반화 가능성보다 맥락적 근거(contextual grounding)의 제시를 통해 다른 상황에서도 적용 가능한 적용성(applicability)이 있는가를 중요시한다(Lincoln, & Cuba, 1985; Mason, 1996/2008). 즉 하나의 사례에서 발견되는 분명하고 자세한 기술은 다른 상황에서도 판단의 근거로 적용될 수 있다.

따라서 이 연구는 현상학으로 한국 거주경험을 가진 대만인들의 한국 이미지 형성과정에 관한 경험을 추적하고, 경험의 상세한 기술을 통해 미디어 문화계발 효과의 변곡과 반향 현상의 맥락적 근거를 제시하기 위해 노력했다.

7. 연구자의 선경험 및 선이해

연구자는 이 연구의 책임자인 동시에 이 연구의 대상인 한국 거주 대만인(유학생, 결혼이주민)이기도 하다. 스스로 문제의식을 느끼고 공부해 온 한국 거주 대만인들과 관련된 연구를 현상학의 방법론을 통해 진행하면서 연구자의 편견이 개입될 가능성이 있다고 판단했다. 괄호 치기, 즉 연구자의 선경험 및 선이해를 기록한 것은 연구자가 관련 주제에 대해서 어떠한 인식이 있는지 성찰적으로 기록함으로써 연구자의 편견을 독자들에게 인지시키는 동시에 연구하는 과정에서 스스로의 편견을 경계하기 위한 것임을 밝힌다.

연구자는 2003년 대만 타이베이시에 있는 한 국립대학의 한국어문학과(韓國語文學系)에 입학한 대만인이다. 2007년 대학 졸업 후 한국에서 유학 생활을 경험했다. 한국에서 석사과정을 마친 뒤에는 귀국하여 6년간 직장생활을 했다. 직장에서의 업무 역시 모두 한국과 관련되어 있었다. 첫 직장은 대만 회사의 한국 클라이언트들을 관리하는 세일즈 업무였다. 두 번째 직장은 한국 공기업에서 한국 기업의 대만 시장 진출에 도움을 주는 매니저 역할을 하는 업무였다. 세 번째 직장은 대만에 있는 글로벌 기업에서 한국 시장의 마케팅과 매출을 담당하는 업무였다. 그리고 2016년에는 한국 유학 시절부터 사귀어 왔던 한국인 남자친구와 결혼했다. 결혼과 동시에 석사학위를 받은 대학의 박사과정에 입학했다. 즉 연구자는 결혼이주민인 동시에 유학생이라는 이중적인 신분을 가지고 있다. 그리고 결혼 3년 차인 2019년까지도 여전히 대만 국적을 유지하고 있는 한국 거주 대만인이다.

　대학교 입학 이전 연구자에게 '한국'은 그저 아시아의 여러 국가 중 한 국가의 명칭에 불과했다. 가끔 주변 친구들에게 <가을동화>나 <겨울연가> 등 한국 드라마와 관련된 이야기, 그리고 월드컵에서 한국팀의 '비열한 행동'과 관련된 이야기를 들은 적이 있지만, 그때까지만 해도 한국에 대해서는 별다른 관심이 없었다. 아는 것도 없었다. 연구자가 대학입학 이전 한국에 관한 이해와 관심이 없었던 것은 당시 대학입시를 위해 공부를 해야 했던 연구자가 미디어를 접할 기회가 많지 않았기 때문이기도 했겠지만, 연구자가 대학에 입학하기 이전인 2000년대 초반에는 대만에서 한류가 본격화되지 못했기 때문일 수도 있다고 생각된다.

　한국어문학과에 들어가게 된 것도 우연한 일이었다. 대만은 한국처럼 대학입학을 위한 시험을 치른다. 이후 그 성적을 가지고 원하는 대학교와 학과를 선택하는 과정을 거친다. 한국어문학과는 목표

대학, 학과 리스트 가운데 23번째 순위에 불과했다. 고교 시절 연구자는 수능성적에 관한 자신감이 있었다. 따라서 23번째 순위까지 떨어질 것으로 생각하지 않았다. 즉, 23번째 선택 학과는 연구자가 입학하길 희망하는 대학 중 아무 생각 없이 적어낸 학과였다. 연구자는 여전히 생생하게 입시 결과의 순간을 기억하고 있다. 결과 발표 날, 연구자는 학교명을 보는 순간 안도했지만, 학과명을 보고 작지 않은 충격을 받았다. 예상하지 못한 결과에 관한 충격이 컸다. 그날 입시 결과를 전해 들은 어머니 역시 "그런 학과를 왜 적었어? 한국어문학과 졸업하면 뭐해?"라고 말씀하셨다. 만족스럽지 못한 입시 결과에 관한 서러움과 어머니의 부정적 반응, 그리고 미래에 관한 막막함이 동시에 밀려 들어와 울음을 터트린 기억이 있다.

대학교 입학 후 첫해에는 별다른 생각이 없었다. 한국어에 관한 관심이 없었기에 당연히 성적도 평범한 정도였다. 성적이 높지 못한 상황은 전과 또는 복수전공의 희망을 사라지게 했다. 그러나 대학교 1학년이 끝날 무렵에 학과에서 <클래식>이라는 영화를 관람했다. 영화에서 알아들을 수 있는 단어들이 조금씩 있다는 것을 발견했다. 그때, 한국어에 관한 관심이 조금 생기기 시작했다. 이후 인터넷을 통해 한국 드라마와 한국 예능 등을 접하기 시작했다. 학교에 있는 한국 유학생들과 교류도 하고 언어교환도 했다. 그리고 여름방학 때 한국에 한 달간 단기 언어연수도 2번 다녀왔다. 단기 연수 때 만난 한국 도우미들이 우호적이고 친절했다. 무엇보다도 학교에서 배운 한국어로 한국인들과 소통할 수 있다는 점에서 느낀 즐거움이 컸다.

대학 졸업과 동시에 서울의 한 대학의 석사과정에 입학했다. 석사과정 학비와 생활비를 지원받으면서 한국 유학 생활을 시작하게 됐지만, 본격적인 한국 유학 생활은 매우 힘든 날들의 연속이었다. 예전 단기 한국 방문 시절 경험했던 좋은 감정들이 점점 사라지기 시작했다. 맨 처음 적응이 힘들었던 부분은 존댓말과 반말의 사용이었다. 연구자는 한국어문학과 출신이기 때문에, 교수님과 어른들에게 존댓말을 사용하는 것은 익숙한 상황이었다. 그러나 선후배, 친구들 사이에도 분명하게 존댓말과 반말을 구분해야 한다는 것을 한국 대학원 생활을 하고 나서야 깨닫게 된 것이었다. 대만에서 만났던 한국 친구, 그리고 단기 연수 때 만났던 한국 친구들은 나이를 불문하고 서로 친구가 되자며 편하게 나를 대했지만, 대학원에서는 그렇지 않았다. 누구나 쉽게 친해질 수 있는 것이 아니었고, 반말을 쉽게 할 수 있는 것이 아니었다. 선후배한테 말을 가려서 해야 했고, 동기라고 해도 나이 차이가 있으므로 말을 구분해야 했다. 하지만 연구자는 처음에 몰랐다. 어느새 연구자는 대학원의 막내지만 누구에게나 '반말 잘 하는' 특이한 존재가 되어있었다.

그리고 연구자는 당시 대학원의 권위적인 분위기를 싫어했다. 술을 못 먹는 연구자에게 회식 때 억지로 술을 먹이는 것도 너무 싫었다. 힘든 유학 생활을 해나가고 있는데, 대학원에서 진행되는 모든 행사에 동참해야 한다는 것에서도 적지 않은 스트레스를 받았다. 그래서 연구자는 한국 남자친구가 있음에도 불구하고 석사학위를 취득하자마자 바로 대만으로 돌아갔다.

대만에서의 직장생활은 계속 한국과 연관되어 있었다. 한국 바이어(Buyer)를 상대했을 때, 상대방의 조급한 요청과 갑질에 힘들었다. 그리고 한국계 회사에 근무했을 때, 한국 상사들의 반박할 수 없는 '절대적 권위'와 여직원들에 대한 '불평등한 태도' 등을 느꼈고, 한국에 대한 반감이 생기기도 했다. 연구자의 이러한 '불합리한 한국 사회' 인식은 오랫동안 사귄 한국 남자친구의 여러 번의 결혼 제안에 대해 심각하게 고민하게 만든 원인이 되었다. 남자친구는 좋은 사람이지만 한국에 가서 평생 동안 생활할 자신이 없었다. 한국에서 후반생을 보내야 한다는 것이 두려워서 '남자친구와의 인연을 끊어버릴까?' 하는 고민도 여러 번 해봤었다.

이러한 문제들에 대해 남자친구와 같이 고민하고 해결책과 대안을 모색하며 결혼까지 하게 됐다. 새로운 한국 생활이 시작됐다. 대학원 생활도 다시 시작했다. 학업은 여전히 힘들었다. 그러나 이제는 '박사과정'이어서 그런지, 이미 이 대학을 졸업한 선배의 아내가 돼서 그런지 연구자가 느끼는 대학원의 분위기가 예전과 달라져 있었다. 대학원 동료 또는 후배들한테 우대를 받은 느낌이었다. 한편, 시집의 가족들도 외국인 며느리인 연구자를 따뜻한 마음으로 대해 줬다. 시아버지는 공부하는 며느리를 늘 자랑스러워하셨고, 아이를 낳으라고 스트레스를 주지 않았다. 시어머님은 세련된 신세대 시어머님이 되고자 늘 노력을 하셨다. 시누이들도 전혀 간섭이 없었고, 언제나 사이좋게 지내고 있다. 하지만 전혀 문제가 없는 것은 아니었다. 유교식 제사라는 전통은 대만에서는 거의 사라진 것이었기에 낯설고 힘들었다. 그리고 한국 생활을 하면서 경험한 한국인들의 환경호르몬에 관한 인식, 식습관, 마스크 착용, 응급조치 습관 등은 대만의 경우와는 전혀 다른 것이었고, 혼란스러웠다.

한편, 연구자는 SNS를 통해 한국 생활을 기록하고 있다. 연구자는 친구들과의 만남, 남편과의 데이트, 가족들과의 여행, 그리고 맛있게 먹은 음식 등을 주로 올리고 있다. 연구자가 SNS를 통해 불만을 호소하는 성향이 아니기도 하고, SNS를 통해 가족 또는 지인들의 걱정거리가 되는 것도 싫기 때문이다. 오히려 SNS를 통해 '내가 잘 살고 있다'라는 메시지를 전달하고 싶은 마음이 크다. 그래서 가끔 스스로의 SNS를 되돌려볼 때, 비록 한국 생활과정에서 힘든 점도 많았지만, '그래도 내가 행복하게 잘 지내고 있구나'라는 생각이 들 때가 많았다. 연구자의 SNS 공유 내용에 대해 대부분 '좋아요' 등 긍정적인 피드백을 받았다. 하지만 그 이상도 그 이하도 아니었다. SNS를 통해 연구자의 한국 생활을 지켜본 지인들은 연구자가 '한국에서 잘 살고 있구나'하는 인식을 받기는 하지만 한국에 관해 관심이 유발되거나 한국에 놀러 오고 싶다는 생각으로 이어지는 것 같지는 않았다.

연구자의 장기적 한국 이미지 형성과정과 한국 생활 공유의 선경험들을 종합적으로 정리하면 다음과 같다. 첫째, 연구자가 한국어문학과에 입학하기 전 한국은 생소한 지리적 명사에 불과했다. 당시 연구자는 미디어 접촉의 제한으로 인해 한국을 접할 기회가 제한적이었다. 그러나 한국어문학과에 입학한 후 주변 환경으로 인해 한국 대중문화를 접하게 되었고, 점점 관심이 커지게 되었다. 둘째, 한국 방문 경험을 가진 후, 한국 이미지의 일련의 변화과정이 일어났다. 최초 단기 연수 때는 우호적인 이미지가 형성됐다. 그러나 대학원 생활, 직장생활 등 장기적인 경험이 축적되면서 한국에 대한 부정적 인식이 형성되기도 했다. 이처럼 한국에 관한 인식들은 고정적인 것이 아니었고, 유동적인 것이었다. 즉, 연구자의 한국 이미지는 긍정에서 부정으로 일방적으로 변화한 것이 아니었다. 매일

매일의 다른 상황과 경험에 따라 어느 한쪽으로 치우치는 경향이 나타났다. 셋째, 연구자가 SNS를 통해 공유하고 있는 한국 생활은 스스로가 한국에서 잘 산다는 메시지를 담고 있다. 즉 연구자의 SNS 메시지는 의도적 메시지라고 볼 수 있다. 넷째, 연구자의 SNS 공유 내용은 대부분 한국 생활의 긍정적인 면을 다루고 있다. 그러나 연구자의 SNS 메시지는 한국에 대한 인식의 변화나 태도의 변화를 끌어내지는 못하고 있는 것으로 판단된다.

결과적으로 연구자의 한국 이미지는 미디어보다 문화적 경험의 영향이 더 컸다. 즉 한국 생활 경험의 누적에 따라 이미지의 변곡이 나타난 것이라고 볼 수 있다. 그리고 연구자의 한국 이미지 반향과정, 즉 SNS를 통한 의도적 한국 이미지 전달은 대만인들에게 한국에 대한 이미지를 형성하기에는 그 영향력이 제한적인 것으로 판단된다.

연구자가 대만 거주 대만인들의 선이해를 정리하면 다음과 같다. 첫째, 한국 거주 대만 유학생들의 경우, 주로 두 가지 유형으로 분류될 수 있다고 판단된다. 하나는 한국어문학과 출신 대만인들이다. 그들의 한국 유학은 한국에 관한 관심에 기인한 것이라기보다 앞으로의 경력을 만들어 내기 위한 목적이 있다고 판단된다. 다른 하나는 한국 드라마, K-POP 등 한국 대중문화를 통해 한국에 관한 동경을 가지고 유학 온 대만인들이다. 이들의 한국 유학은 한국문화에 관한 관심에 기인한 것이라고 판단된다.

둘째, 대만 결혼이주민들의 경우 역시 두 가지 유형으로 분류된다고 판단된다. 하나는 한국과 대만이 아닌 제3의 국가에서의 유학(또는 워킹홀리데이) 과정에서 만나게 된 한국인과 결혼한 유형이다. 연구자 주변의 비-한국어문학과 출신 결혼이주민들은 대부분 이런 상황에 속한다. 다른 하나는 한국 유학 과정에서 자연스럽게 한국인을 만나게 되고 결혼하게 된 유형이다. 연구자가 이러한 유형에 속한다.

셋째, 한국 거주 대만 노동자의 경우에는 더욱 다양한 상황들이 있다고 판단된다. 워킹홀리데이로 오는 사례도 있고, 한국인과 결혼한 후 한국에서 취직하는 사례도 많다. 그리고 일부 대만 유학생들은 한국에서 학업을 마친 뒤 한국에 남아서 취직하는 경우도 있다. 대만 회사에서 한국 시장의 개발 및 유지 등을 이유로 대만 국적 직원을 한국으로 파견하고 장기적으로 한국에 주재하게 된 경우들도 있다. 그리고 한국 회사에서 대만 엔지니어들을 스카우트한 사례도 있는 것으로 알고 있다.

이상의 기술을 통해 연구자의 선 경험 및 선 이해가 이 연구의 자료수집과 분석과정에 영향을 미치지 않도록 하려고 '괄호 치기'를 했다. 연구자의 성찰성을 확보하기 위해 최대한 구체적으로 괄호 치기(연구자의 선이해 및 선경험)를 수행했다. 이밖에도 연구자는 분석과정에서 연구자의 주관성 개입을 최소화하기 위해 연구대상자(인터뷰 대상자)들에게 연구자의 이해가 정확한지를 재차 확인하는 절차를 거쳤다. 아울러 결과 기술 과정에서는 박사급 연구자 3명에게 결과의 검토를 의뢰했다. 이러한 방식으로 이 연구는 결과의 주관적 해석을 경계하고자 노력했음을 밝힌다.

의미 있는 진술의
목록화와 주제의 결합

본 연구의 목적은 현상학의 방법으로 한국 거주 대만인들의 한국 이미지 형성의 전 과정을 추적해 보는 것에 있다. 즉, 소셜미디어 시대 미디어 효과의 변곡과 미디어 이용자의 반향과정 추적을 통해 기존 문화계발 효과에 관한 새로운 가능성을 제시해 보고자 한 것이다. 이에 이 연구는 한국 거주경험을 1년 이상 가진 대만인 28명을 연구대상자로 선정하였고, 심층 인터뷰를 진행했다. 심층 인터뷰를 통해 657개의 의미 있는 진술문을 확보했다. 수집된 자료는 무스타카스(Moustakas, 1994)의 현상학적 분석 절차를 활용하여 분석되었다.

3명의 박사급 연구자와 함께 657개의 의미 있는 진술문을 분석한 결과, 총 103개의 의미구성 문장(부록 1 참조)을 도출했다. 아울러 역시 3명의 박사급 연구자의 도움을 얻어 103개의 의미구성 문장을 28개의 의미 있는 진술과 10개의 의미 단위로 구분했다. 10개의 의미 단위는 순서대로 '제한된 미디어 정보에 근거한 피상적 이해', '문화적 경험 확대에 따른 이해도 증진', '한국 방문 초기: 양면적 이미지의 형성', '한국 생활 적응기: 가상과 현실, 공명과 변곡의 교차', '한국 생활 안정기: 변화, 그리고 동화', '한국 생활 기록 동기', '삶의 일부분으로서 한국 생활 공유', '의도적, 선택적 한국 생활 공유', '소중에 관한 영향력 행사', '한국 이미지의 파생 공명, 파생 변곡 유발'로 도출되었다.

그리고 의미 단위는 다시 연구문제에 따라 '한국 방문 이전 나의 한국 이미지', '한국 방문 이후 나의 한국 이미지 변화과정', 'SNS를 통한 나의 한국 생활 공유(반향) 과정', '나의 한국 생활 공유(반향)에 따른 대만 소중(小衆)의 한국 이미지 재형성' 등 4개의 주제 범주로 구성됐다.

한국에 관한 경험의 조직적 기술

이 연구는 28명 한국 거주 대만인들의 인터뷰 내용에 근거하여 한국 이미지 형성의 전 과정, 그리고 SNS를 통한 한국 이미지의 반향과정, 반향의 효과 등을 확인했다. 인터뷰 내용을 바탕으로 도출된 인터뷰 참여자들의 의미 있는 진술들을 재분류하고 범주화하는 과정을 통해 총 10개의 의미 단위를 도출했다(<표 4> 참조). 이번 절에서는 경험의 조직적 기술을 통해 한국 거주 대만인들의 한국 이미지 형성과정, SNS를 통한 반향과정, 반향의 효과 등의 현상에서 응답자들이 과연 '무엇을' 경험했는지에 대해 확인했다.

〈표 4〉 의미 있는 진술의 목록화

의미 단위	의미 있는 진술
제한된 미디어 정보에 근거한 피상적 이해	한국에 관한 이해 없음
	한국에 관한 표면적 이해
	한국에 관한 주변 사람들의 부정적 이해
	한국에 관한 대만 미디어의 재현
	한국 대중문화에 재현된 한국의 이미지
문화적 경험 확대에 따른 이해도 증진	한국에 관한 관심 유발의 계기
	능동적 한국 정보의 취득
한국 방문 초기: 양면적 이미지의 형성	한국 방문 후 한국에 관한 양면적 첫인상 형성

의미 단위	의미 있는 진술
한국 생활 적응기: 가상과 현실, 공명과 변곡의 교차	한국의 불평등한 사회상과 사회적 불합리성
	집단성, 배타성, 그리고 인간관계 진입장벽
	대만과의 문화적 차이
	한국인의 경쟁의식
	경제활동의 명암
	시민들의 기초소양 부족
	생활의 편리성
한국 생활 안정기: 변화, 그리고 동화	경험 누적에 따른 변화, 그리고 동화의 과정
한국 생활 기록 동기	SNS 특성별 차별적 한국 생활 공유 행태
	SNS를 통한 한국 생활 공유 동기
삶의 일부분으로서 한국 생활 공유	일상에 관한 기록
	관심사에 관한 기록
의도적, 선택적 한국 생활 공유	한국 정보 공유를 위한 기록
	한국에 대한 부정적 정보 공유회피
소중(小衆)에 관한 영향력 행사	한국 생활 포스팅에 관한 제한적인 도달
	혐한(嫌韓) 인식에 관한 차별적 대응 방식
한국 이미지의 파생 공명, 파생 변곡 유발	한국 생활 호기심 유발
	한국에 대한 이미지 변화
	한국 이미지에 관한 공명효과 유발
	한국인과 교류를 통한 한국 이미지 변화

1. 제한된 미디어 정보에 근거한 피상적 이해 (전통적 문화계발 효과의 발현)

인터뷰 참여자들의 경험에 따르면, 응답자들의 대부분은 한국을 접할 기회가 매우 제한적이었다. 특히 대만은 1992년 한국과의 단교 후 한류가 시작되기 이전까지 한국과의 교류가 없었다. 이에 대만인들은 한국에 관한 관심과 이해도 거의 없었다. 한국에 관한 대만인들의 인식은 '북쪽에 있는 추운 나라', '김치와 인삼이 있는 나라' 등과 같은 표면적(지리적) 인식에 머물러 있었다.

그들이 한국에 관한 정보를 얻을 수 있는 정보원은 대만의 미디어와 한국 대중문화, 대만 미디어를 통해 표피적으로 한국을 이해하고 있는 주변 사람 등 세 가지에 국한되어 있었다. 응답자들의 주변 사람들은 과거의 정치적 경험, 경제적 경험, 그리고 문화적 고정관념 때문에 한국을 부정적으로 이해하는 경우가 많았다. 그리고 대만 미디어는 스포츠 경기 또는 정치·사회적 이슈에서 한국의 강한 민족성을 강조하는 방향으로 프레임을 구성하는 경우가 많았다. 이상의 결과는 한국 방문 전 대만인들의 대부분이 미디어를 통해 한국에 대한 이미지를 형성하게 되었음을 보여준다. 이는 대만인들의 한국 이미지 형성과정에 전통적 형태의 문화계발 효과가 적용된다는 것을 의미한다.

한편, 대다수의 인터뷰 참여자들은 한국의 대중문화에 대해 알고 있었다. 다만 대중문화를 통해서 형성된 한국의 인식 역시 제한적이었다. 응답자들은 대만, 일본 대중문화와 차별화되는 한국 대중문화 캐릭터의 특성, 배우 또는 연예인의 외모, 패션과 같은 것을 통해 한국의 대중문화를 이해하고 있는 것으로 나타났다.

1) 한국에 관한 이해 없음

인터뷰 참여자들은 대체로 대만 내에 한국에 관한 정보가 없었기 때문에, 한국에 관한 이해가 불가능한 상황을 지적하고 있었다. 1992년 대만과 한국 간의 단교로 인한 교류의 단절이 2000년대 초반까지 유지됐다. 이러한 상황은 대만인들에게 한국에 관한 관심을 가질 수 없게 만든 구조적 원인이 되었다. 한편, 이 연구에 참여한 인터뷰 참여자들은 대부분 20대, 30대로 구성되었다. 2000년대 초반에 이들은 대부분 10대 이하의 연령대였다. 결과적으로 대만과 한국의 단교를 직접 경험하지 않은 세대들이다. 그러나 단교 후 양국 간의 교류 단절은 응답자들에게 한국에 관한 정보를 접할 기회를 단절시켰다고 볼 여지가 있다.

실제로 인터뷰 참여자 중 20대 여성들은 한류를 어린 나이에 접했다. 20대는 30대의 인터뷰 참여자들보다 한국 방문 경험을 가지기 이전의 한류 문화, 한국에 관한 관심이 상대적으로 많았다. 다만 이들은 한국, 또는 한국의 대중문화에 관한 관심이 있는 사람이라고 해도 당시 대만의 미디어(텔레비전이나 서적 등)를 통해서 한국을 접할 기회는 제한적이었다고 말했다. 아울러 한류 도입 이전인 90년대의 대만은 일본의 드라마, 아이돌, 음악 등 일본 대중문화가 대세였다(Huang, 2011). 이로 인해 한국의 대중문화가 대만에서 소개되던 초기 단계에는 일본 대중문화로 착각한 대만인도 있었다고 말했다.

> 예전에는 대만 미디어나 서적을 통해서 한국을 이해할 수 있는 정보가 정말 너무 없었어요. 제가 어렸을 때 서점에 가서 한국의 문화, 한국어학습과 관련된 책을 사려고 했는데 거의 없었어요. 심지어 내용이 똑같은데 출판사만 다른 사례도 있었죠. 한국을 이해할 수 있는 정보가 정말 제한적이었어요(#26, 28세, 여, 대학원생, 거주 2년, 유학).

> 한국이 그냥 낯설었어요. 한류 시작하기 전에 한국에 관한 토론이 아예 없었어요. 제 기억에는 처음에 동방신기가 한국 사람이라는 걸 알게 되었을 때 살짝 실망한 느낌 들었어요. 약간 "엥?!" 이런 느낌이었어요. 일본 사람인 줄 알았거든요. 아마 한국이 너무 생소해서 그랬을 거예요. 한국을 싫어하거나 그런 건 딱히 아니었는데, 그때 내가 한국을 너무 몰랐나 봐요(#25, 25세, 여, 회사원, 거주 2년 6개월, 유학).

한편, 일부 응답자들의 경우 한국에 관한 정보가 없어서 한국을 모르는 것이 아니라 전혀 관심이 없었다고 응답하기도 했다. 즉 이들은 한국에 방문하거나 한국인과 직접 교류하는 등의 한국과 관련된 경험을 하기 이전에는 한국에 관한 관심이 전혀 없었다. 이러한 반응을 보인 인터뷰 참여자들은 대부분 30대이었다. 이들은 어린 시절에 단교 때문에 한국을 접할 기회가 거의 없었다. 이들은 비록 주변 사람들이 드라마, 음악과 같은 한국 대중문화 콘텐츠를 시청하는 것을 보았지만, 스스로 한국에 관한 관심도가 워낙 낮은 상황에서 해당 콘텐츠를 능동적으로 소비하게 되는 경우가 없었다.

> 저는 한국에 대해 별로 관심이 없었어요. 제가 유일하게 기억하고 있는 것은 우리 어머니가 한국 드라마를 즐겨 봤다는 거예요. 대만에서 한국 드라마 애청자들이 많은 것으로 알고 있었지만, 개인적으로 한국에 관한 동경이나 관심이 크게 없었던 것 같아요. 가끔 어머니 옆에서 따라 시청하기도 했지만, 딱히 좋아하거나 싫어한 건 없었어요(#8, 36세, 여, 주부, 거주 1년 7개월, 결혼).

이상을 종합적으로 정리하면, 비록 연령대에 따라 한국 방문 전 한국에 관한 관심도에 차이가 있었지만, 전반적으로 한국과 대만 간 교류의 단절로 대만인들은 한국과 관련된 정보를 접할 기회가 제한적이었다는 점을 확인할 수 있다. 30대 인터뷰 참여자들이 한국에 관한 관심도가 낮은 원인 역시 제한적인 한국 정보 접촉의 기회 때문이었다는 것을 유추케 한다. 2000년대 이후 한류가 도입되었음에도 이들은 능동적으로 한국 정보를 접촉하려는 의도를 형성하지 않게 되었다고 볼 수 있다.

2) 한국에 관한 표면적 이해

1992년 시작된 대만과 한국 간의 교류 단절은 10년 가까이 유지됐다. 이러한 10년의 교류 단절 때문에 당시 대부분 10대였던 인터뷰 참여자들에게는 한국이라는 국가에 관한 지식이 극히 제한적일 수밖에 없었다. 일부 인터뷰 참여자들(30대들)은 한국의 대략적 지리적 위치와 대표적 음식 정도만을 알고 있었다. 2000년 초반까지는 대부분의 대만인이 한국을 깊이 있게 이해하지 못하고, 표면적으로만 이해하고 있었다.

> 추운 나라? 눈? … 북쪽에 있으니까요. 아! 그리고 인삼 많은 나라(#1, 34세, 여, 디자이너, 거주 1년 1개월, 결혼/취직)!

> 예전에 한국에 관한 인식이 별로 없었어요. 김치, 그리고 인삼 뭐 대충 이 정도만 알고 있었어요(#28, 35세, 남, 회사원/대학원생, 거주 2년 6개월, 취직/유학).

3) 한국에 관한 주변 사람들의 부정적 이해

인터뷰 참여자들은 자신의 주변 가족, 친척, 친구 등 지인들의 대부분이 한국을 부정적으로 생각하는 경향이 있다고 말했다. 인터뷰에 응한 응답자들은 지인 중 특히 어른들은 과거의 단교 문제, 한국 사회 남존여비의 고정관념, 그리고 무역 활동 경험 때문에 한국을 부정적으로 인식하고 있는 것 같다고 말했다. 한국과의 단교 문제, 한국 사회 남존여비의 고정관념에 관한 인식 대부분은 단교 이후 미디어를 통해 얻은 정보로 판단된다.

단교 당시의 대만 미디어(텔레비전, 신문)는 '혈맹이었던 한국'을 부정적으로 묘사하는 경향(林宗偉, 2012)이 있었기 때문이다. 단교 이후부터 다수의 대만인이 한국에 대해 부정적으로 인식하게 된 것으로 유추할 수 있다. 미디어에서 보도된 부정적 한국 이미지를 실제 상황에서 경험했다면 이러한 부정적 이미지가 강화될 가능성, 즉 공명효과가 유발될 가능성이 있다고 판단된다. 일부 인터뷰 참여자들은 지인들의 부정적 경험 사례에 대해 증언하기도 했다. 한국에 관한 지인들의 부정적인 관념과 경험들은 응답자들에게 한국에 대한 부정적인 이미지를 유발하는 효과가 있는 것으로 나타났다.

> 어렸을 때 한국어를 스스로 공부했었는데 부모님이 엄청 반대했어요. 그 세대 어른들은 단교 때문에 한국을 배신자로 인식하고 있었죠(#14, 30세, 여, 주부, 거주 4년, 직장/결혼).

> 어렸을 때 부모님이나 친척들은 다 한국 남자들이 가부장적이고 아내를 때린다고 했어요. 왜 그러는지 잘 모르겠는데, 뉴스에서 나왔었나? 아, 그리고 고모가 옛날 교회를 따라서 한국에 간 적 있었는데, 밥을 먹을 때 한국 남자들이 먼저 먹고 여자들이 옆에서 그들을 모시는 모습을 보셨대요(#9, 29세, 여, EPIK 영어교사, 거주 6년, EPIK 교사/결혼).

> 제 고모가 국제 무역을 하신 분인데 한국인들이 수작이 많다며 한국을 별로 안 좋아했어요. 고모가 가까운 사람이니까 고모의 경험이 제 경험으로 이어지게 되었나 봐요(#4, 32세, 여, 외식 음료업, 거주 8년, 유학/취직).

4) 한국에 관한 대만 미디어의 재현

응답자들은 대만 미디어가 한국을 스포츠 경기에서 '물불을 가리지 않는' 강한 승부욕을 가진 부정적인 이미지의 국가로 묘사하는 경향이 있다고 말했다. 그리고 연령대, 성별과 관련 없이 다수의 응답자는 스포츠 경기 관련 보도를 접하고 화가 났다거나 비판적인 시각으로 한국을 평가한 경험이 있다고 말했다.

그리고 대만의 정치·사회 보도는 한국을 강한 응집력과 애국심을 가지고 있는 국가로 묘사하는 경향이 있다고 말했다. 다수의 대만인은 한국의 이러한 '강한 응집력'과 '강한 애국심'을 부정적인 이미지로 인식하고 있는 것으로 나타났다. '강한 응집력'과 '강한 애국심'이 한국인의 배타성을 보여주는 척도로 평가되고 있다는 것이다.

일부 인터뷰 참여자들은 대만의 인터넷에서도 한국의 배타적인 성향을 보여주는 사례가 많다고 말했다. 대만 미디어의 재현은 대만인들에게 한국은 애국, 단결, 승부욕, 배타성 등 민족성이 강한 국가라는 이미지를 형성하게 된 원인으로 보인다.

> 한국인은 성격이 꽤 사나운 것 같아요. 스포츠 영역에서 월드컵 때도 그렇고, 야구 경기 때도 그렇고, 농구 경기도 그렇고, 여러 스포츠 항목에서 물불 가리지 않는 수작들이 많았잖아요. 되게 승부욕이 강한 느낌이었어요(#5, 29세, 남, 주재공무원, 거주 2년, 직장).

> 예전부터 늘 가지고 있던 한국 이미지는 한국인이 애국심이 강하고 단결심이 강하다는 거예요. 최근의 예로 들자면, 한국 3.1 운동 100주년을 맞이했어요. 대만의 보도에서는 한국이 거국적으로 독립 100주년을 맞이한다는 식으로 보도하였지만, 사실은 이 문제는 소수의 사람만 관심을 가져요. 한국인이 애국심이 강하다는 것은 오히려 외국 미디어에서 저런 이미지를 심어주는 것이 아닐까 하는 생각이 들어요. 대만은 그렇잖아요(#16, 22세, 여, 대학원생, 거주 2년, 유학).

> 한국인의 민족성이 강하다는 것은 광화문 집회를 통해 대통령을 탄핵한 것, 세월호, 그리고 사회이슈를 영화로 만드는 것에서

느꼈어요. 특히 큰 사회이슈에 대해 한국 사람들의 응집력이 강하다는 것을 느낄 수 있어요. 그러나 한편으로는 한국인의 배타적인 사례도 인터넷에서 종종 볼 수가 있어요(#22, 34세, 여, 학생, 거주 2년, 결혼/어학원).

5) 한국 대중문화에 재현된 한국의 이미지

다수의 인터뷰 참여자들은 한국의 대중문화에 대해 알고 있었다. 그러나 한국의 대중문화로 거론되는 한국 드라마, 예능 프로그램, **K-POP** 그리고 연예인들이 형성한 한국 이미지는 역시 표면적인 것으로 나타났다. 예컨대, 대만인들은 한국 드라마에 나타난 캐릭터들의 성격을 통해 한국인의 성격을 추론하게 되는 경우가 있다. 그리고 한류 시작 이전 대만은 일본 대중문화의 영향을 많이 받았다. 한국의 대중문화는 자연스럽게 일본 대중문화와 비교되고 있는 것으로 나타났다. 이에 대중문화를 통해 추론되는 한국의 이미지는 일본보다 '솔직하다', '내숭이 없다' 등과 같은 긍정적 측면과 '쉽게 흥분한다', '예의가 없다'와 같은 부정적인 측면이 동시에 존재하는 것으로 확인되었다.

> 일본과 비교하면 한국인이 좀 더 솔직하고 기분대로 표현하고 내숭이 없는 것처럼 느껴졌어요. 이런 이미지는 처음에는 드라마를 통해서 얻어지는 것 같아요. 일본 드라마를 보면 일본 사람들이 표면적인 예의를 지키는 반면, 한국 드라마 캐릭터들의 행동을 보면 좀 더 솔직한 느낌을 받았어요(#2, 32세, 여, 숙박업, 거주 11년, 유학/취직/결혼).

> TV를 보다가 우연히 한국 드라마를 봤었는데, 그 안에 묘사하는 한국인의 모습이 조금 적응이 안 됐어요. 예를 들어서 발을 테이블 위에 올려놓거나, 쉽게 흥분하고, 분노할 때 크게 소리를 지

르고, 밥 먹을 때 입을 다물지도 않고 음식을 꽉 채우는 모습들 말이에요(#15, 33세, 여, 주부, 거주 1년 8개월, 결혼).

대만인들이 인식하고 있는 대중문화 속 한국인의 이미지는 한국인의 성격적인 측면보다 외모적 측면이 강한 것으로 나타났다. 예컨대, 배우, 가수들의 잘생긴 얼굴, 화장법과 머리 스타일, 그리고 패션 등과 같은 부분만을 거론한 인터뷰 참여자들이 다수 존재했다. 대만인들은 2000년대 초반 이후에야 한국의 대중문화를 접할 기회를 가질 수 있었다. 따라서 한류 초기에는 대부분의 대만인이 한국에 대해 생소하다고 느끼거나 한국의 스타일을 특이하게 느꼈다고 말했다.

> 한국에 대해 주로 한국 드라마와 K-POP을 통해서 알게 됐어요. 한국에 대한 이미지는 딱히 없었던 것 같아요. 그냥 예쁘고 잘생긴 연예인들이 많은 낯선 나라 정도였어요(#9, 29세, 여, EPIK 영어교사, 거주 6년, EPIK 교사/결혼).

> 예전부터 한국에 대한 이미지는 화장, 머리 스타일이 예쁘다는 거 정도죠. 그리고 저는 한국의 예쁘고 귀여운 액세서리나 패션 등에 관심이 많았어요(#16, 22세, 여, 대학원생, 거주 2년, 유학).

> 중학교 때부터 한국 음악을 듣기 시작했어요. 그때 클론이나 SES의 앨범은 다 가지고 있었어요. 그런데 예전에는 한국에 대해 잘 몰랐어요. 한국을 접할 기회도 별로 없었어요. 그냥 한국에 블랙 립스틱이 유행하는 것 같았고, 자기 국가만의 스타일이 있는 것 같았어요. 드라마라면 그때 시작 단계이었던 것 같아요. <대장금>도 방송이 안 되던 시절이었고, <가을동화>와 <겨울연가>만 방송된 시기였던 것 같아요. 그냥 한국인 스타일이 특이하다고 느꼈어요(#7, 35세, 남, 회사원, 거주 11년, 유학/취직).

2. 문화적 경험 확대에 따른 이해도 증진 (대만 미디어 문화계발 효과의 변곡)

한류 열풍이 대만에서 본격화되기 시작한 2000년대 이전의 한국은 대만인들에게 생소한 국가였다. 따라서 인터뷰 참여자들의 한국 방문 전 한국에 대한 이미지 형성과정에는 한국에 관한 관심이 유발되는 계기가 존재했던 것으로 보인다. 한국어학습, 그리고 한국인과의 교류로 인한 문화적 경험 확대가 그것이다.

문화적 경험의 촉진에는 개개인의 상황에 따라 피동적인 이유와 능동적인 이유가 모두 존재한다. 이러한 계기들은 한국 정보에 관한 능동적인 취득과 미디어를 통해 접한 잘못된 정보의 수정에 긍정적인 영향을 주는 것으로 나타났다. 이는 한국 방문 전 대만 미디어를 통해 한국에 대한 부정적 인식을 형성하고 있던 대만인들이 한국인과의 교류와 같은 문화적 경험을 하게 되면서 한국에 관한 기존의 인식이 잘못되었다는 것을 인식하게 되는 현상이 나타나게 되었음을 의미한다. 즉 대만 미디어의 한국에 대한 부정적 묘사에 관한 효과에 균열이 발생하기 시작했다는 것이다. 이는 대만 미디어의 강력한 계발 효과가 문화적 경험의 확대에 따라 변하기 시작했다는 것을 의미하는 것으로 변곡의 시작점이라고 볼 수 있다. 대만인들의 문화적 경험은 한국 방문 전 대만인들의 한국 이해도 증진을 위한 디딤돌의 역할을 한 것으로 볼 수 있다. 인터뷰 참여자들도 이러한 상황을 잘 인지하고 있었다.

> 대만인의 보편적인 한국 이미지는 우리의 미디어를 통해서 형성된 거로 생각해요. 실제 경험이나 한국인과의 실제 접촉을 통해

서 얻어지는 게 아니에요. 그래서 많은 부분이 정확한 게 아니라
고 생각해요. 저는 한국 친구를 사귀고 나서야 미디어에서 제공하
는 정보들이 대부분 잘못된 것이라는 것을 알게 됐어요(#26, 28
세, 여, 대학원생, 거주 2년, 유학).

1) 한국에 관한 관심 유발의 계기

한국에 관한 관심은 한국에 관한 이해도 증진의 발판이 되었다.
한국에 관한 관심 유발의 계기는 피동적 계기와 능동적 계기로 구
분할 수 있다. 피동적인 계기는 한국어를 목표달성의 수단, 또는 우
연한 계기로 배우게 된 경우를 의미한다. 예컨대 비록 한국에 관한
이해와 관심이 없었지만, 좋은 학교에 들어가기 위한 전략으로 한
국어문학과를 택했고, 한국어 인재의 희소성이라는 이점을 느꼈다
는 증언이 있었다. 그리고 특별한 생각 없이 친구를 따라서 한국어
학원에 다녔다는 인터뷰 참여자도 있었다. 즉 이들은 처음부터 한
국에 관한 관심이 있어서 한국어를 배운 것이 아니었다. 오히려 한
국어를 배우기 위해 한국 대중문화를 접하게 된 상황이었다.

> 한국어학과에 입학하기 전에 솔직히 한국에 대해 별로 아는 것
> 이 없었어요. 당시에 한국어학과를 선택한 것은 그저 정치대에 들
> 어가려는 수단일 뿐이었어요. 그리고 나서 보니 한국어가 당시의
> 니치시장인 것을 나름대로 느꼈나 봐요. 한국을 좋아하는 것보다
> 한국어를 배우는 사람이 적으니까 뭔가 해볼 만하다는 생각이 들
> 었어요. 저한테는 한국어가 그저 유리한 수단일 뿐이었어요(#6,
> 35세, 여, 주재공무원, 거주 3년, 직장).

> 처음에는 한류 팬인 직장동료가 같이 한국어를 배우자고 제안
> 했어요. 그래서 따라서 한국어 학원에 다니기 시작했죠. 그리고
> 한국어를 배우기 위해 한국 드라마를 보기 시작했고, 이후에는
> K-POP과 예능 프로그램 등에 점점 관심을 두게 됐어요(#13, 34

세, 여, 화교학교 교사, 거주 3년 6개월, 워킹홀리데이/ 직장/ 결혼)

능동적인 계기는 한국 친구와의 관계유지, 또는 대중문화에 관한 관심으로 발전되는 능동적 한국 정보 탐색과 한국어학습의 과정을 의미한다. 이 연구에 참여한 인터뷰 참여자들 가운데는 해외에서 처음 한국인을 접하게 된 경우가 다수 존재했다. 이들은 원래 한국에 관한 관심과 이해가 없었다가, 해외에서 유학 또는 워킹홀리데이 등 과정에서 만난 한국 친구를 통해 한국을 알게 된 것이었다. 이들에게 한국 친구와의 친밀한 교제 관계를 유지하기 위해 한국을 이해하고자 하는 동기가 부여되었다. 이러한 동기는 그들의 능동적 한국 정보 탐색 행동으로 발전되었다.

> 사실은 제가 남편과 사귀는 사이를 유지하기 위해서 한국 예능 시청을 시도해봤어요. 그리고 한국에서 일어나는 뉴스나 사회이슈 등을 팔로우했어요. 개인적으로 텔레비전 시청을 별로 안 좋아해서 한국 드라마는 잘 안 봐요. 하지만 페이스북을 통해서 한국 관련 팬 페이지를 몇 개 팔로우하고, 새로운 이슈가 있으면 남편이랑 이야기하곤 했어요. 저는 한국을 좋아해서 이 일을 한 게 아니라, 남편과의 화제를 만들려고 한국 관련 뉴스나 이슈를 보게 된 거였어요(#22, 34세, 여, 학생, 거주 2년, 결혼/어학원).

> 남편을 만나기 전에는 한류에 대해 그리 큰 관심이 없었는데, 남편을 만나고 나서 한국이라는 나라를 알고 싶어졌어요. 한국에 오고 싶었고 생활해보고 싶었어요. 그리고 그를 만나고 나서 한국에 관한 정보도 직접 찾아봤고요. 어디가 놀러 가기 좋고, 어디가 맛있고 어떤 드라마가 재밌고, 어떤 가수가 인기 있는지를 알아보기 시작했어요. 음악도 듣기 시작하고 남편과 같이 예능도 보기 시작했어요(#10, 33세, 여, 대학원생, 거주 3년 4개월, 유학/결혼).

한편, 일부 인터뷰 참여자들은 한국 드라마, 예능 프로그램과 같은 한국 대중문화에 관한 관심이 한국어학습의 동기가 되었다고 말했다. 그들은 평소에 한국 대중문화를 좋아했기 때문에 한국에 관한 호기심이 생겼고, 한국에 관한 이해도를 높이기 위한 수단으로 한국어 공부를 택하는 것으로 나타났다. 예컨대, 한국어에 능통하게 되면, 그들이 좋아하는 한국 연예인과 직접 소통할 수 있을 것으로 생각하게 된 것이었다. 그리고 한국어 구사가 가능하면 언어의 장벽 때문에 보고 싶은 예능 프로그램을 즉시 시청하지 못하는 상황을 극복할 수 있을 것으로 생각하게 된 것이다.

애초에 한국어를 배우려는 원인은 살짝 유치했어요. 단순히 연예인 덕질이었어요. 저는 중학교 때부터 한국어를 배웠는데요. 그때는 한국 드라마 <호텔 리어> 때문에 배용준을 좋아하게 되었어요. 그때는 나중에 커서 한국에 놀러 가게 되면 배용준 팬 미팅에 갈 수 있었으면 하는 상상을 했어요. 그런데 만나게 되면 영어 쓰는 것보다 배용준의 모국어로 대화할 수 있으면 더 기뻐하실 것 같아서 한국어를 배우기로 마음먹었어요(#14, 30세, 여, 주부, 거주 4년, 직장/결혼).

한국 예능을 보면 예전에는 자막이 1주일 정도 기다려야 나오는데 기다리는 것이 너무 지겹고 싫어서 한국어를 배워보기로 했어요(#19, 26세, 여, 회사원, 거주 4년, 유학/워킹홀리데이/취직).

2) 능동적 한국 정보의 취득

인터뷰 참여자들은 한국 대중문화에 관한 관심과 한국인과의 직접적인 교류, 그리고 한국어 능력을 갖춘 후 능동적으로 한국 정보를 취득하게 됐다. 그들은 한국에 관한 자신의 관심사 또는 궁금증을 해결하기 위해 직접 자료를 수집하고 탐색했다. 예컨대, 한국 드라마 또는 예능 프로그램에서 나오는 장소, 음식 등 정보를 탐색해서 여행지로 계획하거나 한국 관광 시 주의사항을 수집하고자 하는 목적으로 한국 정보를 능동적으로 탐색하게 되는 경우도 나타났다.

> 저는 한국 드라마나 예능을 보면 거기 가서 똑같은 음식을 먹고 싶고, 같은 곳에 가서 사진 찍고 싶어요. 그래서 전에 한국 자유여행을 계획했을 때 인터넷에서 블로그나 페이스북, 인스타에서 한국 여행 주의사항, 어디가 예쁘고 맛있는지 등에 관한 정보를 수집했어요. 그리고 서점에서 한국 여행 책자도 봤어요(#3, 25세, 여, 대학원생, 거주 2년, 유학).

한편, 대만 사회에는 2000년 중후반부터 한국과 관련된 가짜뉴스들이 범람했다. 이러한 가짜뉴스의 내용은 대부분 한국의 '문화적 약탈행위'와 관련되어 있다. 대부분 가짜뉴스는 한국 학자들이 중국의 역사 인물, 명절, 음식, 의학, 문자 등의 문화적 기원이 한국이라고 주장한 내용으로 구성되어 있다. 예컨대 '공자는 한국인이다'라는 주장이 대표적이었다. 비록 이러한 가짜뉴스 대부분은 중국에서 유포된 루머인 것으로 입증되었지만, 한국은 '문화적 약탈자'라는 이미지와 혐한 감정이 이미 대만 사회에 깊이 뿌리 내리고 난 후였다(阿圖賽, 2017. 01. 24).

인터뷰 참여자들은 한국어학습 또는 한국인과의 교류 등으로 인해 한국과의 유대감이 생겼다고 말했다. 따라서 그들은 대만 사회에서 만연한 한국 관련 루머들의 진실이 무엇인지에 대해 알고 싶어 했다. 진실을 알기 위해 능동적으로 자료를 탐색하고, 자신이 알고 있는 한국인에게 직접 확인하고, 자신이 가진 지식으로 분석하기도 했다. 인터뷰 참여자들은 그러한 과정을 통해 대만 미디어 속의 정보가 사실이 아닐 수도 있다는 점을 스스로 깨닫기도 했다.

제가 인터넷으로 검색해 본 적이 있었어요. 제가 한국어를 배우
고 있다는 것을 알면 일부러 빈정거리는 친구들이 있었어요. 그래
서 키워드로 검색도 해보고, 주변의 아는 한국 친구들한테 물어보
기도 했어요. 그때는 한류 문화가 막 유행하기 시작한 무렵이지만
대만에서는 지금처럼 번역된 자료나 한국 관련 블로그가 많지 않
았어요. 요즘 유명한 한국 관련 블로거들이 정보를 다 정리해서
설명해주는데, 그때는 없었어요. 그때 내 한국 친구들도 "공자는
진짜 한국 사람 아니에요! 억울해 죽겠어요!"라고 이야기했어요
(#17, 31세, 여, 구직 중, 거주 2년 6개월, 워킹홀리데이/결혼).

한국에 관한 관심이 생기고 나서 대만 뉴스에서 나오는 내용의
진실이 어떤지 궁금해졌어요. 그래서 이런 뉴스를 보고 찾아보기
도 했죠. 공자가 한국 사람이라는 설에 대해서 처음에는 저도 반
신반의했어요. 한국 사람들이 그렇게 생각할 리가 없을 것 같은
거였어요. 알고 보니까 한국 사람은 "우리"라는 말을 자주 사용해
요. 그렇지만, 그들의 "우리"와 우리가 인식하는 "우리"가 차이가
있어요. 예를 들어서 "우리나라 유교 문화"라고 하면 진짜 한국이
유교가 "우리나라 거"라고 생각하는 것보다 "지금 우리가 사는 한
국에서의 유교"라고 이해하는 게 더 정확해요. 그래서 유교가 한
국이 만든 것이 아니라 언어적 이해의 오류로 왜곡된 거였어요
(#19, 26세, 여, 회사원, 거주 4년, 유학/워킹홀리데이/취직).

3. 한국 방문 초기: 양면적 이미지의 형성 (한국 대중문화 문화계발 효과의 변곡)

대부분의 인터뷰 참여자들은 한국에 장기적으로 거주하기 이전,
여러 번 한국을 방문한 경험이 있었다. 한국에 장기적으로 거주하
기 이전의 한국 방문은 대부분 관광 또는 단기 언어연수 등을 목적

으로 이루어졌다. 따라서 이 단계에서 형성된 한국 이미지는 깊이 있는 수준이라고 볼 수 없다. 짧은 한국 거주 기간 동안 인터뷰 참여자들이 미디어를 통해 한국인의 민족성과 같은 한국 사회의 깊숙한 면을 확인할 수 없는 상황이기 때문이다. 이 단계에서 형성된 한국 이미지는 여전히 표피적이지만 양면적인 것으로 나타났다.

예컨대, 많은 대만인은 한국의 문화콘텐츠가 한국 관광과 결합 정도가 높다는 점에 대해 긍정적으로 평가했다. 한국의 드라마, 영화, 또는 예능 프로그램에서 나온 장소, 음식, 한복 등은 관광 상품으로 포장되어서 체험할 수 있기 때문이다. 대만인들은 한국 방문 후 한국이 한류 등 문화콘텐츠로 국가 이미지를 돋보이게 하는 능력이 있고, 문화에 관한 마케팅 능력이 탁월하다는 인식을 형성하게 됐다. 다만 이러한 인식이 꼭 긍정적인 것만은 아니었다. 인터뷰 참여자들이 말한 한국이 "워낙 외모나 외부적인 표상을 중요시한다"라는 말 속에는 이중적 의미가 존재한다.

즉, 인터뷰 참여자들은 한국이 국가 이미지를 돋보이게 하는 마케팅 능력이 있고, 이를 관광산업에까지 결합하는 능력이 있다고 평가했지만, 알맹이 없이 '표상만 중시'하는 한국의 문화적 경향에 대해서는 '부정적으로 인식'하기도 했다. 한국에 관한 국제적인 이미지와 부합하지 않는 획일적 사회 분위기에 관한 문제 제기도 존재했다. 즉 인터뷰 응답자들은 한국이 외부적 이미지 관리에 신경을 많이 쓰는 국가이지만, 실속 없는 포장에 불과한 경우가 많다는 인식을 광범위하게 공유하고 있었다.

이는 한국 방문 전 대만 미디어의 부정적 묘사에 의한 계발 효과가 문화적 경험의 확대에 따라 균열이 나타나기 시작했고, 한국 방

문을 매개로 대만에서 접한 한국 대중문화의 계발 효과에 균열이
나타나기 시작했음을 의미한다.

한국은 소프트 파워가 강한 것 같아요. 먼저 콘텐츠 산업이 있
어야지 국가의 이미지를 바꿀 수가 있죠. 이미지를 바꾸고 나서
지금 한국의 경제 발전에서 관광이 큰 비중을 차지했어요. 나름
대단한 거죠. 한국이 진짜 마케팅을 잘하는 것 같아요. 워낙 외모
나 외부적인 표상을 중요시해서 그런지 한국의 국가 이미지를 잘
형성하고 이를 관광산업과 잘 결합해낸 것 같아요. 예전에는 드라
마를 보고 한국에 와서 드라마 촬영지 관광과 쇼핑을 하다가 이제
는 경복궁에서 한복 입는 것이 유행하니까요 … 한국의 문화까지
마케팅한 거죠(#4, 32세, 여, 외식 음료, 거주 8년, 유학/취직).

한국의 한류는 밖에서 국제적인 이미지를 보여주기 위한 것에
능한 것 같아요. 스타들은 다국어 구사가 가능하고, 드라마나 영화
도 역시 국제 사회에 진출하려고 영어, 중국어, 일본어 등 다양한
언어를 포함했죠. 그런데 저는 이런 국제화 이미지는 그저 포장일
뿐이라고 생각해요. 실제의 한국 사회는 여전히 한국어만 쓰는 단
일적인 사회예요. 그들은 표면적인 것을 아주 중요시하고, 포장을
진짜 잘한 거죠(#28, 35세, 남, 회사원, 거주 2년 6개월, 취직/유학).

대부분 대만인이 한국을 최초로 방문했을 때의 목적은 여행이었
다. 따라서 한국의 관광 코스, 음식, 쇼핑 등에서 한국의 첫인상이
형성된 경우가 다수 존재했다. 인터뷰 참여자들은 한국 여행 과정
중의 즐거운 경험들을 통해 한국에 관한 긍정적 이미지를 형성하는
것으로 나타났다. 심지어 이러한 긍정적 경험으로 인해, 한국 제품
에 관한 충성도가 형성되는 사례도 발견되었다.

처음에 서울에 놀러 왔을 때 나름 재밌었어요. 단체여행이라서
면세점이나 청와대, 수원화성 이런 데만 갔지만 그래도 "와~ 서

울이다~" 이런 느낌이 들었던 것 같아요. 그리고 부산에 자유여행으로 놀러 갔을 때 돼지국밥도 먹었고 감천 문화마을도 갔어요. 역사박물관에서 한복이랑 다도 체험도 해봤어요. 그때 사진을 많이 찍었어요. 재밌었어요(#17, 31세, 여, 구직 중, 거주 2년 6개월, 워킹홀리데이/결혼).

화장품의 종류가 다양했어요. 그때 대만은 주로 일본 화장품을 많이 쓰는데, 한국에 오니까 화장품 쇼핑의 신세계를 느꼈어요. 그 이후부터 저는 색조화장품은 거의 한국 제품만 썼어요(#12, 32세, 여, 회사원, 거주 3년, 유학/결혼).

기존에 가지고 있던 한국에 대한 부정적 인식이 한국 방문이 이루어지고 난 이후, 긍정적으로 변하게 된 사례도 나타났다. 예컨대, 한국 방문 전 한국이 대만보다 경제적으로 조금 떨어진다고 생각했지만, 한국 방문 후 한국의 현대화된 도시를 보고 인식이 바뀌게 되었다는 증언이 있었다. 그러나 대만에 있을 때 잘 포장된 한국 대중문화를 통해서 접하기 힘든 현실적 한국인의 모습에 대해 '환상이 깨졌다'라는 부정적 감정이 유발되는 경우도 나타났다. 예컨대, 길거리에서 함부로 침을 뱉거나 사람과 부딪히고 나서 사과를 하지 않는 행위, 공공장소에서 신발을 벗는 행위 등을 목격한 후 오히려 국민 소양이 부족한 부정적 이미지로 한국에 관한 평가가 바뀌게 되는 경우도 존재했다.

한국이 제가 생각했던 만큼 낙후되지 않아서 오히려 긍정적인 이미지가 생겼어요. 예전에는 한국에 대해 가졌던 이미지가 살짝 부정적이었으니까요. 그때 느꼈던 것은 서울의 도시 계획이 타이베이보다 잘된 것 같아요. 유적과 현대 건물 간의 조화도 좋고요. 그래서 그런지 꽤 인상이 남았어요. 특히 시청 그쪽 미술관 근처는 시내지만 꽤 분위기 있게 잘 해놓은 것 같아요(#4, 32세, 여,

외식 음료, 거주 8년, 유학/취직).

한국의 다른 면을 발견하게 됐어요. 예를 들어서 침을 아무 곳에서나 뱉어버리거나 길에서 사람을 치고 나가는 일 등등, 대만에 있을 때 알지 못했던 것들이에요. 그때는 반감 좀 생겼어요. 침 뱉기, 사람 부딪치기, 공공장소에서 신발 벗고 발을 의자에 올려놓기 등등 … 그냥 싫었어요(#2, 32세, 여, 숙박업, 거주 11년, 유학/취직/결혼).

4. 한국 생활 적응기: 가상과 현실, 공명과 변곡의 교차

단기적인 한국 방문이 아니라 장기적으로 한국에 거주하게 된 경험을 가진 인터뷰 참여자들은 한국의 가정, 학교, 직장 등 여러 사회적 조직에서 더 많은 한국인과 접촉하고 관계를 형성하는 과정을 경험했다. 이들은 한국인과의 상호작용을 통해 한국인들의 인간관계에 대해 이해하게 됐다. 그리고 한국과 대만의 문화 차이, 한국인들만의 사고방식, 그리고 한국의 다양한 사회상 등을 대만과 비교하면서 한국에 관한 이해의 폭을 넓혔다.

예컨대, 인터뷰에 참여한 대만인들은 한국에서의 사회생활을 통해 경험한 불평등한 사회 구조와 사회적 불합리성, 집단성, 배타성, 그리고 인간관계 진입장벽, 한국인의 경쟁의식, 경제활동의 명암, 시민들의 기초소양 문제 등을 부정적으로 평가했다. 그리고 한국 생활의 편리성 등은 긍정적으로 평가했다. 이는 한국 거주 대만인들이 한국 생활 전반에 적응하게 되면서 과거 대만의 미디어를 통해서 형성된 한국에 대한 부정적 이미지, 한국의 대중문화를 통해 형성된 한국에 관한 긍정적 이미지를 주체적인 시각으로 판단하게 되었음을 의미한다. 주체적인 시각을 통해 자신만의 한국 이미지를 형성하게 되었다는 것이다. 결과적으로 한국 생활과정에서 한국에 관한 주체적 시각의 형성은 대만인들이 과거 미디어를 통해 형성된 한국 이미지를 강화하는 경험과 변화시키는 경험 모두를 가능케 한 것으로 보인다. 이는 한국 방문 전 형성되었던 한국에 대한 이미지가 한국 생활 적응 단계에서 일부 강화되거나(공명효과), 일부 부정적 혹은 긍정적으로 변화하게 되는 현상이 교차적으로 발생하고 있음을 보여준다.

예컨대 일부 인터뷰 참여자는 한국 방문 전 한국 대중문화를 통해 형성된 한국 생활의 편리성, 긍정적 국가 이미지(마케팅 능력)를 실제 한국 생활과정에서 경험하게 된 후 이를 인정하고, 긍정적으로 평가했다. 또는 대만의 미디어를 통해 형성된 한국의 배타성, 강한 민족성과 경쟁의식, 승부욕 등의 이미지들은 실제 한국 생활과정에서 더욱 부정적으로 판단하게 되는 경향성이 발견되었다. 그리고 이러한 부정적인 이미지들은 대만인들에게 한국의 사회적 특성으로 굳어지게 되었다. 이는 문화계발 효과의 공명현상으로 볼 수 있다.

아울러 일부 인터뷰 참여자는 한국 방문 전 한국 대중문화를 통해 형성된 한국에 관한 긍정적 국가 대외 이미지와는 다른 사회적 불합리성, 국민 소양의 문제를 경험하게 된 후 이를 부정적으로 평가하기도 했다. 이는 한국 대중문화를 통해 형성된 문화계발 효과가 한국 생활 적응과정에서 변곡되었음을 의미한다. 주목할 만한 점은 이러한 공명과 변곡의 현상이 구분되어 발생하는 것이 아니라 개인의 경험, 혹은 사건에 따라 교차적으로 발생하고 있다는 것이다.

1) 한국의 불평등한 사회상과 사회적 불합리성

인터뷰 참여자들이 가장 많이 거론한 한국에 대한 이미지는 '불평등한 사회'라는 이미지다. 모든 응답자는 자신의 학교, 직장, 결혼 생활 등 경험을 통해 한국이 대만보다 나이, 직급 등에 따른 계급 차이가 존재하고, 남녀, 성 역할에 따른 불평등이 만연해 있는 사회라고 인식하고 있었다. 예컨대, 직장에서 상사와의 계급 관계, 남성보다 여성의 대우가 열등한 점 등이 거론됐다.

사실은 유교문화권인 대만에도 과거 남아선호사상과 같은 불평등한 사회 현상들이 존재했다. 그래서 대부분의 인터뷰 참여자들은 과거 대만에서 주변 사람들의 증언을 통해서 혹은 미디어를 통해서 한국의 불평등한 사회상과 관련된 정보들을 접했다고 하더라도 심각성을 잘 느끼지 못한 측면이 있다. "우리도 과거에는 그랬었지", "드라마에서의 드라마틱한 스토리텔링이 필요해서 그런 거겠지"라고 생각하는 경향이 나타난 것이다. 즉, 대만인들은 과거 한국 거주 이전 그들이 접한 한국의 불평등한 사회상이 현대사회에서 아직도 보편적으로 존재하는 문제들이라고 생각하지 않았다. 따라서 한국 생활을 시작하고 적응하는 과정에서 경험하게 된 '불평등'한 대우들에 대해 더욱 심각하다고 느끼게 되었다.

예컨대, 대만에서 나이는 친구를 사귈 때 중요한 요소가 아니다. 친구를 교제할 때 나이보다 서로의 성격, 취미, 관심사가 맞는지가 더 중요하다. 그리고 대만의 직장에서도 상하 간의 구분이 분명하지 않다. 직급보다 서로의 이름을 부르고 서로 동료로만 간주한다. 그리고 대만의 직장에서 남녀에 따른 차별이 뚜렷하지 않다. 더욱이 대만은 아시아 국가 중 성불평등지수가 가장 낮은 국가로 알려져 있다(김철중, 2019. 2. 14). 한국 사회보다 개방적이고, 평등한 대만 사회의 환경에 익숙한 대만인들이 한국 사회의 '장유유서', '계급의식', '여성 하대' 등의 상황에 직면하게 될 때, 불평등하다는 인식을 강하게 가지게 되는 것으로 판단된다.

> 한국은 같은 나이끼리만 친구 할 수 있어요. 나이가 한두 살만 많아도 친구가 안 돼요. 저보다 나이 어리면 저를 선배로 보고 저보다 나이 많으면 제가 존경해줘야 해요. 그런데 대만의 경우 학교든 직장이든 모두 다 친구잖아요. 상대방의 나이 때문에 친구 할 수 없는 경우가 없는데, 한국은 그래요. 그리고 어른이나 상사한테 직접 이름으로 부를 수가 없어요. ... 한국은 초면부터 몇 살이냐고 무조건 물어봐요. 그리고 한국에서 남녀 사이가 상대적으로 불평등해요. 대만에 비하면요. 한국이면 모든 일이 무조건 남자 우선이고, 직장에서 연봉이 여자보다 높은 게 당연하고, 승진도 당연히 여자보다 남자가 빨라요(#11, 35세, 여, 마케팅, 거주 6년, 취직/결혼).

그리고 인터뷰에 참여한 대만인들은 한국 사회 특유의 연령, 성별, 계급에서 나타나는 차이, 차별과 같은 보편적인 암묵적 사회관습을 부정적으로 평가했다. 예컨대, 응답자들은 한국 사회의 대부분 조직은 막내가 위에서 지시한 일들을 모두 맡아서 처리하는 것을 당연시한다고 말했다. 대만과 견주어 볼 때, 한국 여성들은 직장에서 중요한 업무를 맡지 못하는 경향이 있으며, 연령, 결혼 여부, 육아휴직 가능성의 측면에서 살펴볼 때, 여성의 발전 가능성을 제한하는 경향이 있다고 말했다. 또한, 직장생활에서 직급과 나이 등의 서열 기준이 상충할 때, 난감한 상황이 벌어질 수 있으므로 신입직원을 뽑을 때 나이가 많은 사람을 배제하는 암묵적 관행들이 존재한다고 말했다. 인터뷰 참여자들은 한국 생활과정에서 이러한 관찰 등을 통해 한국 사회가 대만보다 불평등한 사회라고 인식하고 있었다.

> 그들은 존비(尊卑)의 구별이 되게 선명해요. 제 남편 회사를 예로 들면 그 부서는 막내가 항상 제일 바빠요. 이벤트가 있거나 밥 먹을 때 이리저리 일을 봐야 하고, 고기 구워줘야 하고, 음료수 책임져야 하는 등등, 모든 일을 처리해야 해요. 여자의 경우, 회사에서 소수를 정원으로 보장하기 위해 투입한 느낌이에요. 부서마다 여자가 별로 없는데 굳이 한 명씩 넣어준 느낌이에요. 여자 직원들에게는 중요한 일을 별로 안 시켜줘요. 약간 서무 직원의 느낌이에요(#23, 40세, 여, 주부, 거주 1년 3개월, (대만) 남편 직장).

> 우리 회사에서 어떤 분은 직원 구할 때 자기보다 연하인 사람만 구하는 거예요. 그분은 자기 밑에서 일하는 직원이 자기보다 나이 많은 것은 용납 못 해요. 자기가 상사인데 밑에 직원이 나이 많으면 어색하고 불편한가 봐요. 나이 많은 사람한테 직접 일을 시키지 못해서 그런 사람과 일을 못 하는 거죠. 한국 사람들은 스스로 많은 선을 긋고 많은 제한을 줘요. 대만에서 이런 제한이 별로 없잖아요. 특히 여성이라면 한국에서 제한이 더 많아요. 아이를 가져야 할 나이이면, 한국 사람들은 결혼한 여성에게 육아 휴가를 신청할 가능성에 대해서 되게 민감하죠, 그들을 선호하지 않아요(#11, 35세, 여, 마케팅, 거주 6년, 취직/결혼).

이와 관련하여 인터뷰 참여자 #5(29세, 남, 주재공무원, 거주 2년, 직장)는 한국에 주재하고 있는 대만 공공기관에서 일하기 때문에 직원 채용에 연령이 큰 관련성은 없지만, 자신보다 직급이 낮은 한국 현지 직원이 자신보다 나이 많다는 이유로 자신을 무시한 경험이 있다고 말했다. 그는 이러한 상황을 잘 이겨냈지만, 한국에서의 직장생활에서는 능력이 우선이 아니라 '나이가 벼슬'일 수도 있다는 생각이 들어 불쾌했다고 말했다.

보편적으로 응답자들은 한국의 경우, 나이, 계급에 따른 권위 인식이 일상생활에서도 만연해 있다고 말했다. 예컨대, 나이 많은 사람들은 대중교통을 이용할 때, 노약자석을 차지하는 것이 당연하다고 생각한다. 처음, 그런 규칙에 대해 잘 모르는 대만인들이 노약자석에 무심코 앉아 있다가 노인들에게 불호령을 당한 경험이 다수 존재한다. 대만에서의 대중교통에도 노약자석 마련되어 있지만, 임산부, 또는 아파서 컨디션이 안 좋은 사람 등 '그 자리가 필요한 사람'일 경우 노약자석에 앉아도 된다는 인식이 사회적으로 공유되고 있다. 비어 있는 노약자석에 앉아 있다가 자리가 필요한 사람을 발견하면 양보해주면 된다는 인식도 존재한다. 자리의 양보는 노약자석에 국한되지 않는다. 일반 자리에 앉아 있는 사람들이더라도 노약자, 임산부 등을 보면 양보해주기도 한다. 따라서 한국에서 실수로 노약자석에 앉았다가 노인들에게 질책당하는 경우, 대만인들에게는 당황스러운 경험이 될 수도 있다.

　　나이가 많은 연령대의 사람일 경우, 젊은 세대를 함부로 질책할 수 있다는 것에 대한 부정적 증언도 있었다. 인터뷰 참여자는 한국 연장자들이 나이를 내세워 행세하는 것에 대해 '오지랖이 넓다'라는 표현으로 부정적으로 인식하고 있었다. 그리고 나이 많은 분들의 불합리한 행동에 대해서 젊은 사람들이 반박하지 못하는 상황을 목격한 인터뷰 참여자들은 그러한 상황에 동의하지 못한다는 태도를 보였다.

　　직장에서도 상사의 명령에 무조건 복종해야 한다는 상황이 존재한다고 말했다. 인터뷰 참여자들은 이런 상황에 대해 상사의 명령을 고대 황제의 '성지(聖旨)'로 비유하면서, 한국 사회의 주종 관계가 진부하다는 부정적 인식을 노골적으로 드러냈다.

　　제가 처음 왔을 때 남편과 같이 서울에 갔다 왔어요. 그때 지하
철을 탔는데, 거리가 꽤 멀어서 자리가 있으니까 그냥 앉았어요.
그때는 노약자석인 줄 몰랐어요. 그런데 어떤 노인이 우리한테 손
가락질하면서 큰소리로 일어나라고 했어요. 저는 그때 "와 … 한
국 노인들이 참 세다"라고 느꼈어요. 이제는 노약자석이 비어 있
어도 더 이상 못 앉겠어요(#23, 40세, 여, 주부, 거주 1년 3개월,
(대만) 남편 직장).

　　대만과 다르게 한국인은 오지랖이 넓은 것 같아요. 부산이라서
그런지 부산 아저씨 아줌마들이 진짜 오지랖이 넓어요. 대만은 남
의 옷차림에 대해서 별 신경 안 쓰잖아요. 근데 부산 아줌마들이
젊은 여성의 옷차림을 지적하는 일을 자주 봤어요. 심지어 남의
옷을 올리기도 했어요. 진짜 지하철에서 여러 번 봤는데 당한 젊
은 여성들이 싫어해도 반발하지 못하고 가만있어요. 상대가 어른
이니까 내가 불평등하게 당하는데도 말하지 못한 거에 대해서 저
는 용납할 수가 없어요. 대만에서는 나이든 뭐든 저한테 함부로
하면 저는 가만 안 있을 텐데, 한국인들은 그렇지 못해요(#18, 32
세, 여, 판매업, 거주 3년 10개월, 결혼/취직).

　　그들의 계급의식이 조금 더 강해요. 한국인에게 상사가 말한 명
령은 설령 그것이 틀리더라도 반박할 수 없는 성지(聖旨)예요(#11,
35세, 여, 마케팅, 거주 6년, 취직/결혼).

　특히 이 연구에 참여하게 된 인터뷰 참여자들의 대부분이 여성이
다. 따라서 한국의 성차별, 불평등한 성 역할 인식 등에 대해 더 민
감하게 반응하게 되고, 부정적으로 생각하는 경향이 있는 것으로
나타났다. 그들은 한국 가정생활 과정에서 '여성은 집안일, 남성은
바깥일'을 해야 한다는 것과 같은 전통적 가부장제의 불평등한 성
역할 인식이 있다고 말했다.

현대 대만의 직장 여성들은 결혼과 육아 때문에 경력이 단절되는 경우가 드문 편이다. 자신의 의지에 따라 육아 휴가를 신청하고, 육아 휴가 후 직장 복귀를 결정할 수 있다. 따라서 결혼하고 아이를 가진 후 직장을 떠나야 한다는 한국 사회의 구조에 대해서 불합리한 것으로 여기는 경향이 있다.

인터뷰에 참여한 대만인들은 최근에 한국 사회의 맞벌이 부부가 증가하고 있고, 이에 따라 사회적 분위기가 바뀌고 있는 현상도 관찰된다고 말했다. 다만 인터뷰 참여자들은 아직 한국의 전통적 성역할 관념이 여전히 남아있고, 이로 인해 자유로울 수 없는 한국 여성들이 다수 존재한다는 것에 인식을 같이했다. 그리고 인터뷰 참여자들은 한국 사회에서 아이를 키우고 교육해주는 것이 '엄마의 몫'이라고 여기는 인식에도 동의하지 않는 태도를 보였다. 한국 여성의 처지에 대해 동정하기도 했다.

> 여기서 실제로 살다 보면 일상의 사소한 일들에서 한국의 남자와 여자는 참 불평등하구나 하는 생각이 들어요. 제 시아버지는 주방에 들어간 적 없어요. 늘 시어머님이 주방에서 밥하고 설거지하고 그래요. 지난 세대의 한국인들은 여성은 집안일, 남성은 바깥일을 해야 한다고 여기는 경향이 굉장히 뚜렷했죠. 특히 한국의 어른들은 여자가 결혼하고 나서도 계속 직장에 다닐 경우, 남편의 능력이 부족해서 그러는 줄 알아요. 그런데 최근에 맞벌이 부부도 늘어나고 있고 예전보다 점점 상황이 나아지고 있는 것 같아요. 어른들에게 들어본 적이 있는데, 예전에는 육아 휴가가 없었대요. 육아 휴가 내기 전에 회사에서 스스로 일을 그만두게 만든다고요 (#11, 35세, 여, 마케팅, 거주 6년, 취직/결혼).

> 대만 여성들의 경우 결혼하고, 아기를 가져도 직장 다니는 것이 정상인데, 한국 여성들은 결혼하고 아기를 가지면 다 집에서 육아에 전념해야 하는 고정관념이 너무 심해요. 엄마가 직장 다니면

아기를 교육하는 사람이 없어서 교양이 떨어지고 공부도 못한다는 인식이 있나 봐요? 제 어학원 선생님도 자기가 동네에서 어른들한테 비난 많이 받았다고 했어요. 지금 저도 공감해요. 주변의 한국 언니들의 상황도 마찬가지죠(#27, 30세, 여, 주부, 거주 5년, 유학/ 취직/ 결혼).

인터뷰 참여자들은 한국 사회에서 나이 많은 사람, 그리고 남성에게 부여된 책임의식에 대해서도 언급했다. 이러한 책임의식은 연소자, 그리고 여성을 보살펴야 한다는 의무감으로 특히 돈을 지불할 때 잘 나타난다고 말했다. 대만의 경우, 각자 소비한 비용을 각자 내는 이른바 더치페이 방식이 보편적이기 때문이다.

인터뷰 참여자들은 여성이 보살핌의 대상이 아니라 스스로도 충분히 자신을 돌볼 수 있는 혹은 비용을 지불할 수 있는 능력을 갖춘 주체성을 가진 존재라는 의식이 있었다. 한국에서 연장자 또는 남성이 돈을 지불해야 한다는 책임의식을 '문화충격'이라고 표현했다. 대만의 더치페이 문화에 익숙해져 있는 대만 남성들도 이런 문화에 관해 부담스럽다는 심정을 털어놓았다. 특히 한국인 여자친구와 사귀고 있는 인터뷰 참여자는 여자친구가 자신의 경제력을 의존, 통제하려는 행위에 대해 불편해했다.

한국 사회에는 '여성은 집안일, 남성은 바깥일'을 해야 한다는 전통적 고정관념이 아직 남아있다. 남성이 가정의 경제적인 부분을 책임져야 한다는 인식이 여전히 보편적으로 존재한다는 것이다. 한국 가정에서 남편의 수입을 아내가 관리하는 것도 보편적인 상황으로 알려져 있다. 인터뷰에 참여한 대만인들은 이러한 상황이 한국 남성에게 스트레스를 주는 불평등한 상황으로 인식하는 경향이 있었다.

대만인들은 연장자, 남성이 돈을 지불하는 것을 전통적 부권주의 사상이 반영된 불평등한 행동이라고 인식하는 경향이 있다. 결과적으로 한국 사회의 불평등한 현상들은 여성에 관한 억압뿐만 아니라, 남성들에게도 다른 방식으로 스트레스를 가하고 있다.

> 한국이 사회적으로 남성에 관한 경제적 기대가 (있어서, 이것이) 남성들을 힘들게 하고, 결국 한국 남성들은 이러한 부담감의 원인과 귀책사유가 여성에게 있다고 생각한다. 하지만 그들이 모두 불쌍한 것은 마찬가지다(#16, 22세, 여, 대학원생, 거주 2년, 유학).

> 같이 나가면 나이 많은 사람이 사야 해요. 그리고 남자가 사야 해요. 이 부분은 살짝 문화충격이었어요. 저는 개인적으로 더치페이를 선호하는 편이에요. 제 몫은 제가 부담하는 것을 원하거든요. 그런데 한국 남자들은 남자가 사야 한다고 생각해요. 그리고 여러 명이 같이 나가면 나이가 많은 사람이 돈을 내야 해요. 그렇다면 나이 많은 사람의 부담이 크잖아요(#21, 30세, 여, 회사원, 거주 2년, 결혼/취직).

> 이 부분(더치페이)은 대만 여성이 더 나은 것 같아요. 물론 제(한국인) 여자친구도 다 저더러 부담하라는 것 아니에요. 기본적으로 70%는 제가 부담하고, 여자친구는 약 30% 정도 부담하는 것 같아요. 그리고 저는 여자친구가 제 지출과 저금금액을 간섭하는 것에 대해 스트레스를 받고 있어요. 심지어 제 통장을 달라고 했어요. 저는 거부했어요. 제 돈은 제가 관리할 거예요. 이게 제 원칙이에요(#28, 35세, 남, 회사원, 거주 2년 6개월, 취직/유학).

응답자들은 한국 사회가 성에 관한 인식이 부족하고, 성 소수자, 외국인 등 소수자에 관한 편견적 태도와 차별적 대우 등이 보편적으로 존재하는 사회라고 인식하고 있었다. 예컨대, 응답자들은 성소수자 존재에 대한 부정, 성희롱 피해자에 대한 은폐적 처리방식, 외국인에 대한 차별, 심지어 외국인 중에서 동양인과 서양인의 차별적 대우 등이 보편적으로 존재한다고 인식하고 있었다. 이러한 불평등한 사회상들이 상대적으로 평등의 가치를 지향하고 있는 대만인들에게 부정적으로 받아들여지고 있었다.

물론 대만 사회 역시 성 소수자 등 사회적 소수자에 관한 인식이 극단적으로 나타나고 있다. 예컨대 지난 2017년 5월 대만 최고법원은 대만 민법에서 동성결혼을 금지한 규정에 대해 위헌 결정을 내렸다. 2년 이내에 관련 법률을 개정하거나 제정하도록 권고한 것이다(項程鎭・張文川・楊國文・鍾麗華, 2017. 5. 25). 그러나 2018년 대만 내 종교단체들을 비롯한 보수 단체들이 제안한 "민법상 혼인 주체를 남녀로 제한해야 한다"라는 항목이 대만 국민투표를 통해 통과되었다. 결과적으로 동성결혼은 일반 민법을 통해 직접 적용하여 처리하지 못하게 되었다.

이에 대만 행정원은 2019년 2월 동성혼인 합법화를 위한 특별법 제정안을 정부 입법으로 마련했다(蔣宜婷・林雨佑, 2019. 2. 21). 그리고 2019년 5월 17일 대만 입법원(立法院, 국회)의 표결을 통해 동성 결혼을 허용하는 특별법 제정안을 통과시켰다. 특별법은 5월 24일부터 정식 실행되었다. 법안의 통과에 따라 대만의 동성 커플들은 이제 이성 부부와 같은 혼인등기, 자녀 양육권, 세금, 보험 등의 권리를 누릴 수 있게 되었다(羊正鈺, 2019. 5. 17).

즉 비록 대만 사회 역시 완전히 성 소수자에 관한 편견이 없는 것이 아니다. 성 소수자의 결혼 권리에 대해서 양극적 반응을 보이고 찬반에 관한 공방전을 벌이기도 했다. 다만 대만 사회의 경우 성 소수자의 인권보장, 권리에 관한 공론화가 이루어지고 있고 실천이 이루어지고 있다. 이에 비해 동성결혼에 관한 의제가 '금기'로 간주

되는 한국 사회에 대해 대만인들은 '보수적'이라고 느끼고 있다.

> 처음에는 놀랐어요. 남편이 저한테 한국에 동성애자가 없다고 말했을 때요. 대만의 경우에는 동성애자와 관련된 주제는 토론될 수 있어요. 당신이 싫다고 하더라도 그들은 존재해요. 우리는 그들이 없다고 무시해버리지 않아요. 대만에서 자주 볼 수도 있고 딱히 이상하다고 느끼지도 않아요. 한국의 성 소수자 관련 다큐를 봤는데, 한국의 성 소수자들은 힘들 거라는 생각이 들었어요. 공개하지도 못하고요. 그리고 제 남편과 다른 한국 친구들의 생각을 들어보면 이 의제에 관한 대만 친구와 한국 친구들의 반응이 매우 달라요. 한국 사람들은 상대적으로 보수적이고, 성 소수자를 불편하다고 느끼는 경향이 있어요(#22, 34세, 여, 학생, 거주 2년, 결혼/어학원).

일부 여성 인터뷰 참여자들은 한국에서 성희롱 경험을 당했을 때, 한국 조직의 은폐하는 처리방식에 대해 불만을 표출했다. 한 인터뷰 참여자는 피해자로서 가해자의 사과를 당당하게 요청하는 것이 타당하다는 인식이 있었다. 하지만 인터뷰 참여자가 주변의 응원을 얻지 못하고, 오히려 피해자가 가해자인 선배의 체면을 고려해야 하는 경우가 나타나기도 했다. 이러한 불미스러운 일이 터지면 조직 내 분위기를 망가뜨린 것은 피해자의 문제로 삼는 분위기였다는 경험이었다. 인터뷰 참여자는 이러한 현상이 한국 사회의 부권주의, 여성에 관한 존중의 부족으로 인한 것으로 판단했고, 한국 사회가 불평등한 국가라는 이미지를 가지게 됐다.

> 전에 학교 동아리에서 성희롱에 가까운 일을 겪었어요. 대만이면 내가 다 알리고 일을 크게 벌려서 상대방이 나한테 사과하도록 만들면 되는데, 한국은 그럴 수가 없어요. 한국에서는 제가 당했는데도 일이 크게 벌어지면 안 돼요. 다른 사람들은 다 넘어가라

고 권했어요. 상대방이 선배이기도 하고 동아리의 분위기를 불편하게 만들지 말라고 권했어요. 그 당시에는 내가 왜 그래야 하는데? 이해가 안 갔어요. 대만에서는 남녀평등을 상당히 중요시하는데, 물론 진짜로 완전히 평등한 것은 아니지만, 그나마 여성주의가 대두되고 있잖아요. 그런데 한국은 부권주의가 심해요. 그들은 저더러 전반적인 분위기를 고려하라, 서로 어색하게 만들지 말자, 선배의 체면을 고려하라, 쪽팔리지 마라, 이런 식으로 이야기해줬어요. 저는 너무 싫었어요. 용납할 수가 없었죠(#20, 30세, 여, 대학원생, 거주 2년, 유학).

그리고 외국인으로서 한국 거주 대만인들은 한국 사회에서 외국인에 관한 차별에 대해 민감한 편이다. 전반적으로 한국인들이 외국인인 자신에 대해 불친절한 태도가 있다고 응답했다. 직장에서의 대우 역시 일반 한국인과 차별이 있다는 증언과 함께 실력보다 국적('한국인')이 우선으로 고려되는 직장 문화가 문제라는 증언도 나타났다.

한국인이면 보통 점원들은 다 엄청 친절하고 잘 소개해주고 그러는데 외국인이면 점원들의 태도는 "내 물건을 함부로 건들지 마"라는 느낌을 줘요. 우호적이지 않아요(#21, 30세, 여, 회사원, 거주 2년, 결혼/취직).

직장 구할 때, 제 경력 그리고 제가 받아야 할 연봉은 외국인이라는 이유로 … 외국인에게 무조건 낮게 책정하는 것을 발견했어요. 제가 비교해 봤어요. 제 모든 친구, 그리고 대학원 친구들도 저한테 이 연봉은 이 나이, 그리고 이 경력으로는 회사가 저를 너무 얕보는 거라고 했어요. 그리고 한국 기업에서는 중요한 자리를 외국인에게 기회를 안 줘요. 전에는 헤드헌터들도 저한테 연락해 본 적 있었어요. 제 이력을 보고 이 스펙이면 괜찮다고 판단해서 연락 줬는데, 제가 한국 사람이 아닌 이유로 … 그들은 본국인 우선주의죠(#28, 35세, 남, 회사원, 거주 2년 6개월, 취직/ 유학).

인터뷰에 참여한 대만인들은 한국인들은 같은 외국인이라고 해도 서양인과 동양인들에 대한 차별적 태도가 존재한다고 말했다. 인터뷰 참여자들은 한국인이 서양인을 우대하고 동양인을 하대하는 경향이 있다고 말했다. 한국인들은 서양인들을 대체로 잘 사는 국가의 시민, 동양인들은 못 사는 국가의 시민으로 구분하는 경향이 있다고 말했다. 이에 한국 거주 대만인들은 한국은 사대주의, 인종차별이 있는 국가라고 인식하는 것으로 나타났다.

특히 인터뷰 참여자 중 결혼이주민이 다수 존재한다. 이들은 대만 사회의 경제 수준과 문화 수준에 관한 자부심이 있는 사람들이다. 1990년까지만 해도 대만은 경제적으로 한국을 앞서고 있었다. 비록 2000년 초반 한국 경제의 비약적 발전으로 인해 경제 수준이 역전되었지만(經濟日報, 2018. 1. 11), 대만인들은 여전히 다른 아시아 국가에 비해 강한 경제력을 가진 국가라는 자존심이 가지고 있다. 특히 2019년 현재 대만은 외환보유고 세계 6위의 국가이다. 외환보유액은 4월 말 기준으로 4,641억 달러로 4,040억 달러의 한국에 앞서고 있다(홍성완, 2019. 5. 7). 하지만 한국 사회에는 아시아계 결혼이주민이 결혼업체를 통해 중개 거래의 대상이 된 사례가 존재하고, 그에 대한 부정적 편견이 동시에 존재한다. 즉 아시아계 결혼이주민들은 모국의 경제적 여건이 열악하므로 돈이 많은 한국인과 결혼했을 것이라는 부정적 인식이 존재한다. 따라서 대만의 경제적 상황을 정확히 모르고 대만 결혼이주민을 경제적 사정 때문에 어쩔 수 없이 한국에 시집온 사람으로 인식하는 한국인에게 불쾌감을 느끼는 대만인들이 상당수 존재했다. 즉 대만 결혼이주민들은 한국인들의 아시아계 결혼이주민에 대한 편견, 예컨대 아시아계 결혼이주민의 대부분이 결혼 중개업체를 통해 한국에 온 사람들일 것이라는 편견 등에 직면할 때 불쾌감을 느꼈다. 실제로 2017년 국가별 이주민 환대지수에 따르면, 한국은 OECD 국가의 평균인 0.554점에 미치지 못하는 0.342점을 기록하고 있다. OECD 23개 국가 중 21위 수준에 불과하다(구특교·김정훈·김은지, 2018. 4. 11). 아시아계 결혼이주민에 대한 편견이 대만인들의 자존심을 상하게 만든 원인이 되기도 했다.

> 어학원 다녔을 때 다른 국적의 결혼이주민도 있었어요. 프랑스인이었어요. 금발에 푸른 눈을 가진 프랑스인이었어요. 그분은 어딜 가나 우대를 받아요. 외국인 차별은 서양 백인에게 해당하지 않아요. 한국 사람들은 오직 동양인, 아시아나 베트남, 그들 인식에서 낙후, 돈이 없는 나라 사람들만 차별해요. 서양인들은 다 한국인이 친절하고 좋대요. 자기와 영어로 대화하는 것도 좋아한대요. 한국인의 인식에는 한국 남자와 서양인이 결혼하면 우리나라 남자가 대단하다고 생각하고, 노란 피부를 가진 결혼이주민이면 다 사 온 거로 생각하나 봐요(#21, 30세, 여, 회사원, 거주 2년, 결혼/취직).

2) 집단성, 배타성 그리고 인간관계 진입장벽

대만 인터뷰 참여자들은 과거 대만의 미디어를 통해서 형성되어 있던 한국의 이미지, 예컨대 "애국심이 강하다", "국민의 강한 응집력", "단결" 등은 "전 국민이 국가의 이익을 위해 같은 마음으로 응집한다"라는 긍정적 이미지와 함께 외국 사회와 외국인에 대한 '배타성'이라는 부정적 이미지도 포함되어 있다. 즉 대만의 미디어를 통해서 형성된 한국의 집단성이라는 이미지는 양면적인 성격이 있다. 인터뷰 참여자들은 한국 생활을 하면서 한국의 집단성을 여러 측면에서 관찰했다고 말했다. 과거 대만에서 뉴스 또는 스포츠 경기에서 느껴지는 "한국 전 국민의 강한 응집력" 같은 이미지는 일상의 생활에서 경험할 기회가 사실상 제한적인 편이다. 그들은 오히려 실제 한국 생활에서 경험하는 일상의 집단적 성향에 대해 한국의 사회적 압력으로 해석되고, 점점 부정적인 방향으로 치우치는 경향이 나타났다.

예컨대, 응답자들은 모두 똑같이 행동해야 하는 단체 생활, 차이에 관한 낮은 수용성 등을 한국인의 집단성 사례로 평가했다. 대만인들은 개인적으로 자유롭게 행동하지 못하고, 한국 사회에서 '모두가 같이 행동해야 한다'라는 집단적 압력에 대해 불편하게 느껴지는 경향이 있는 것으로 나타났다. 특히 직장에서 동료와 같이 담배 피워야 하는 것, 집단 회식을 거부할 수 없다는 것에 대해 부정적인 생각을 하고 있었다.

> 한국에서 "다 같이" 무엇을 해야 하는 것이 너무 피곤한 일이에요. 대만에서는 그냥 친한 친구끼리만 놀면 되는데 굳이 다 같이 할 필요 없어요. 그런데 한국은 꼭 Everybody 모두 다 같이 참석해야 해요. 같이 안 하면 외톨이가 돼요(#16, 22세, 여, 대학원생, 거주 2년, 유학).

> 제 남편 회사에서는 회식도 그렇고 담배 피우는 것도 그렇고 다 같이 가야 해요. 저는 도저히 이해할 수가 없어요. 담배 안 피우는 사람이 왜 피우러 따라가야 하지? 저는 거부하면 된다고 생각하는데, 남편은 그게 안 된대요. 여성이 나오는 룸살롱 같은 데에 같이 가야 하거나, 술을 억지로 권하는 행위 등, 대만이면 술 못 먹는다고 하면 억지로 먹이지 않는데, 한국은 왕따 또는 따돌림을 당하니까 따라 할 수밖에 없어요(#21, 30세, 여, 회사원, 거주 2년, 결혼/취직).

응답자들은 한국인들의 이러한 집단성 때문에 한국 사회가 획일적인 유행에 민감하고, 소수 또는 다른 문화에 대해 포용하지 않는 것이라는 인식을 공유하고 있었다. 예컨대, 인터뷰 참여자들은 한국인이 다른 사람과 다르다는 것을 두려워하기 때문에 유행에 민감한 경향이 있는 것 같다고 말했다. 즉 응답자들은 한국인들에게는 획일적인 패션, 색상 선택, 머리 스타일 등이 관찰된다고 말했다. 일부 인터뷰 참여자는 이러한 획일적인 유행 현상에 대해 '복제인간'이라고 평가절하하기도 했다.

> 여기에 오래 살다 보면 한국 사람의 옷차림은 블랙과 화이트밖에 없다는 것을 알게 돼요. 거리에서 모든 코트가 전부 블랙 & 화이트, 머리 스타일도 비슷비슷하고요. 아줌마 머리도 다 똑같은 파마예요. 그래서 외국인 눈에는 한국인들은 다 똑같이 생긴 복제 인간으로 착각할 수 있죠(#24, 32세, 남, 판매업, 거주 7년, 유학/취직).

인터뷰 참여자들은 집단성을 강조하고 차이를 배제하는 한국 사회 구조 때문에 소수 문화 또는 한국과는 다른 문화에 대해 배척하는 경향이 있다고 느끼고 있었다. 특히 외국인 앞에서 외국인의 문화가 이상하다고 말하는 것, 외국 나가서 외국 음식을 완강하게 거부하는 행동들은 무례한 행동이라고 평가했다. 이러한 한국의 배타적 경향은 인터뷰 참여자들에게 한국 사회가 존중과 포용이 결여된 국가라는 부정적 인식을 형성하게 만드는 원인이 된 것으로 보인다.

> 내가 만난 일반적인 한국인들은 대만의 문화를 들으면 "와! 멋 있다!"라는 이야기보다 "엥? 너무 이상하다"라는 반응이 더 많아요. 상대방에 관한 배려와 존중이 없어요. 어떻게 보면 그들은 사회적으로 너무 똑같은 것만 추구하다 보니까 다르다는 것에 관한

수용 능력이 조금 떨어지는 것 같아요(#16, 22세, 여, 대학원생, 거주 2년, 유학).

시어머니와 시누이가 저희 결혼 때문에 대만에 방문했을 때 김치를 들고 비행기를 타려다가 검사대에서 막혔어요. 김치를 버리게 되니까 눈물까지 흘렸죠. 그리고 대만 오고 나서 아무것도 안 먹었어요. 한국요리 말고 나머지 음식은 입에 대지도 않았어요. 그래서 어쩔 수 없이 계속 대만의 한국 레스토랑에만 모셔드렸어요. 외국 음식이 다 냄새난다고 생각하고 쉽게 받아들이지 않아요. 심지어 펑리수도 안 먹어요(#27, 30세, 여, 주부, 거주 5년, 유학/취직/결혼).

한국은 집단생활을 매우 중요시해요. 다른 사람과 다르면 이상하다고 생각하는 경향이 있어요. 그리고 전반적으로 보수적이에요. 예를 들어서 동성애자에 관한 생각, 소수자에 관한 생각 등등 소수자에 관한 수용성이 조금 떨어지는 것 같아요. 학교에서도 집안 형편이 조금 떨어진 아이를 괴롭히거나 명품 옷을 안 입은 아이를 왕따시킨다든가 하는 장면을 자주 볼 수 있어요(#19, 26세, 여, 회사원, 거주 4년, 유학/워킹홀리데이/취직).

그리고 인터뷰에 참여한 대만인들은 한국인들의 국가 중심적 사고에 대해 부정적으로 평가했다. 응답자들은 일부 한국인들의 한국 중심적인 사고가 외국인들에게 불편한 감정을 유발하는 사례가 종종 발생한다고 말했다. 응답자들은 한국인들의 과도한 애국심, 국가적 자부심의 표출이 타 국가를 경시하는 모습으로도 비추어질 수 있으므로 불편하다는 의견을 표출했다. 특히 한류의 세계적 흥행으로 인해 한국의 국제적 이미지가 제고되고, 국민의 국가 자부심도 더불어 강화됐다(Huang, 2011). 인터뷰에 참여한 대만인들은 최근 한국 방송에서 외국인이 출연하는 다양한 프로그램이 방송되고 있고, 방송에서 외국인들이 한국과 한국문화에 대해 긍정적인 발언을 주로 하는 상황이 나타나고 있으며, 이러한 상황을 통해 한국인의 한국, 한국문화에 관한 자부심이 고취되는 경향이 있다고 말했다.

응답자들은 이러한 한국인의 자부심이 한국을 방문한 모든 외국인이 한류 또는 한국을 좋아할 것이라는 착각을 유발할 가능성이 있다고 평가했다. 일방적으로 한국에 관한 자부심을 내세워 이른바 '우리나라'를 자랑하는 것이 한국을 방문한 외국인에 관한 이해와 존중이 결여된 태도로 나타날 수 있고, 상대방에게 불쾌감을 유발할 가능성이 있다는 것이다. 즉, 한국에 거주하고 있는 외국인에게 스스로의 국가를 과도하게 칭찬하는 행위는 "너는 너의 국가가 마음에 들지 않아서, 한국에 온 것 아닌가"하는 암묵적 메시지가 숨어 있는 것처럼 느껴져서 부정적으로 인식될 수도 있다고 말했다.

한국 사람이 애국심이 강하다는 건 그들의 태도에서 보이죠. 매번 애기할 때마다 "우리나라" 어쩌고저쩌고 은근슬쩍 자랑하는 느낌이 들어요(#7, 35세, 남, 회사원, 거주 11년, 유학/취직).

요즘은 외국인이 프로그램에 출연하는 것이 인기잖아요. 프로그램에 출연한 외국인들은 다 한국말을 잘하고, 한국문화에 대해 관심이 많고 잘 아는 것처럼 나와요. 남편이 이런 프로그램을 엄청 즐겨 봐요. 그들은 외국인들이 자기 나라에 관심 많은 걸 보고 엄청 뿌듯하고 좋아해요(#10, 33세, 여, 대학원생, 거주 3년 4개월, 유학/결혼).

어르신들은 무엇을 말할 때마다 항상 "우리나라 최고", "한국 음식 최고", "한국산 최고" 이런 식으로 많이 자랑해요. 처음에 사람들이 저한테 한국에 왜 오냐고 물어보면 한국 좋아한다고 대답하곤 했는데, 요새는 이렇게 대답 안 해요. 제 국가가 안 좋아서 왔구나 하는 인식과 그들의 쓸데없는 자부심을 유발하기가 싫어서 그래요. 저의 호의적인 대답이 이런 식으로 왜곡 당하는 게 싫어요(#13, 34세, 여, 화교학교 교사, 거주 3년 6개월, 워킹홀리데이/직장/결혼).

인터뷰 참여자들은 한국 생활 적응과정 중 한국인과의 교제 과정에서도 여러 가지 어려움을 겪은 것으로 나타났다. 대만 응답자들은 상하 관계에 따른 언어와 호칭 사용에 관한 적응이 필요했다고 응답했다. 한국에 오기 전 한국 드라마를 통해 한국인들의 존댓말 사용을 접한 경험이 있다고 해도, 번역의 문제 등으로 존댓말과 반말의 미묘한 차이를 제대로 인식하지 못할 가능성이 있다. 이에 대만인들은 한국 드라마를 본 경험이 있다고 해도, 한국 생활과정에서 언어 사용에 대해 생소한 인식을 가질 수 있을 것으로 예측된다. 그들은 한국 사회에 적응하는 과정에서 발생할 수 있는 실수를 두려워하는 심정을 털어냈다. 특히 대만인들이 사용하는 중국어는 한국어처럼 존댓말과 반말의 분명한 차이가 없다. 따라서 상대방의 나이와 계급 등에 따라 차별적인 언어를 사용해야 한다는 것이 인간관계에서의 보이지 않는 벽이라고 생각하게 되는 사례도 있었다.

외국인으로서 인터뷰 참여자는 한국어 구사가 정확하지 못하기 때문에 호칭 사용 과정의 실수 경험이 다수 존재했다. 예컨대 일부 응답자는 "○○ 씨"라는 호칭을 사용하는 것이 이름을 직접 부르는 것보다 상대에 대한 존중의 의미라고 생각해서 사용한 사례가 있었다. 이러한 호칭 사용에 대해 민감하게 반응한 한국인들을 보며 당황했다고 증언하기도 했다.

일부 인터뷰 참여자는 직장생활 과정에서 친하게 지내던 동료가 먼저 승진하여 급이 달라지는 과정에서 상대방에 관한 호칭 문제를 정리하는 현상을 관찰했다고 말하기도 했다. 계급적 대인관계 때문에 한국인들은 이른바 출세에 관한 욕구가 있는 것이라고 깨닫게 되기도 했다는 것이다. 이러한 현상들은 대만인들에게 한국은 계급 차이에 따른 불평등이 존재하는 사회라는 인식을 형성하게 되기에 충분했다.

> 한국인과 제일 큰 장벽은 주로 언어에 있죠. 존댓말과 반말은 제 앞에 큰 벽을 세운 느낌이에요. 우리 회사 동료들은 대부분 다 결혼을 한 30대, 40대예요. 저는 가장 어려서 동료들과 친한 척을 못 해요. 그들에게는 어느 정도의 존경하는 태도를 보여야 해요. 저와 그들 사이에 보이지 않는 벽이 존재하는 것처럼 느껴져요 (#19, 26세, 여, 회사원, 거주 4년, 유학/ 워킹홀리데이/ 취직).

> 사실은 거부감이 좀 있어요. 호칭에 대해서요. 우리 과는 서로 선생님으로 불러요. 저보다 한 기수 낮아도 선생님이라고 해요. 그런데 제가 한번 깜빡한 적 있었어요. 이걸 깜빡하고 그분한테 모모 씨로 불렀는데, 그분이 완전히 삐쳤어요. 저보다 나이가 많아서 그렇게 부르면 안 된다는 거였어요. 그런데 그분은 사실 저보다 겨우 두, 세 살? 많아도 다섯 살 이내의 차이일 뿐인데 저는 그때 많이 당황했어요. 이런 호칭 문제에 대해서 트라우마가 생겼어요. 상대방의 관계를 추측하고 호칭을 결정해야 하는 것이 답답하고 허위적이라고 생각했죠(#25, 25세, 여, 회사원, 거주 2년 6개월, 유학).

> 인상 깊은 일이 하나 있어요. 전에 어떤 회사 직원이 차장으로 승진하고 나서부터 자기와 친하게 지내던 동료들한테 이제 자기한테 차장님이라고 부르라고 존댓말 하라고 했어요. 이 일은 제게 꽤 인상 깊었어요. 한국 사람은 직급이 달라지면 태도도 완전히 달라질 수 있구나. 그 직급이라는 게 그들에게 왕관 같은 존재인가 봐요. 그 왕관을 쓰면 서로 다른 계급이 된 거죠. 더 이상 친구가 아니므로 자신을 윗사람으로 생각해야 한다고 여기는 거예요. 한국에서 직장의 직급이 얼마나 중요한지를 깨닫게 된 사건이었어요(#11, 35세, 여, 마케팅, 거주 6년, 취직/결혼).

한국인의 인간관계에는 연결고리가 중요한 요소다. 서로가 공통점이 있거나 공통 업무를 같이 수행한다면 '우리'가 되고, 그 공통

점이 사라지거나 업무가 끝나면 다시 '남'이 되는 경향이 있다. 많은 대만인이 자신이 한국인 무리에 끝내 속하지 못하게 됐다고 말했고, 이 과정에서 소외감을 느끼는 경우가 많았다고 말했다. 즉 대만인들은 한국 사회에 존재하는 외국인이다. 한국인과 선천적으로 '국적', '문화' 차이가 존재할 수밖에 없다. 이러한 차이들이 대만인들에게 한국인과 '우리'가 되기 힘든 장벽을 만들어 내고 소외감을 느끼게 만드는 원인이 되는 것으로 보인다. 대만 응답자들은 이런 과정에서 한국 사회의 배타성을 느끼게 되고, 한국인과의 인간관계에는 명백한 진입장벽이 존재한다고 인식하고 있었다.

> 한국인은 삼연(三緣)이라는 게 있잖아요. 그들의 관계 형성은 빠르지만 깊지가 않아요. 한국 사회는 단체 사회라서 그런지 빨리 자기가 속한 무리를 찾아야 한다는 느낌이었어요(#22, 34세, 여, 학생, 거주 2년, 결혼/어학원).

> 제가 보기에는 한국인은 "내 사람"에 대해 잘해주는 것 같았어요. 그러니까 연결고리 있어야 해요. 제 시집 같은 경우에는 결혼 전에 저한테 관심 없다가 결혼하고 나서 진짜 잘해줘요. 제가 그들의 가족이 됐으니까요(#12, 32세, 여, 회사원, 거주 3년, 유학/결혼).

> 한국 사람과 진정한 친구가 되기 어려운 것 같아요. 가끔은 제가 이미 그 서클에 속했다고 여겼는데, 그게 착각인 경우가 많았어요. 제가 보기에는 거기에 이미 속했다고 생각하지만, 그들 보기에는 저는 여전히 서클 밖이에요. 시기마다 단계마다 친해졌다고 생각했는데, 그 단계에서만 그래요. 그 단계를 지나면 다시 남이에요(#2, 32세, 여, 숙박업, 거주 11년, 유학/취직/결혼).

인터뷰 참여자들은 한국 사회의 대인관계에는 '마음'보다 '이해관계'가 필요하다고 인식하고 있었다. 즉 인터뷰 참여자들의 경험에 따르면 한국의 인간관계에는 상대방의 이용가치가 중요한 요소로 간주된다. 서로가 원하는 것이 있으면 관계의 유지가 쉬운 반면, 이용가치가 사라지면 관계유지의 필요가 없는 공리주의적인 이기적 인간관계가 존재한다는 것이다. 이러한 공리주의적 인간관계는 직장에서의 업무 진행 과정에는 편하다고 느낄 수도 있지만, 진심으로 친구가 되길 원했던 대만인들에게는 이용당한 배신감과 실망스러운 감정을 유발하기도 하는 것으로 나타났다.

> 저에게 한국인들이 원하는 게 있으면 대화도 잘 되는 것 같아요. 그런데 만약에 그들이 저한테 원하는 게 없다면 접근하기가 어려워져요. 물론 처음에는 상처받기도 했지만 이제 그들의 성향이 이렇다는 것을 깨닫고 나서부터는 편해졌어요. 그게 한국인이니까요(#6, 35세, 여, 주재공무원, 거주 3년, 직장).

> 저는 한국 친구를 사귀고자 시도해봤어요. 그런데 그것이 안 좋은 경험이 됐어요. 그 사람은 저와 동갑인 어학원 선생님이었어요. 그는 어학원이 끝나면 저랑 친구가 되고 싶다고 했어요. 중국어를 배우고 있어서 언어교환도 조금 하려고 했대요. 그런데 제 느낌에는 그가 저를 친구로 생각하지 않은 것 같았어요. 예를 들어서 우리가 5시에 만나기로 했는데 4시 반에 갑자기 연락 와서 못 온다고 … 그런데 저는 이미 미리 도착한 때도 있었어요. No Show는 진짜 무례한 짓이에요. 늦으면 늦는다고 기다리라고 하면 되는데 이렇게 사라져버리는 것은 조금 아닌 것 같아요. 그러더니 제가 필요할 때는 다시 찾아오네요. 그때부터 저는 한국 사람과 친구가 되는 것에 대한 신뢰를 잃었어요(#22, 34세, 여, 학생, 거주 2년, 결혼/어학원).

대부분의 인터뷰 참여자들은 처음 한국인과 접촉하고 교제한 곳이 한국이 아니었다. 그들은 대만, 호주, 미국, 캐나다, 싱가포르 등 해외에서 한국인을 만나는 경우가 많았다. 그들은 해외에서 만난 한국인과 한국 현지에서 만난 한국인의 태도에 차이가 있다고 말했다. 해외에서 접촉한 한국인의 경우, 해외의 자유로운 분위기 영향 때문인지, 해외에서 넓힌 식견 때문인지, 상대적으로 우호적이고, 열린 생각을 하는 편이었다고 증언한 것이다. 인터뷰 참여자들은 해외에서 만난 한국인들로 인해 형성된 한국인의 우호적 이미지는 실제 한국 생활의 경험과 불일치하는 부분이 있다고 인식하고 있는 것으로 나타났다.

> 외국에서 만난 한국 친구들은 해외 생활의 분위기나 사회의 분위기 때문인지 좀 더 친절하고 편하게 대해주는 것 같아요. 한국인이 한국에 있으면 조금 더 제약적이고 조심스러운 면이 있어요. 외국 나가면 외국 사람들한테는 오픈 마인드로 다가가는 편이에요(#11, 35세, 여, 마케팅, 거주 6년, 취직/결혼).

> 제가 이상하다고 느낀 점은 대만에서 사귀던 한국 친구와 여기서 만난 한국인과의 태도가 전혀 다르다는 거죠. 외국에 있는 한국인들이 조금 더 우호적이에요. 기본적으로 외국에 나온 한국인들의 식견이 더 넓어서인지 대만에서 사귀던 한국 친구들은 좋았는데, 여기(한국) 와서 만난 한국 사람들은 느낌이 달라요(#24, 32세, 남, 판매업, 거주 7년, 유학/취직).

3) 대만과의 문화적 차이

응답자들은 한국과 대만 간의 문화적 차이가 크다는 것에 인식을 같이하고 있었다. 과거 대만인들이 대만의 미디어를 통해 형성한 한국 이미지는 대체로 한국이라는 국가에 관한 추상적, 표피적, 거시적 이미지였다. 하지만 대만인들이 한국에서 생활하고, 한국인들과 상호작용하게 되면서 광범위하고 추상적인 국가 이미지는 구체적,

내면적, 미시적으로 변하게 된다. 한국 거주 대만인들에게 한국이라는 개념은 더 이상 추상적인 국가가 아니라, 그들이 매일 생활하는 터전이면서 그들의 삶의 일부분이다. 한국에서 생활하게 된 이후 대만인들의 한국 이미지는 실생활에서 볼 수 있고 경험할 수 있는 한국인들과의 교류 과정에서 형성하게 되는 경우가 대부분이다. 특히 대만인들은 대만과 다른 점들을 접할 때 깊은 인상을 받게 되고, 이를 한국과 한국인의 특징으로 판단하게 되는 경향성이 나타난다. 한국과 대만의 문화적 차이의 사례로 가장 많이 언급된 것은 한국의 회식 문화, 빨리빨리 문화, 신체접촉에서의 안정적 거리감에 관한 인식의 차이, 그리고 음식 문화의 차이 등으로 나타났다.

대만은 한국만큼 '술 문화'가 발달하지 않았다. 사회적으로 음주는 부정적인 행위로 인식하는 경향도 있다(楊智強, 2015. 11. 27). 따라서 대만의 학교생활에서는 모임이 있지만 술을 마시는 회식 문화가 존재하지 않는다. 대만 직장에서의 회식도 잦은 편이 아니다. 물론 직종, 회사 문화 등에 따라 차이가 있을 수도 있지만, 기본적으로 대만 직장의 회식은 새로운 동료 영입, 동료의 이직이나 퇴사, 연말 또는 연시 등의 시기에 한정되는 경우가 보편적이다. 대만의 회식은 대부분 간단하게 밥을 먹고 마무리되는 경우도 많다.

인터뷰 참여자들은 한국의 잦은 회식 문화, 늦게까지 지속되는 2차, 3차의 회식 문화, 밤 길거리에 취객들이 많은 상황에 대해 적응하지 못하고 있는 것으로 나타났다. 하지만 그들은 원활한 한국 사회생활을 위해, 조직의 일원으로 인정받고, 한국인과 어울리려면 회식을 쉽게 거부할 수가 없다. 한편, 결혼이민자의 경우, 한국에서 생활하는 초기에는 친구가 극히 제한적인 상황이고, 의지할 수 있는 상대가 남편뿐인 경우가 다수 존재한다. 따라서 남편의 잦은 회식에 대해 불만을 품고, 한국의 문화에 대해 부정적 이미지를 형성하게 되는 경우가 많았다.

> 회식 문화는 사실 적응하기가 어려웠어요. 대만에는 이런 경우가 많지 않기도 하고, 거부할 수도 있으니까 … 한국에는 거절할 수가 없어요. 저는 사실 별로 좋아하지 않아요. 그런데, 따라가야지 친한 사이로 인정받을 수 있어요. 그리고 한국에서 회식은 계속 이어져요. 1차, 2차, 3차, … 끝이 없어요(#20, 30세, 여, 대학원생, 거주 2년, 유학).

> 길에 취객들이 너무 많았어요. 충격적이었어요(#16. 22세, 여, 대학원생, 거주 2년, 유학).

> 처음에는 충격을 받았어요. 어떻게 사람이 매일 술자리를 가지지? 지금은 안 그렇지만, 제가 결혼한 첫해, 그때는 남편이 야근할 때마다 술을 마셨어요. 집에 와서 와이프랑 같이 있을 시간도 없었어요. 친구랑 술 먹고, 회사 상사나 동료들과 술 먹고, 직장이 중요하고, 친구도 중요하고, 다 남편의 priority 1, 2순위로 되어있었어요. 집안에 딱히 신경 쓸 필요가 없었나 봐요(#10, 33세, 여, 대학원생, 거주 3년 4개월, 유학/결혼).

그리고 인터뷰에 참여한 대만인들은 한국인들이 상대적으로 여유 있는 대만보다 조급한 성격이 있다는 것에 인식을 같이했다. 빨리빨리 문화가 한국 사회에서 발견된다는 것이다. 예컨대 일부 응답자들은 한국인들이 조급한 성격을 가지고 있다고 평가했다. 사전에 설명을 충분히 확인하지 않는 상태에서 일을 진행한 후, 일이 잘못되면 타인이나 상황을 탓하는 현상들이 자주 목격된다는 것이다.

응답자들은 한국 사회의 빨리빨리 문화가 개인적인 성향에서만 나타나는 것이 아니라고 평가했다. 유행과 같은 사회적 측면에서도 빨리빨리 문화가 나타나고 있다는 것이다. 응답자들은 한국인들의 집단적 성향, 비교 성향 때문에 무엇인가가 유행하기 시작하면 집단으로 열광, 열중하는 모습들이 종종 관찰된다고 말했다. 일부 응답자들은 한국인들의 '사회적 응집력'을 사회적 압력으로 인식하기도 했다.

> 한국인들은 되게 조급해요. 모든 게 급하고 빨리빨리 해줘야 해요. 돈을 냈는데 왜 빨리 처리 안 해주냐는 태도예요. 항상 전화를 받자마자 욕부터 나와요. 그런데 나중에 알고 보니까 그들이 스스로 잘못 알고 있는 경우가 많아요. 성격이 너무 급해서 웹페이지에 있는 설명들을 자세히 확인 안 한 거였죠. 이런 경우가 매우 많아요(#19, 26세, 여, 회사원, 거주 4년, 유학/워킹홀리데이/취직).

> 여기서 생활하다 보니까 진짜 모든 게 빨리 변해요. 유행의 속도도 빠르고요. 사람들이 벌떼같이 무엇에 열중하는 것도 빠르게 바뀌요. 외부 사람의 눈에는 한국의 단결심이 강하다고 보일 거예요. 다만 제가 여기서 느낀 것은 이것이 피동적인 단결 같다는 거예요. 남과 똑같은 일을 따라 하지 않으면 서클 밖으로 제외되기 때문에 어쩔 수 없이 따라 하는 그런 느낌이 들어요(#25, 25세, 여, 회사원, 거주 2년 6개월, 유학).

한편, 신체접촉에서의 안정적 거리감에 관한 인식의 차이가 있는 것으로 나타났다. 대만인들은 모르는 사람과의 신체접촉을 꺼리는 경향이 있다. 특히 위생적 이유로 모르는 사람이 아기를 함부로 만지거나 뽀뽀하는 행위에 대해서 민감하게 반응하는 경향이 존재했다. 더욱이 대만의 경우 상대적으로 신체접촉에 대해 민감하므로 길에서 누군가와 부딪치면 사과하는 것이 습관화되어 있다. 다만 한국의 경우 잦은 부딪침에도 크게 신경을 쓰지 않는 경향이 있으므로 이러한 문화적 차이에 불쾌한 느낌을 품게 되는 경우가 많았다고 말했다.

저는 남이 제 몸을 함부로 터치하는 것 안 좋아해요. 인사 없이 손으로 밀거나 치고 나가는 것이 너무 무례한 짓인 것 같아요. 심지어 제 아이를 보고 얼굴을 만지고 볼에 뽀뽀한 것, 저는 진짜 용납 못 해요. 저 행동이 스위트한 행동처럼 보이지만, 모르는 사람한테는 무서운 행동이에요. 그쪽 손에 세균이 없는지, 입에 독감 바이러스가 없는지 알 수가 없으니까요. 저는 도저히 받아들일 수 없어요(#8, 36세, 여, 주부, 거주 1년 7개월, 결혼).

한국 사람들은 개인의 personal comfort zone에 관한 존중과 개념이 없는 것 같아요. 사실은 지하철이나 거리에서 사람들 자주 부딪치는 것은 상대방이 감정이 있는 것이 아니라, 그냥 personal space의 개념이 없는 거예요. 그래서 그들이 부딪침을 당해도 상관없어요. 그런데 저희는 이런 문화에서 자란 것 아니니까 짜증 날 때가 있죠(#9, 29세, 여, EPIK 영어교사, 거주 6년, EPIK 교사/결혼).

그리고 한국 사람들이 개고기를 먹는다는 것에 대해 부정적 인식을 가진 응답자, 대만보다 상대적으로 획일적인 음식 문화를 가지고 있어 적응이 힘들었다는 응답자들도 있었다. 대만인들은 개고기를 먹는 것이 문명적인 행위가 아니라고 인식하고 있는 것으로 나타났다. 따라서 개를 키우고 있는데도 불구하고 개고기를 먹는다는 상황에 직면할 때 충격이 컸다고 증언하기도 했다.

저를 개고기를 파는 식당에 데려간 적 있어요. 겨울에 개고기로 보신하는 습관이 있나 봐요. 시부모님 댁에서도 개를 키우고 있거든요. 저는 처음에는 몰랐어요. 가보니까 나오는 음식이 제가 생전 처음 보는 고기였어요. 닭고기도 돼지도 소도 양도 아니었어요. 결국, 시어머님이 저한테 그게 개고기라고 알려줬어요. 저는 식사 내내 불편했어요. 이 사실을 받아들일 수가 없었죠. 지금까지 제 눈앞에서 누군가가 개고기를 먹는 것을 못 봤으니까요. 한국 사람이 개고기를 먹는다는 것은 옛날이야기인 줄 알았어요. 전쟁 때 먹을 게 없어서 그런 줄 알았거든요. 지금도 먹고 있다는 거에 대해서 너무 충격적이었어요(#11, 35세, 여, 마케팅, 거주 6년, 취직/결혼).

한편, 대만은 아열대에 있으며 다양한 지형을 가진 섬나라인 만큼 한국보다 더 다양한 농수산물들이 생산될 수 있는 환경적 장점이 있다. 그리고 역사적으로 다양한 이민자들로 구성된 대만 사회는 다양한 문화들이 공존하고 있어서 상대적으로 음식 문화도 다양하다. 인터뷰 참여자들은 이러한 차이 때문에 한국 음식은 상대적으로 획일적인 느낌이 든다고 증언을 했다.

대만에 있을 때부터 한국에 대해 상대적으로 관심이 많은 인터뷰 대상자들은 한국의 드라마, 예능, 또는 한국관광공사의 홍보영상 등 문화콘텐츠를 통해 한국 음식이 맛있을 것이라는 이미지를 형성하게 됐다고 말했다. 그리고 대만인들은 관광차 한국에 처음 왔을 때 먹었던 음식들은 자신이 그려왔던 이미지 그대로 맛있었다고 말했다. 하지만 한국에 거주하는 시간이 지남에 따라 대만인들은 고향인 대만의 다양한 음식들을 그리워했고, 이 과정에서 한국 음식들의 맛은 대부분 비슷하다는 인식을 하게 됐다. 한국 음식이 질리기 시작한 사례도 다수 존재했다.

그리고 일부 응답자들에게는 요리 방식의 차이에도 적응이 필요하다고 했다. 예컨대, 과거 한국은 기후 등 환경적인 제한이 있었기 때문에 김장과 같은 방법으로 채소를 보관하는 방법이 발전해왔다. 이는 사계절 신선한 채소를 생산할 수 있는 대만과의 환경적 차이로 인한 식문화의 차이로 볼 수 있다. 대만에서 각종 신선한 채소를 따뜻하게 익혀서 먹는 습관이 있는 대만인들은 한국에서 채소를 생으로 먹거나 절인 채소로 섭취하는 상황에 대해 적응이 필요했다.

> 예전에는 한국 드라마나 예능을 보면 같은 장소에 가서 같은 음식을 먹고 싶었어요. 그래서 한국 처음 왔을 때 매일 다른 한국

요리를 찾아서 맛있게 먹었어요. 하지만 한 6~7개월 지나고 나니까 이제 질리기 시작했어요. 김치를 그만 먹고 싶고, 다양한 대만 음식들이 그리워 졌어요(#3, 25세, 여, 대학원생, 거주 2년, 유학).

　여기는 음식 선택의 여지가 진짜 너무 없어요. 대만처럼 다양하고 쉽게 먹을 수 있는 먹거리들이 거의 없잖아요. 어딜 가나 먹는 것은 다 비슷비슷하고 한국 음식도 변화가 별로 없어요. 반찬들도 다 똑같아요. 그리고 반찬들이 다 찬 음식이에요. 저는 적응이 안 돼요(#23, 40세, 여, 주부, 거주 1년 3개월, (대만) 남편 직장).

4) 한국인의 경쟁의식

인터뷰에 참여한 대만인들은 한국인, 그리고 한국 사회의 경쟁의식에 대해 부정적으로 평가했다. 이는 과거 미디어 속 한국에 대한 부정적인 이미지가 한국 생활과정에서 더욱 부정적으로 수용되는 현상으로 볼 수가 있다. 예컨대, 대만의 미디어에서 재현된 한국의 이미지, 특히 스포츠 경기와 관련된 한국의 묘사는 부정적이다. 대만 미디어에서 한국인은 '물불 가리지 않는 승부욕'을 가진 사람들로 부정적으로 묘사된다(林宗偉, 2012). 한 인터뷰 참여자는 미디어에서 형성된 이와 같은 한국에 대한 부정적 이미지가 현실에서 재현되는 모습을 자주 목격했다고 말했다.

자신이 진행하는 수업에서 점수를 주는 수업이 아닌 시험임에도 불구하고 한국 학생들의 일부가 부정행위를 하는 것을 목격했다는 것이다. 그는 부정행위가 상대를 '이기고 싶은 승부욕'에 의한 행동이라고 해석했다. 그는 기존 미디어에서 재현된 부정적 이미지가 스포츠 경기에만 한정되는 것으로 알았지만, 이러한 부정적 이미지가 현실에서의 경험과 연결되고 난 후 '부정한 수단을 쓰더라도 이기고 싶은' 것이 한국인의 특성이라고 확대 해석했다.

그리고 일부 인터뷰 참여자는 대만에서 경험해 보지 못한 불합리한 일들을 한국에서 경험할 때, 이를 한국 전체의 문제로 인식하는 경향이 있는 것으로 나타났다. 주목할 만한 점은 한국에서 경험한 부정적인 사건을 그들이 과거 한국 드라마에서 봤던 유사한 상황과 연관시키려는 모습이 나타나기도 했다는 것이다. 한국 드라마에서 재현된 '약자를 괴롭히는 현상'을 현실에서 경험한 대만인은 한국인이 '약자를 괴롭히고 강자를 두려워하는 약육강식적 성향'을 가진 사람들이라고 일반화시키는 경향성이 있었다.

> 저는 원래 스포츠 경기는 그냥 경기니까 모든 한국인이 다 그럴 거라고 생각 못 했어요. 그런데 지금은 … 음 … 제 학생도 그러네요. 커닝을 많이 해요. 승부욕이 강하고 이기기 위해서 커닝을 많이 해요. 사실 대부분 제 수업에서는 점수 안 매기는 편이에요. 그런데도 커닝을 해요. 지고 싶지 않아서, 지기 싫어서 승부욕이 되게 강해요. 그들은 물불 가리지 않고 이기면 된다고 생각해요(#9, 29세, 여, EPIK 영어교사, 거주 6년, EPIK 교사/결혼).

> 대만에서는 약해 보이는 사람을 괴롭히려고 하지 않잖아요. 저는 대만에서도 몇 년의 직장생활을 했었는데, 그런 안 좋은 경험이 없었거든요. 그런데 제가 한국인들의 눈에는 엄청 만만해 보이나 봐요. 제가 지금 느끼기에 한국인들은 약자를 괴롭히고 강자를 두려워하는 경향이 있어요. 쇼크(shock)였죠. 예전에 한국 드라마를 봤을 때 드라마 안에서도 이런 정보들이 있었지만, 그때는 그냥 드라마라서 별로 신경을 안 썼죠. 그런데 이런 게 다 실화였어요. 한국 드라마 여주인공들은 항상 괴롭힘을 당하잖아요. 이런 게 현실이라는 것이 나름 쇼크였죠(#10, 33세, 여, 대학원생, 거주 3년 4개월, 유학/결혼).

응답자들은 한국인의 경우 기본적으로 외모, 스펙 등 보이는 것에 대해 신경을 많이 쓰고, 체면을 중요시하는 경향이 있다고 평가했다. 예컨대, 응답자들은 한국 구직 사이트에서 구직자의 경력 등에 점수를 매기고 경쟁력을 판단하는 방식의 문제점을 언급했다. 이렇게 개인을 판단하는 과정을 단순화하는 것은 한국인들에게 표면적인 점수만을 추구하게 만드는 원인이 될 수 있다는 것이다. 즉 한국인들은 구직할 때 자신의 스펙 상 경쟁력을 위해 여러 활동에 참여하는 등의 노력을 보인다. 하지만 인터뷰 참여자들이 보기에 한국인의 경력 쌓기 대부분은 실속이 없는 행동이었다.

인터뷰 응답자들은 한국인들이 체면을 중요시하는 부분은 한국인의 브랜드 추구 경향에도 나타난다고 증언하고 있다. 타인의 시선을 중요하게 생각하여 무리하면서까지 자신을 과시하려는 성향이 있다는 것이다. 인터뷰 참여자들은 한국인의 과도한 체면 중시 풍조에 문제가 있다고 평가했다. 한국인의 체면 중시 풍조, 비교 성향은 순수해야 할 어린아이들에게도 발견된다. 어린아이인데도 집 평수, 아빠의 차 종류 등을 서로 비교하고 친구의 기준으로 삼고 있다는 것이다. 이러한 현상은 대만인들에게 한국 사회의 가치관 문제가 심각하다는 부정적 인식을 심어주고 있는 것으로 판단된다.

> 한국 사람들은 표면적인 것만 중요시해요. 저는 직장을 구하기 위해 구직 사이트에 가입했는데 거기서 저에게 점수를 매겨줬어요. 나름 충격적이었어요. 저를 그냥 이렇게 쉽게 점수로 매기고 판단하다니! 그래서 다들 자기의 점수를 더 높게 받을 수 있게, 혹은 자기의 스펙을 더 화려하게 보여주기 위해 표면적인 노력을 많이 해요. 예를 들어서 그들은 적극적으로 여러 가지 활동에 참여해요. 그런데 그들은 사실 자기가 도대체 무엇을 하고 있는지 정확히 모르는 경우가 많아요. 그냥 많은 경력을 쌓으려고 하는 것뿐이에요. 모든 사람이 자신을 화려하게 포장하지만 정작 안은 비어 있는 느낌이에요. 이 사회 전체, 이 국가 전체가 다 이런 분위

기가 강하다는 것을 느꼈어요(#25, 25세, 여, 회사원, 거주 2년 6개월, 유학).

왜 등산복을 그렇게 즐겨 입는지 물어봤어요. 그런데 대답이 조금 웃겨요. 메이커 때문이라고 하는 거예요. 메이커니까 이거 입으면 잘산다는 표가 난다는 거예요. 가치관 자체가 비뚤어진 것 같아요. 아무리 못살아도 남의 시선을 위해서, 자기의 체면을 위해서 메이커를 꼭 사려고 하는 비뚤어진 가치관요(#24, 32세, 남, 판매업, 거주 7년, 유학/취직)

제가 알기로는 어린이들끼리도 서로 비교를 많이 해요. 집 평수나 아빠 차 종류를 비교하는 거예요. 심지어 집 평수가 작은 아이와는 친구 안 한다는 사례도 들어봤어요. 되게 끔찍한 일인 것 같아요(#8, 36세, 여, 주부, 거주 1년 7개월, 결혼).

타인과의 관계에서 한국인들은 비교를 좋아하고, 남에게 뒤지지 않으려고 많은 노력을 기울이는 것 같다고 평가했다. 이러한 비교 성향은 특히 부모님들의 자녀 교육 과정에서 많이 관찰된다고 평가했다. 예컨대 일부 응답자는 한국인들이 타인에게 뒤지는 것을 두려워하기 때문에 모든 것을 타인과 비교하면서 따라 한다고 말했다. 그리고 아이들의 성공을 자신 또는 집안 전체의 성공으로 확장해 생각하는 예가 있다고 말했다. 이러한 사회적 현상이 한국 드라마에서 재현되는 경우가 많다고 말했다. 이러한 사회에서 도태되지 않기 위해 통근 시간에 공부하는 등 끊임없이 노력하는 한국인의 모습은 매우 인상적이라는 평가도 나타났다. 인터뷰에 참여한 대만인들은 한국인들을 타인의 시선과 끊임없이 비교하는 과정에서 사회적 스트레스를 받는 사람들로 인식하고 있었다.

한국 엄마들은 아기 키울 때, 다른 사람이 배우는 거면 우리도 배워야 하고, 다른 사람이 가지고 있으면 우리도 가져야 한다고 생각해요. 모든 게 남을 따라야 하고 경쟁에서 뒤지면 안 된다는 인식이 강한 것 같아요(#17, 31세, 여, 구직 중, 거주 2년 6개월, 워킹홀리데이/결혼).

제가 느끼기에는 그들의 스트레스가 주로 남의 시선을 너무 신경 써서 그런 것 같아요. 그리고 비교하는 것을 너무 좋아해서 그런 것 같아요. 요즘 인기 있는 드라마가 있잖아요. <SKY 캐슬>. 그런 느낌, 마침 오늘 집에 아이가 서울대 들어가면 온 집안에 경사가 나는 것 같은 느낌이에요. 그리고 만약 아이가 공부도 못하고 직장도 못 구하면 부모한테 굉장히 쪽팔린 일이 되는 것 같아요. 사회적 압력이 꽤 큰 것 같다는 거죠. 남의 비교와 남의 시선을 너무나 중시하니까요(#11, 35세, 여, 마케팅, 거주 6년, 취직/결혼).

한국 생활은 보편적으로 스트레스가 많은 편이에요. 발전이 너무 빨라서 따라가지 못하면 탈락하기 때문에 경쟁이 심한 거죠. 그래서 한국 사람들은 위로 올라가고 싶은 욕망이 매우 강한 것 같아요. 그들은 엄청 열심히 공부해요. 아침에 지하철 탈 때, 한국 사람들이 중국어나 영어를 공부하는 모습이 인상 깊어요(#18, 32세, 여, 판매업, 거주 3년 10개월, 결혼/취직).

인터뷰 응답자들은 한국인들이 치열한 경쟁적 사회에 대한 불만을 품고 있지만, 자신도 모르게 그 사회에 합류하고 있다는 모습들이 관찰됐다고 했다. 특히 한국인들은 고압적인 교육 환경 때문에 힘들어하는 학생들의 상황을 비판적으로 인지하고 있지만, 경쟁적 한국 사회에서 이러한 구조를 변화시킬 수 없다고 인식하여 그 사회에 합류할 수밖에 없는 모순적 상황에 처해있다고 평가한 응답자들의 증언은 주목할 만하다.

5) 경제활동의 명암

2000년대 이후 대만의 미디어는 상대적으로 침체를 겪고 있는 대만의 경제 상황과 대조하여 한국 경제의 비약적 성장을 많이 언급했다(經濟日報, 2018. 1. 11). 이러한 보도 경향은 실제로 한국에 관한 관심보다 한국의 사례를 차용하여 '정체 중인 대만'을 대조하고 비판하는 의도를 가지는 경우가 대부분이다. 따라서 한국의 경제 성장에 따라 파생된 문제점들을 심층적으로 분석하고 소개하는 부분의 경우 생략될 때가 많다. 미디어를 통한 한국 정보의 제한적 수용은 대만인들에게 한국에 대해 '경제적으로 대만을 앞서고 있는 국가'라는 피상적 인식만 형성하게 된 원인이 되고 있다.

하지만 한국에서 거주한 경험을 가지고 인터뷰에 응답한 대만인들은 한국 경제활동에 명암이 존재한다고 평가했다. 대만인들은 기존 한국에 관한 피상적 인식이 한국 생활과정에서 한국에 관한 통찰력이 더해지며 한국에 대해 더욱 다양한 면들을 볼 수 있게 되었다고 평가했다. 예컨대, 대만보다 상대적으로 높은 급여 수준 등은 긍정적인 평가의 대상이었다. 특히 대만의 경우 디자인, 통역, 기자, 그리고 교육직 등은 전문성이 필요한 직업임에도 불구하고, 경제적인 측면에서 대우를 제대로 못 받는 경우가 있는 편이다. 이에 비해 한국은 해당 직종에 대해 상대적으로 직업의 전문성을 인정하고, 제대로 경제적으로도 대우하는 편이라는 인식이 공유되고 있었다.

> 한국의 페이는 꽤 높아요. 한국은 전문직에 대해 존중하는 느낌이 들었어요. 디자인이나 통역 등은 대만에서 페이가 그다지 높지 않은데, 한국에서는 페이가 높은 편이에요. 교육직도 그래요. 한국 교수들의 연봉과 사회적 지위가 높은 거죠. 그리고 한국의 기자도

사회적 지위가 높은 편이에요. 대만은 전혀 안 그렇죠. 전반적으로 한국의 전문직 수입이 꽤 좋은 것 같아요(#12, 32세, 여, 회사원, 거주 3년, 유학/결혼).

하지만 한국의 높은 물가 수준, 빈부 간의 격차 등은 부정적인 평가의 대상이었다. 한국은 대만보다 급여 수준이 높은 편이다. 그러나 대만은 한국보다 상대적으로 저렴한 물가 수준을 유지하고 있다. 따라서 인터뷰 참여자들은 상대적으로 한국에 비해 낮은 대만의 급여 수준으로도 대만에서 충분히 잘살 수 있었다는 데 인식을 같이하고 있었다.

한 인터뷰 참여자는 한국에 오기 전에 한국의 물가에 대해 미리 알아봤다고 말했다. 하지만 실생활에서 느끼는 물가가 대만에서 알아본 물가보다 더 비싼 편이었다고 말했다. 그는 한국에서 칼국수가 4,000원~5,000원이나 하는 것에 너무 비싸서 놀랐다고 말한다. 한국인들의 기준에서 볼 때, 싸다고 여겨지는 4,000원~5,000원짜리의 칼국수, 한국에서 육수와 면뿐인 칼국수를 먹을 돈이면 대만에서는 큰 고기들이 들어 있는 우육면4)을 먹을 수 있으므로 돈이 아깝게 느껴졌다는 것이다.

그리고 한국 거주 대만인들은 외국인이다. 한국인만큼 월급을 받지 못한다고 스스로 평가하고 있었다. 이러한 상황에서 한국의 높은 물가 수준까지 감당해야 하는 이중고에 시달리고 있다는 것이다. 인터뷰 참여자들은 한국의 경제 수준과 급여 수준이 대만보다 앞서고 있지만, 물가 등을 고려해 볼 때, 대만에서의 생활이 한국에

---

4) 대만 우육면 연쇄점 싼쌍치아오푸(三商巧福 삼상교복)에서 우육면 종류별로 가격 범위는 NTD $115~$150(약 한화 4,200원~5,500원)으로 책정되어 있다(三商巧福 홈페이지: http://www.3375.com.tw 참조).

서의 생활보다 좋았다고 인식하는 것으로 확인되었다.

　　한국의 월급이 대만보다 높지만, 대만의 물가가 훨씬 더 싸죠. 대만에 있을 때 월급으로 나름 잘 먹고 잘 놀고 이리저리 외국 여행도 다닐 수 있었어요. 그런데 한국에 있으면 우리가 외국인이라서 한국인처럼 받지도 못하고 여기서 먹고 살아야 하니까 사실은 꽤 힘든 거죠. 한국 생활의 스트레스도 상대적으로 큰 편이에요. 한국의 경제 발전이 대만보다 앞서고 있지만, 생활의 편안함은 대만이 더 나은 것 같아요(#20, 30세, 여, 대학원생, 거주 2년, 유학).

　　사실은 우리가 한국 오기 전에 한국의 물가 수준을 대충 알아봤어요. 대충 대만의 1.5배에서 2배 사이라고 나왔어요. 그런데 실제로 와보니까 거의 2.5배에서 3배 가까이 비싼 것 같아요. 절대로 1.5배는 아니에요. 적어도 2배 이상이에요. 제일 간단한 칼국수도 4000이나 5000원이 드는데, 이렇게 아무것도 없는 국수가 이렇게 비싸다니, 왜? 이런 생각이 많이 들었어요(#23, 40세, 여, 주부, 거주 1년 3개월, (대만) 남편 직장).

인터뷰 참여자들은 한국의 빈부격차가 크다고 인식하고 있었다. 한국의 새로운 빌딩들이 모여 있는 도심 상업지대와 오래된 동네의 환경과 분위기의 차이가 상당히 크다는 것이다. 인터뷰 참여자들은 범죄가 쉽게 연상되는 오래된 동네의 캄캄함보다 도심이 상대적으로 정돈되어 있고 안전하다는 느낌이 든다고 말했다.

　　도시 안의 빈부격차도 꽤 현저한 것 같아요. 새로운 빌딩들과 오래된 동네를 걷는 느낌이 전혀 달라요. 오래된 동네를 걷고 있으면 수시로 누가 나와서 강도질할 것 같은 어두운 느낌이 들어요. 하지만 도심 상업지대는 되게 안전한 느낌이에요(#5, 29세, 남, 주재공무원, 거주 2년, 직장).

그리고 인터뷰에 참여한 대만인들은 한국인들은 재벌(대기업)을 자랑스러워하고 숭배하기도 하지만, 한편으로는 불만이 있는 것에 대해 모순적이라고 평가하기도 했다. 즉 한국의 대표적 브랜드 제품들을 해외에서 많이 볼 수 있다는 사실은 한국이 경제 강국이라는 이미지를 연상시키기에 충분하고, 이러한 측면은 한국인들이 재벌(대기업)을 자랑스러워하는 원인이 된다. 그러나 한국에서 생활하다 보면, 재벌(대기업)들의 경제적 독식과 중소기업의 취약성, 대기업 종사자들과 중소기업 종사자들 사이의 보수 불균형, 사회적 양극화에 힘들어하는 시민들의 모습을 자주 볼 수 있다. 이러한 측면은 한국인들이 재벌(대기업)에 대해 모순적 감정, 애증의 감정이 있다고 평가하게 된 원인이 되었다.

> 그들을 보면, 자기 나라의 재벌을 그렇게 자랑스러워해요. 외국에 나가서 한국 브랜드를 보면 엄청 뿌듯해요. 그런데 한편으로 또 재벌들한테 자기네들의 생계, 일자리를 뺏긴다고 불만을 품어요(#16, 22세, 여, 대학원생, 거주 2년, 유학).

6) 시민들의 기초소양 부족

인터뷰에 참여한 대만인들은 한국이 경제적으로 선진국의 이미지를 가지고 있지만, 시민들의 기초소양이 부족하다는 것에 인식을 같이하고 있었다. 예컨대 응답자들은 한국인이 일상생활에서 예의범절이 부족하고, 위생습관의 문제, 환경호르몬에 관한 인식 부족 등과 같은 기초소양이 부족하다고 평가했다.

인터뷰 참여자들은 한국인의 예의범절이 이중적이라고 평가했다. 즉 연령 또는 직급 등 계급에 따라서는 예의범절을 지키고 있지만, 길에서 지나치는 사람들에 관한 기본적 예의가 결여된 모습들이 자주 노출된다는 것이다. 인터뷰 참여자들은 한국인들이 일상에서 다시 만나지 않으리라 판단되는 낯선 사람에 대해서는 예의를 지키지 않는 경우가 많다고 평가했다.

일부 인터뷰 참여자들은 한국인들이 양보라는 미덕이 결여된 사람처럼 보일 때가 있다고 말했다. 공공장소에서 줄을 서는 것을 지키지 않는 사례를 쉽게 목격할 수 있고, 지하철에서 임산부 배려석을 차지하고 임산부에게 자리를 양보하지 않는 사람, 자리 필요한 한국인들한테 자리를 양보해줘도 고맙다는 말을 잘 하지 않는 사람, 길에서 부딪쳐도 미안하다는 말을 하지 않는 사람을 쉽게 목격할 수 있다는 것이다. 이러한 경험은 대만인들에게 한국인들의 문화적 소양이 부족하다는 인식을 형성하게 만드는 원인이 된 것으로 판단된다.

> 요즘 서울 지하철에서 핑크색의 임산부 배려석을 만들었지만, 임산부가 아닌 사람들이 여전히 이를 무시하고 그 자리를 차지하고 있어요. 다들 임신한 여성들에게 별다른 배려심이 없는 것 같아요. 설령 그 사람이 임산부 엠블럼을 가지고 있어도 아무도 자리를 양보 안 해줘요. 저는 한 다섯 번 정도 자리를 양보해준 적이 있는데, 딱 한 명만 저한테 감사하다고 했네요. 물론 저는 그의 감사를 받기 위해 양보해준 것은 아니지만, 일반 자리를 양보해주는 건데 너무 당연시하는 게 아닐까 하는 생각이 드네요(#17, 31세, 여, 구직 중, 거주 2년 6개월, 워킹홀리데이/결혼).

> 지하철에서 사람과 부딪치거나 밀고 나갈 때는 사과도 안 해요. 그리고 제발 먼저 좀 내리고 나서 타면 안 돼요? 진짜 줄을 서는 게 맞아요? 마음 급한 거 저도 이해하는데 안 급한 사람이 어디 있어요? 양보해주면 고맙다, 실례한 게 있으면 실례합니다, 죄송합니다 하고 말하는 게 그렇게 어려운 거 아니잖아요. 한국은 이런 예의범절에 관한 전반적 국민 교육이 좀 필요한 것 같아요(#4,

32세, 여, 외식 음료업, 거주 8년, 유학/취직).

그리고 국민 소양과 관련해서 주목할 만한 것은 한국인의 위생습관 문제들이 자주 거론되었다는 것이다. 예컨대, 길거리에서 함부로 침을 뱉는 습관, 화장실 다녀온 후 손을 안 씻는 습관, 공용 수저5) 개념의 결여, 음식점에서의 반찬 '재활용', 아파트 복도에서 흔히 볼 수 있는 '소변 금지' 공고, 공공장소에서의 흡연, 마스크 착용 습관 부족 등이 자주 거론되고 있는 위생습관 문제 사례들로 나타났다. 대만인들은 한국이 경제 수준이 높은 선진국이라는 이미지를 가지고 있다. 그러나 이에 미치지 못하는 국민 소양의 문제가 자주 발견되는 상황에 대해 혼란스러워했다. 일부 응답자는 한국을 '돈 많은 중국'으로 표현하기도 했다. 즉 인터뷰에 참여한 대만인들은 한국 방문 전 한국이 선진국이라는 이미지를 가지고 있었지만, 한국에서 생활하는 과정에서 이러한 이미지가 훼손되는 상황을 목격하기도 했다. 한국에 대한 이미지 훼손은 대만인들이 대만 사회의 문화 소양에 관한 자부심을 강화하는 계기가 되기도 했다.

> 문화적인 소양의 문제라면 대만 사람이 한국 사람에 비하면 더 나은 것 같아요. 제가 한국에 처음 왔을 때, 한국이 정말 미개발, 돈이 많은 중국의 느낌이었어요. 사상적인 측면이 업그레이드되지 않고, 하는 행동들이 아직도 야만적인데, 돈만 많은 것으로 생각했어요. 그들의 예절 같은 것은 후배들이 어르신들한테 하는 예절로만 제한돼요. 일상생활에서의 예의범절이 전혀 없다고 느꼈어요. 중국 옛날 농촌 같은 느낌이었어요. 침을 아무 데나 뱉는 것도 아직 존재하고요. 옷차림이나 화장을 화려하게 꾸며도 그들의 위

---

5) 공용 수저는 요리 등을 먹을 때, 음식을 자신의 그릇에 담기 위해 공동으로 활용하는 수저를 의미한다. 공용 수저는 개인의 입에 들어가는 수저가 아니고, 단지 음식을 자신의 그릇에 담기 위한 용도로만 활용된다는 측면에서 개인 수저와 차별화된다.

생습관이 별로 좋지가 않아요. 그들은 식사할 때 공용 수저의 개념이 없고, 화장실 갔다 오면 손을 안 씻고, 이런 부분들이 젊은 층도 여전해요. 바뀌는 것이 없어요(#18, 32세, 여, 판매업, 거주 3년 10개월, 결혼/취직).

손님이 먹다 남긴 김치를 회수한 다음, 다른 손님한테 "재활용" 한 거 봤었어요. 제가 직접 봤어요(#21, 30세, 여, 회사원, 거주 2년, 결혼/취직).

저는 예전에 이대 쪽 아파트에 살았는데, 어느 날 보도에 공고를 붙여놨어요. "여기서 소변 금지"의 공고였어요. 저는 순간 여기가 중국인 줄 알았어요(#16, 22세, 여, 대학원생, 거주 2년, 유학).

남자들, 담배 많이 피워요. 대만보다 훨씬 많이 피워요. 그리고 담배 피우고 나서 침을 아무 데나 뱉어요. 위생습관이 너무 떨어져요. 독감 유행하는 시기에도 지하철에서 마스크를 안 써요(#24, 32세, 남, 판매업, 거주 7년, 유학/취직).

인터뷰 참여자들은 대만보다 한국의 환경 의식이 조금 부족한 편이라고 언급했다. 대만에서 한때 환경호르몬에 의한 건강 문제가 사회적 이슈였다. 이후 대만은 플라스틱, 비닐 용기 사용에 대한 부정적 인식이 사회적으로 공유되어 있다. 다만 한국의 경우 아직 뜨거운 음식을 비닐봉지에 담는 행위가 자주 목격되는 등 환경호르몬에 관한 인식이 부족한 상황이라고 평가했다. 환경을 보호하는 차원에서 일회용 제품들을 줄여야 한다는 인식도 아직 한국에서 보편화 되어있지 않은 측면이 있다는 평가가 있었다. 일부 인터뷰 참여자는 환경에 관한 양국의 인식 차이, 양육 과정에서 환경호르몬에 관한 인식 차이 때문에 시집 식구와의 작은 마찰을 경험하기도 했다고 말했다.

그들은 정말 환경호르몬에 관한 개념이 없어요. 뜨거운 삶은 옥수수도 직접 비닐봉지에 담아 놓잖아요(#17, 31세, 여, 구직 중, 거주 2년 6개월, 워킹홀리데이/결혼).

대만에서는 환경호르몬이 꽤 큰 이슈예요. 그래서 노인인데도 그들의 습관이 고치기가 힘들어도 환경호르몬에 관한 문제를 인식하고 있어요. 그런데 여기서는 어른들한테 이런 식으로 하면 환경호르몬이 생긴다고 교육까지 해야 해요. 시켜도 교육 목적을 달성 못 해요. 환경호르몬 말고도 친환경 의제 같은 경우, 대만에서도 일회용 수저, 일회용 식기 줄여야 한다는 정보들이 많은데, 한국에서는 젊은 사람들마저도 별 상관이 없다고 생각하는 편이에요. 이런 문제 때문에 저와 시집 간에는 충돌까지는 아니고, 작은 마찰 정도는 있어요. 저는 아이가 있어서 더 신경이 쓰인 것 같아요(#2, 32세, 여, 숙박업, 거주 11년, 유학/취직/결혼).

7) 생활의 편리성

지금까지 정리된 한국 거주 대만인들의 한국 이미지는 대체로 부정적인 이미지들이다. 심지어 인터뷰에 참여한 대상자들도 인터뷰하는 과정에서 한국의 이미지에 대해 "너무 부정적인 것들만 이야기하는 것 같다"라는 인식을 같이하면서 걱정했다. 하지만 한국 생활에서 부정적인 인식만 형성된 것은 아니었다. 한국 생활을 하면서 느끼는 좋은 점들도 있었다. 예컨대 한국의 안전한 치안 환경, 편리한 생활 방식, 그리고 외국인 복지 등이 많이 언급됐다.

인터뷰 참여자들은 한국이 안전한 치안 환경을 가지고 있다고 평가했다. 응답자들은 집 밖에 놔둔 택배 물건이 안전히 보관되는 현상, 커피숍이나 도서관 등 공공장소에서 귀중품을 놔두고 자리를 비워도 안전한 현상들에 대해 긍정적으로 평가했다. 대만의 치안 환경도 좋은 편이다. 그러나 대부분의 대만인은 귀중품을 스스로 잘 챙겨야 한다는 인식이 있다. 따라서 한국인들이 마음 놓고 귀중품을 공공장소에 두고 이동하는 상황을 보고 신기해하는 반응이 나타난 것이다.

한국 치안이 너무 좋아서 그런가? 물건을 그냥 놔둬도 누가 안 가져가네요. 지난 추석 때 저랑 남편이 대만에 1주일 동안 가 있었는데, 우리가 인터넷에서 주문한 물품이 딱 우리가 한국에 없을 때 도착했어요. 그래서 그 소포가 문 앞에 1주일 동안 있었는데 돌아올 때 제자리에 있는 것 보고 감탄했어요. 그리고 커피숍이나 도서관에서도 마찬가지예요. 핸드폰, 가방, 노트북 다 저기에 놔두고 자리를 비워도 걱정을 안 하네요(#23, 40세, 여, 주부, 거주 1년 3개월, (대만) 남편 직장).

한편, 대만은 아직도 각종 상점에서 결제할 때 현금을 많이 사용하는 편이다. 이에 비해 한국은 카드 결제가 보편화되어있다. 인터뷰 참여자들은 한국에서 생활하면서 현금을 가지고 다니는 번거로움을 줄일 수 있어서 편리하다고 인식하고 있었다. 또한, 인터뷰 참여자들은 한국의 경우 스마트폰 앱을 활용해서 금융, 결제, 교통, 배달서비스 등을 활용할 수 있다는 측면에서 편리하다고 인식하고 있었다.

여기서 다 카드로 결제하니까 현금을 안 가지고 다니는 것에 익숙해졌어요. 그리고 다양한 앱(app), 전자화를 실현하는 게 꽤 좋은 것 같아요(#21, 30세, 여, 회사원, 거주 2년, 결혼/취직).

배달음식, 그리고 인터넷 쇼핑이 되게 편리해요. 대만도 지금 uber eat 같은 거 있지만, 저는 예전 대만에 있을 때 안 써봐서 … 한국 와서 써보니까 되게 편해요. 배달의 민족 같은 거, 그리고 e-mart가 직접 집으로 배송 가능한 것, 결제 방식도 편해요. 네이

버, 전국 버스 등 교통 app도 진짜 편해요(#10, 33세, 여, 대학원생, 거주 3년 4개월, 유학/결혼).

인터뷰 참여자들은 한국정부에서 제공하는 외국인 적응 프로그램과 외국인 복지에 관한 정책을 긍정적으로 평가했다. 응답자들은 한국의 외국인 적응 프로그램을 통해 효율적으로 한국의 언어, 역사, 문화 등을 배울 수 있고, 한국 사회에 적응할 수 있다고 말했다. 그리고 한국 사회는 외국인의 안정적 한국 생활을 위한 지원과 혜택들이 많은 편이라고 말했다. 특히 결혼이민자들이 아이를 가진 경우 정부에서 제공하는 각종 지원과 서비스들의 우수성에 대해 긍정적으로 평가하고 있었다. 전반적으로 인터뷰 참여자들은 한국정부에서 마련한 외국인 복지에 긍정적으로 평가하는 것으로 나타났다.

> 한국정부가 외국인의 한국 생활 적응, 외국인 복지 등에 대해서 나름 많은 노력을 기울인 것 같아요. 외국인에게 제공되는 무료 한국어 수업이라든가, 사회통합과정이라든가 저는 나름 도움을 받았어요. 저는 따로 어학원 안 다녔어요. 사회통합과정에 한국의 역사 관련 내용도 있고요. 적어도 한국 사람들이 어떤 역사 인물을 이야기하면 대충 알 수가 있어요. 그리고 다른 외국 친구들이 한국에서 아기를 낳았어요. 그들의 말로는 한국정부에서의 지원이 많아요. 아기 낳고 나서 가사 도우미 서비스 같은 것도 신청했대요. 외국인 복지는 나쁘지 않은 것 같아요(#11, 35세, 여, 마케팅, 거주 6년, 취직/결혼).

실제로 대다수의 인터뷰 대상자들은 다시 과거로 돌아가서 선택할 기회가 주어진다면, 지금처럼 오래 머물지 않을 수도 있지만, 여전히 한국을 선택할 것 같다고 대답했다. 이러한 선택을 가진 이유는 교환학생 기회 또는 장학금 등 추가적인 혜택이 있어 개인의 사정에 따라 차이가 있을 수 있지만, 한국이 제공하는 안전하고 편리한 생활환경이 중요한 역할을 하고 있다. 대부분의 인터뷰 대상자들은 비록 한국에 대해 부정적인 인식을 많이 가지고 있지만, 지금은 "다 적응이 됐고, 잘 대처할 수 있다"라는 태도를 보였다.

인터뷰 대상자들이 앞에서 언급된 불평등한 사회상, 배타성과 인간관계의 진입장벽, 대만과의 문화적 차이, 한국인의 비교 성향과 경쟁의식, 기초소양의 문제 그리고 경제활동의 명암 등 부정적인 인식들은 대부분 '사람'과 관련된 상황들이다. 그러한 부분들은 한국 생활에 적응하는 과정에서 개인의 노력으로 적응하고 극복할 수 있는 부분이라고 판단된다. 하지만 생활의 편리성, 안전한 치안 환경, 그리고 외국인 복지는 한국이라는 국가에서 조성한 '환경'적인 차원이다. 이러한 환경적인 조건들이야말로 외국인들에게 한국을 선택하게 하고 머물게 하는 중요한 요소들로 판단된다.

> 저는 동남아 국가에 2번이나 가봤어요. 거기에 있는 동료들은 본봉에다가 수당을 더하면 충분히 잘 살아요. 거기는 물가도 싸고 음식과 문화들도 대만과 비슷한 부분들이 많아요. 그런데 저는 한국이랑 맞바꿔서 동남아로 파견되는 거 싫을 것 같아요. 그 이유는 제가 더 많은 코스트를 치르더라도 한국 생활의 질이 더 좋으니까요. 여기의 편리한 교통과 전자상거래, 그리고 상대적으로 안전한 치안 환경 등은 그 값어치가 있다고 생각해요(#6, 35세. 여, 주재공무원, 거주 3년, 직장).

5. 한국 생활 안정기: 변화, 그리고 동화

한국에서 장기적인 생활 경험을 가진 인터뷰 참여자들에게서는 한국에 관한 인식 변화과정이 3가지의 유형으로 나타나고 있었다. 첫째, 기존 이미지의 강화다. 기존 이미지의 강화는 대만에서 접했던 미디어 속 한국의 모습을 현실에서 경험하게 될 때 나타났다. 대만 미디어를 통해 형성된 한국에 대한 부정적 이미지가 한국 생활과정에서 부정적으로 재현되는 현상 등이 이에 속한다. 예컨대, 미디어를 통해 대만인들에게 형성된 한국에 대한 이미지, 즉 나이에 따른 예절 중시의 이미지, 배타적 이미지, 물불 가리지 않는 강한 승부욕의 이미지, 약육강식적인 사회생활 이미지 등은 한국 생활을 하며 강화되는 것으로 나타났다. 이는 문화계발 효과가 경험을 매개로 강화되는 현상, 즉 공명효과의 발현이라고 볼 수 있다. 주목할 만한 점은 미디어 속 한국에 대한 부정적인 이미지는 한국과 한국인을 경험하는 과정에서 더 부정적으로 수용되는 경향이 있다는 것이다.

둘째, 기존 이미지의 변화다. 기존 한국 대중문화를 통해 형성되었던 한국에 대한 긍정적 인식과 다른 상황을 한국 생활과정에서 경험하게 될 때, 기존 이미지의 변곡이 발생하게 된 것이다. 한국 국민의 응집력과 단결된 이미지가 한국 생활과정에서 때로는 한국 사회의 압력으로 해석된다는 것, 한국인들의 기초소양 부족의 문제들이 선진국 이미지와 부합되지 않는다고 판단된다는 것 등이 사례다. 이처럼 인터뷰 대상자들의 한국 이미지 강화(공명)와 변화(변곡)는 그들이 한국 생활에 적응하는 과정에서 부단히 교차적으로 나타난다.

아울러, 시간의 추이와 생활 경험의 변화, 신분의 전환 등에 따라 같은 상황에 대한 인식도 변화되는 과정이 나타났다. 예컨대, 따뜻한 대만에서 경험하기 어려운 눈을 보고 처음에는 마냥 좋아하고 신기해하다가, 나중에는 귀찮아지는 기분으로 변했다는 응답도 있었다. '한국 오빠'에 관한 설렘의 감정 역시 시간의 추이와 경험의 누적에 따라 변화가 나타났다. 처음에 맛있다고 생각한 한국 음식이 시간의 흐름에 따라 질리고 단일적인 맛으로 느껴지는 예도 있었다. 이는 특정 사건, 상황을 계기로 형성된 이미지가 고정불변한 것이 아니라, 시간의 추이와 경험의 누적과 같은 다양한 맥락에 의해 변화되는 이른바 변곡의 과정이 시시각각에 발생한다는 것을 의미하고 있다.

한 인터뷰 참여자는 한국을 방문하기 전 미디어를 통해서 형성된 한국에 대한 긍정적인 이미지는 한국에 관한 단기 방문(관광 등)으로 유지되는 예가 있었다고 말했다. 다만 한국 생활 경험의 누적에 따라 한국에 관한 신선함은 점차 사라지게 된다. 대만과 다양한 문화적 차이가 존재하는 한국 사회에 적응해야 하는 현실에 직면하게 되는 것이다. 이러한 과정에서 누적된 한국 경험은 긍정적인 측면도 있지만, 외국 생활의 어려움이라는 부정적인 측면이 상당한 비중을 차지하게 된다. 한국 방문 전과 방문 초기의 긍정적 이미지가 현실 생활의 누적에 따라 다소 부정적으로 변하게 된다는 것이다.

처음에 왔을 때는 모든 게 다 신기했어요. 눈이 오면 신이 나서 장갑과 모자를 쓰는 것도 귀찮지 않았어요. 지금은 눈이 오면 … 아 … 어떻게 나가나 … 한숨부터 쉬어요. 그리고 맨 처음에 왔을 때 스키장 가서 어떤 모르는 오빠가 말을 걸면, "와~ 로맨틱하다. 같이 술이나 한잔하고 싶다"라는 설렘을 느꼈어요. 지금은 이런 설렘의 감정이 완전히 사라졌죠. 귀찮게 하지 말라는 심정으로 바뀌었죠(#2, 32세, 여, 숙박업, 거주 11년, 유학/취직/결혼).

한국 오기 전에는 이 나라에 대해 동경했고, 오고 싶었죠. 그래서 처음에는 모든 게 다 좋았죠. 음식도 맛있고, 커피숍도 많고 모든 게 다 재미있었어요. 그런데 조금 오래 살다 보니까 한국 생활의 스트레스도 많고 음식도 그렇게 맛있지 않고 조금 단일적이라는 것을 느껴요. 한 2, 3년 정도 살다 보니 점점 실망하고 있어요. 한국은 포장을 잘하니까 모든 것을 다 좋게 꾸며요. 하지만 여기에 있는 사람들과 같이 지내고 같이 일하다 보면 실망감이 점점 생겨요(#10, 33세, 여, 대학원생, 거주 3년 4개월, 유학/결혼).

기존에 한국에 대해 피상적으로 알고 있던 것들은 한국 생활을 하는 과정에서 한국에 관한 통찰력이 더해지며 한국에 대해 더욱 다양한 면들을 볼 수 있게 되었다는 것으로 나타났다. 예컨대 대만의 미디어에서 '성장 중인 한국'에 대해 보도하는 것은 한국에 관한 관심보다 한국의 사례를 차용하여 '정체 중인 대만'을 대조하고 비판하는 의도를 가지는 경우가 대부분이다(經濟日報, 2018. 1. 11). 따라서 한국의 경제 성장에 따라 파생된 문제점들을 심층적으로 분석하고 소개하는 부분의 경우 생략될 때가 많다. 미디어를 통한 한국 정보의 제한적 수용은 대만인들에게 한국에 대해 '경제적으로 대만을 앞서고 있는 국가'라는 피상적 인식만 형성하게 된 원인이 될 것으로 판단된다.

인터뷰 참여자들은 한국의 실제 생활 경험 등을 통해 한국인, 그리고 한국 사회에 대해 더 이해하게 된다고 말했다. 따라서 그들은 한국 생활을 하면서 한국 사회 현상들의 원인, 그리고 현상들의 양면적인 결과 또는 영향 등에 대해 더 깊이 있게 관찰하고 분석할 수 있는 능력을 갖출 수 있게 되었다고 평가했다. 다른 한편으로 인터뷰 참여자들은 생활환경의 전환, 신분의 전환으로 인해 자신의 사고방식이 예전과 달라졌다는 느낌이 들었다고 말했다. 예전에는 제3자의 입장으로만 한국을 바라보다가 이제는 한국에서 생활하고 있는 일원으로서 한국을 바라보는 시각이 자연스러워졌다는 것이다.

> 예전에는 대부분 한국의 표상, 표면적인 부분만 알고 있었죠. 지금은 이런 현상 또는 상황의 원인이 무엇인지에 대해 더 많이 탐구하게 돼요. 무엇이든 절대적인 좋음과 나쁨은 없어요. 예를 들어서 한국의 월급이나 연봉이 대만보다 높다는 것은 다들 알고 있어요. 그렇지만 이 표상 속에는 다른 문제들도 존재해요. 저는 예전보다 더 깊게 한국을 이해하게 된 거죠. 한국과 한국인을 직접 접촉하고 관찰하고 나서, 한국의 실질적인 생활의 모습은 한국 드라마에서 재현되는 것들과 다르다는 것을 느꼈어요. 신분 전환에 따른 사고방식의 변화도 있는 것 같아요(#22, 34세, 여, 학생, 거주 2년, 결혼/어학원).

마지막으로 셋째는 동화의 과정이다. 이는 한국에서 오랜 기간 생활하면서 나타나는 현상을 의미한다. 즉 한국에 거주한 경험이 있는 대만인들의 한국 생활 기간이 길어지면서 한국에 대한 기존 이미지의 강화 또는 기존 이미지의 변화만 일어나는 것이 아니었다. 인터뷰 참여자들이 한국에 적응하여, 동화되는 과정도 발생하고 있었다. 한국 생활이 안정기에 접어들며 한국에 관한 문제를 제기한다기보다 한국의 생활 방식에 자신이 적응하려는 시도가 나타나게 된다는 것이다. 한국의 높은 물가에 적응하고, 다양한 경험들이 일상이 되는 일들을 경험하게 된 것이다.

특히 한국 생활 초기에는 자연스럽게 한국의 물가를 대만 돈으로 환산하고 비교했다고 했다. 한국의 상황에 대해서 잘 모르기 때문에 자연스럽게 대만의 기준으로 한국을 이해하려고 노력한 것이다.

다만 한국의 물가는 대만보다 높은 편이다. 따라서 대만의 기준으로 한국 물가를 판단했을 때 모든 것을 말도 안 되게 비싸게 느낄 수밖에 없다. 하지만 한국 생활의 누적으로 한국에 점점 익숙해지고 물가에 관한 판단 기준도 자연스럽게 한국화되는 과정을 경험하게 된다. 따라서 한국 생활 초기에 비싸게 느껴졌던 것이 한국 생활의 누적에 따라 어느새 싸게 느껴지고, 가끔 이러한 인식을 대만의 기준으로 다시 되돌아볼 때, 혼란스러워하는 감정을 느끼게 된다는 것이다.

> 지금 여기서 사니까 제 가치관이 많이 흔들렸어요. 처음에 왔을 때는 여기의 물가가 적응이 안 됐어요. 항상 대만 돈으로 환산하니까, 김밥이 대만 돈 100원을 넘는다니! 어떻게 이렇게 비쌀 수가 있냐는 생각이 들었어요. 그리고 음식이 다 절인 음식이고 물가가 너무 과장되게 비싸다고 생각했어요. 그런데 한동안 살다 보니까, "이런 거 싼 거구나"라고 깨닫게 됐어요. 밥 한 끼에 만원 이내는 싼 편인 거네요. 대만 돈으로 환산하면 안 되는 거였어요. 처음에 왔을 때 너무 괴로웠어요. 그냥 간단하게 식사하는 건데 왜 이렇게 비싸냐고 괴로웠다가, 지금은 익숙해졌어요. 환산 안 하니까 음, 싸다고 느껴지네요(#23, 40세, 여, 주부, 거주 1년 3개월, (대만) 남편 직장).

응답자들은 한국 생활과정 초기에 부정적으로 생각했던 일을 반복적으로 경험하게 되는 과정에서 그 일이 한국 생활의 일부분이라고 체념하듯 받아들이고, 그러한 과정에서 외국이었던 한국의 생활이 일상이라고 생각되는 과정을 경험했다고 말했다. 나아가 인터뷰 참여자들은 한국식 처신술로 한국에서 경험하게 되는 다양한 상황에 대응하게 되는 자신을 발견할 때가 있다고 응답했다.

예컨대, 응답자들은 한국 생활에서 사람과 부딪치고 나서도 사과를 하지 않는 행위 등에 대해서 처음에는 상당히 불쾌하고 싫었다고 말했다. 하지만 한국 생활 경험의 축적에 따라 그러한 현상이 자연스러운 생활 방식이라고 인식하게 됐다고 말했다. 주목할 만한 점은 일부 응답자들이 '나만 당할 수 없다'라는 생각을 가지게 되었다는 것이다. 어느새 인사 없이 사람을 밀거나, 사람과 부딪치고 나서도 사과를 하지 않고 가는 한국 사람들의 행동을 따라 하는 자신을 발견할 수 있었다는 것이다.

> 지금은 이미 적응된 상태예요. 인사 없이 밀고 지나가는 것에 대해서 처음에는 엄청 불쾌했어요. 우리는 이런 것이 매우 신경 쓰이는 편이잖아요. 남의 발을 부주의로 밟아도 굉장히 미안해하고 실례라고 생각하는 것이 맞는데, 여기는 그런 것이 없어요. 그래서 처음에는 너무 싫었어요. 그런데 시간이 지나다 보니까 이것도 한국문화 중 하나라고 받아들였어요. 그들의 민족성이 원래 그래요. 습관의 문제일 뿐이에요. 시간이 지나다 보니 그들에게는 이게 정상이라는 것을 깨닫게 됐어요. 어차피 그들을 바꿀 수도 없잖아요. 이 나라 사람들은 원래 그러니까 이제 저도 마트에서 인사 안 하고 밀고 나가요(#23, 40세, 여, 주부, 거주 1년 3개월, (대만) 남편 직장).

> 지하철에서 치고 나가는 것, 처음에는 욕했어요. 이제는 저도 치고 나가요. 해야죠! 저만 당할 수 없잖아요(#24, 32세, 남, 판매업, 거주 7년, 유학/취직).

인터뷰 참여자들은 불친절한 상대방에 대해 자신도 예의를 지킬 필요가 없다는 태도의 변화를 경험하게 됐다고 말했다. 그리고 '한국 사람처럼' 다른 사람을 신경 안 쓰고 자신의 이익만을 추구하는 이기적인 행동을 하게 됐다고 말했다. 즉 인터뷰 참여자는 한국 사회를 '약육강식'적인 사회로 인식하고, 자신이 약자처럼 당하는 것보다 얄미워도 강자가 되어서 살아남겠다는 의지를 표출했다. 그리고 응답자는 한국 생활에서 이른바 '스스로 긍정적이라고 평가했던 대만식 생활 습관을 버리는 과정'을 한국 사회에서 생존하기 위한 '한국화'의 과정으로 생각하고 정당화시키고 있었다.

> 저는 한국 사람한테 동화되기 시작한 것 같아요. 이제는 택시를 탈 때도 더 이상 기사 아저씨한테 "감사합니다"라고 인사 안 해요. 상대방이 예의 없으면 저도 예의를 지킬 필요가 없다고 생각해요. 그리고 이제 모든 일을 다 분명하게 이야기하는 편이에요. 한국 사람처럼요. 모호한 부분이 있으면 저에게 불리하게 될 가능성이 크니까요. 그리고 택시를 잡을 때 이제 더 이상 다른 사람 신경 안 써요. 그냥 가서 문 열고 앉으면 돼요. 남에게 좀 얄미워 보이더라도 상관없어요. 어차피 다시 만날 사람도 아니니까요. 지금은 미움받을 용기를 생겼어요. 이제 더 이상 한국에서 남을 배려할 생각이 없어요. 어차피 그 사람이 (택시를) 못 잡으면 자기의 능력이 부족한 거니까. 저도 이제 나쁜 사람이 되더라도 약자가 되기 싫어요. 한국에서 생존하기란 너무 어려운 일이에요. 저의 이익을 생각해주고 챙겨줄 사람이 없을 거니까, 스스로 강해져야 돼요(#10, 33세, 여, 대학원생, 거주 3년 4개월, 유학/결혼).

한국 생활에 익숙해지고 난 후 한국식으로 살아가는 것이 '나쁘지 않다', '살만하다'라고 평가한 응답자들도 있었다. 한국 거주 인터뷰 참여자들은 한국에 대해 부정적인 인식들을 상당 부분 가지고 있음을 확인할 수 있었다. 그러나 응답자들이 장기적으로 한국 생활을 하는 과정에서 한국을 더 자세히 알게 되고, 한국식 생활 방식의 긍정적인 측면을 발견하게 되는 경험을 하게 됐다. 예컨대, 한 인터뷰 참여자는 한국 거주 초기에는 한국에 대해 익숙하지 않아서 한국 사회의 '규칙'들이 '제한'이라고만 느껴졌고, 따라서 한국인의 삶이 자유롭지 못하고, 힘들다는 생각이 들었다고 말했다. 다만 몇 년간의 한국 생활을 경험한 지금은 이러한 '규칙' 또는 '제약'들에도 긍정적인 면이 존재한다는 사실을 알게 됐다고 말했다. 그는 오히려 이러한 '규칙' 또는 '제약'으로 인해 사람들이 노인을 공경하는 것 같고, 치안이 좋은 환경이 구축될 수 있었던 것 같다는 생각이 들었다고 말했다.

한국에 처음 왔을 때 이 나라가 왜 이렇게 제한이 많은지 몰랐어요. 그들은 스스로 많은 규칙을 정했어요. 어른들한테 어떻게 해야 하고, 후배들한테 어떤 식으로 대해야 하고, 직장에서 어떻게 행동해야 하고, 집에서 어떻게 해야 하고 등등이요. 그들이 매우 힘들게 산다는 생각이 들었지만, 지금은 오히려 그렇게 살아도 나쁘지 않다는 생각이 들었어요. 그들은 어르신들한테 상대적으로 더 존중하고 예의가 바른 것 같아요. 그리고 사회적으로 제약이 많으니까 치안도 좋은 편인 것 같아요. 핸드폰을 테이블에 놔두고 잠깐 자리 비워도 누가 가져가지 않아요. 다른 사람들의 눈치가 신경 쓰이니까 수치스러운 일은 쉽게 못 하는 것 같아요(#11, 35세, 여, 마케팅, 거주 6년, 취직/결혼).

6. 한국 생활 기록 동기

인터뷰 참여자인 대만인들은 SNS의 특성과 개인의 주관적 판단에 따라 공유하고자 하는 내용을 차별적으로 취사선택하는 경향이 있는 것으로 나타났다. 그리고 SNS를 통한 한국 생활 공유는 일상에 관한 기록의 목적을 가질 뿐만 아니라 정보를 제공하기 위한 목적, 지인에게 안정적인 생활 상태를 전달하고 과시하기 위한 목적 등과 같은 동기에 근거한 것이라는 점이 확인되었다.

1) SNS 특성별 차별적 한국 생활 공유 행태

인터뷰에 참여한 대만인들은 콘텐츠를 공유할 때 SNS의 특성을 고려하는 것으로 나타났다. 예컨대, 인터뷰 응답자들은 인스타그램을 여가 생활 위주의 사진 공유용으로, 트위터를 자신이 관심을 가진 사회적 이슈 등을 공유하는 용도로 활용하고 있었다. 페이스북은 사진 공유용으로 활용하기도 하지만, 인스타그램보다 긴 문장을 상세하게 기술하기 위해 활용하고 있는 것으로 나타났다. 인터뷰 참여자들은 나름의 기준으로 SNS를 구분하고 있었고, 자신이 공유하고자 하는 내용과 보여주고자 하는 형식에 따라 SNS를 선택한다고 말했다. 그리고 인터뷰 참여자들은 페이스북 팬 페이지를 개인 계정과 구분되는 일종의 공적 공간으로 활용하고 있는 것으로 나타났다.

일부 인터뷰 참여자는 자신의 개인 계정과 연결되는 지인 중 한국을 좋아하지 않는 사람들이 다수 존재한다고 말했다. 따라서 그들은 팬 페이지를 개설해 한국 생활과 관련된 내용을 공유할 때의 공간으로 활용한다고 말했다. 개인 계정과 팬 페이지 계정을 구분하면 한국을 싫어하는 지인들이 자신의 팬 페이지를 팔로우하지 않는 이상 한국과 관련된 소식이 자연스럽게 여과될 수 있을 것으로 판단한 것이다. 즉 SNS 사용자들은 자신의 SNS 활용 동기와 SNS의 특성, 공유하고자 하는 콘텐츠의 성격, 그리고 공유 대상 등을 포괄적으로 고려하여, 한국 생활을 공유하는 것으로 나타났다.

저의 인스타그램은 커피숍, 음식 등 여가 생활의 공유가 위주입니다. 트위터는 대만과 한국 간의 비교, 사회 의제의 비중이 커요.

제 전공이 사회학이다 보니 관심 분야와 공유하는 내용의 상당 부분은 사회적 의제와 관련이 있어요. 요즘은 3.1 운동과 관련된 내용, 그리고 양성평등 관련된 의제들을 많이 다루고 있어요. 페이스북은 한국보다 대만 정치와 대만 사회를 주로 다루고 있어요. 가끔 한국과 관련된 뉴스가 있으면 언급하는 정도예요(#16, 22세, 여, 대학원생, 거주 2년, 유학).

페이스북과 인스타그램 둘 다 사용하는데, 공유하는 내용이 달라요. 페이스북은 조금 더 긴 문장을 쓰는 편이에요. 제 생각을 서술하는 경우가 많아요. 인스타는 글보다 사진 위주예요. 페이스북의 사진은 확대 가능한데, 인스타그램의 사진은 확대 불가능해요. 열람할 때의 느낌도 차이가 있죠. 그래서 저는 제가 공유하고 싶은 내용에 어떤 것이(SNS가) 더 어울리는지를 고려해서 선택하여 공유하는 편이에요(#22, 34세, 여, 학생, 거주 2년, 결혼/어학원).

페이스북상의 모든 친구가 다 한국을 좋아하는 것이 아니에요. 그래서 팬 페이지를 개설해서 한국 생활 공유의 공간으로 따로 활용하고 있어요. 그렇다면 한국을 안 좋아하는 사람들은 굳이 팔로우할 필요가 없게 되거든요(#1, 34세, 여, 디자이너, 거주 1년 1개월, 결혼/취직).

2) SNS를 통한 한국 생활 공유 동기

인터뷰 참여자인 대만인들의 한국 생활 공유 동기는 크게 네 가지로 분류할 수 있다. 즉 일상의 기록 동기, 정보의 공유 동기, 한국에서 잘 살고 있다는 메시지의 전달 동기, 그리고 과시의 동기로 정리할 수 있다. 이 네 가지 동기들은 단독적이기보다 복합적으로 결합하는 상황이 더 많이 발견되는 것으로 나타났다.

첫째는 일상의 기록이다. 응답자들의 한국 생활은 한국이기 때문에 공유되는 것이 아니라 자신의 일상이기 때문에 공유되는 것이라고 밝혔다. 즉, 인터뷰 참여자들은 어딘가로 놀러 가거나, 누구를 만나거나, 무엇을 먹거나 하는 등 자신의 생활을 친구와 지인들에게 공유하는 습관이 있었는데, 마침 현재는 한국에 살고 있어서 한국 생활을 공유하게 되었다고 말했다. 특히 페이스북과 같은 SNS는 과거 기록 회고 기능이 있다. 이 기능을 통해 과거 추억을 되새길 수가 있다. 즉 현재의 한국 생활 기록은 추후의 추억이 될 수 있다. 이러한 이유로 SNS를 활용해서 한국 생활을 공유하는 것은 결국 '한국'과 상관없이, 평범한 일상기록의 과정에서 나타났다는 것이다.

> 그냥 공유하고 싶어요. 제 친구들한테 제 일상을 보여주는 거예요. 대부분 어디 놀러 가거나 친구랑 같이 뭘 먹으러 갈 때 올리는 편이죠. 한국이라서 올리는 것이 아니라, 제 일상이라서 올리는 거예요. 저는 대만에 돌아가 있을 때도 대만의 일상을 올려요. 그냥 친구들과 공유하고 싶은 거죠(#12, 32세, 여, 회사원, 거주 3년, 유학/결혼).

> 저는 SNS를 쓰는 것이 자신에 관한 기록이라고 생각해요. 페이스북이 일 년 전에 내가 무엇을 했는지 알려주는 것, 즉 지난 일을 돌이켜볼 수 있는 기능을 제공하는 것이 너무 좋아요(#4, 32세, 여, 외식 음료업, 거주 8년, 유학/취직).

> 그때 제가 무엇을 했는지에 관한 기록이에요. 저는 기억력이 조금 약하지만, 예전에 하던 일을 보는 것, 만나던 사람들에 대해서 돌이켜보는 것을 좋아해요. 그래서 IG[6]를 통해서 저의 한국 생활을 기록하면서, 친구들에게 공유하는 동시에 저의 기분도 적어놓는 거죠(#3, 25세, 여, 대학원생, 거주 2년, 유학).

둘째, 정보의 공유다. 인터뷰 참여자들은 자신이 유용하다고 생각하는 정보를 공유하는 과정에서 자연스럽게 한국 생활을 공유했

---

6) IG는 인스타그램의 약칭이다. 대만 사람들은 구어적으로 인스타그램을 IG, 페이스북을 FB로 칭한다. 여기서 인용한 인터뷰 내용은 인터뷰 참여자가 쓰는 용어 그대로인 'IG'로 표시했다.

다. 예컨대, 자신이 가던 맛집이나 카페 등의 정보를 SNS로 기록하고 공유한다. 한국의 맛있는 음식, 분위기 좋은 커피숍 등을 소개할 겸, 추후 지인들이 한국을 방문할 때 관련 정보를 더욱 쉽게 얻을 수 있게 도울 수 있을 것이라는 동기를 가진 것이다

> 저의 팬 페이지는 제가 여기서 먹은 음식에 관한 기록용으로 활용하고 있어요. 레스토랑, 카페, 등등. 강릉이 나름 관광지니까 놀러 오는 사람들이 자주 있어요. 제 지인들이 놀러 오면 맛있는 게 뭐가 있냐는 등 질문을 많이 해요. 그래서 어차피 저도 맨날 이리저리 다니니까 아예 기록을 남기는 거고 … 추후 누가 놀러 오면 팬 페이지에 가서 정보를 직접 얻을 수 있게 되는 거죠(#2, 32세, 여, 숙박업, 거주 11년, 유학/취직/결혼).

셋째, 자신이 한국에서 잘 지내고 있다는 메시지의 전달이다. 물리적으로 떨어져 있는 가족과 지인들에게 자신의 안정적인 생활 상태를 보여주기 위한 목적에 기인한 공유 과정을 의미한다. 즉 일부 인터뷰 참여자들은 자신의 한국 생활을 SNS로 기록하면서 공유하는 과정을 통해 자신의 부모, 가족, 지인들에게 자신의 근황을 보여줌으로써 이국에서 자신이 잘 지내고 있다는 메시지를 전달하려는 동기가 있었다.

> 제 부모님도 페이스북을 사용하기 때문에 그들에게 제가 어떻게 살고 있는지를 보여주기도 하죠. 그리고 캐나다의 친구들한테도 제 한국 생활을 공유하는 거죠. 그들과 가끔 대화하기도 하지만 그저 일어난 일들을 기록해두고 싶어요(#9, 29세, 여, EPIK 영어교사, 거주 6년, EPIK 교사/결혼).

> 한국 생활을 공유하는 동기는 간단해요. 저와 가족들이 지금 서로 떨어져 있으니까 그들에게 제가 어떻게 살고 있는지를 보여주기

위해서 공유하는 거죠(#6, 35세, 여, 주재공무원, 거주 3년, 직장).

> 저에게 관심을 두는 사람들한테 제가 지금 잘 있다는 것을 알려주는 거죠. 제가 무사하다는 것을 전해주는 거죠. "제가 살아있어요. 그리고 나름 잘살고 있어요."라고(#5, 29세, 남, 주재공무원, 거주 2년, 직장).

넷째, 과시다. 자신이 한국에서 잘살고 있다는 메시지를 과시하기 위해 한국 생활의 공유가 이루어진다는 의미이다. 즉 과시 동기는 SNS상의 지인들에게 자신이 '잘 지내고 있다'라는 메시지를 전달하는 것보다 한 단계 더 나아간 동기로 볼 수 있다. 인터뷰 참여자는 의도적으로 한국 생활의 좋은 모습들을 공유함으로써 지인들에게 한국에서의 자신의 생활을 과시한다고 말했다. 즉 SNS를 통해 자신이 행복하게 잘산다는 이미지를 지인들에게 심어주고 싶은 의도가 반영되었다는 것이다.

> 제 생활의 상태를 알리고 싶고, 생활을 공유하고 싶어요. 다들 제가 잘살고 있다는 것을 느끼게 하고 싶어요. 그래서 다들 진짜 제가 잘사는 줄 알아요. 좋은 것만 골라서 공유하니까요(#10, 33세, 여, 대학원생, 거주 3년 4개월, 유학/결혼).

7. 삶의 일부분으로서 한국 생활 공유

인터뷰 참여자인 대만인들의 한국 생활 공유는 자신의 일상, 삶의 일부분을 공유하기 위한 목적을 가진다. 따라서 그들이 공유하는 내용은 주로 일상에 관한 기록과 자신의 관심사에 관한 내용이 주를 이루고 있다.

1) 일상에 관한 기록

인터뷰 참여자들은 자신의 다양한 일상을 기록하고 있었다. 대만 인들은 한국 생활과정에서 가족들과의 일화, 일상에서 발생한 작은 에피소드, 자신의 여가활동, 생각과 기분을 기록하고 있었다. 즉 한 국 거주 대만인들의 SNS를 통해 재현된 '한국'은 낯설고 먼 이국 이 아닌, 그들이 매일 생활하는 터전, 가족과 같은 이미지가 반영된 것으로 나타났다.

한국 거주 대만인들은 자신의 여가활동을 SNS를 통해 공유하면 서 SNS상의 지인들에게 간접적으로 한국의 음식, 풍경, 문화생활 등을 노출했다. 그리고 한국 가족들과의 상호작용과정을 SNS를 통 해 공유함으로써 한국인들의 가정생활, 관습, 그리고 한국인들의 전통적 문화풍습을 보여주었다. 또한, 한국 거주 대만인들은 한국 직장, 학교에서의 에피소드를 공유함으로써 한국의 조직 문화를, 일상의 에피소드를 공유함으로써 미디어를 통해서는 보기 어려운 '진정한' 한국 사회와 한국인들의 모습을 대만인들에게 전달하고 있었다.

> 평소에는 한국의 미식과 풍경, 한국 가족과 재미있는 일들, 육 아 활동, 양성 관계에 관한 생각들을 공유해요(#15, 33세, 여, 주 부, 거주 1년 8개월, 결혼).

> 신기한 경험이나 전시회, 공연 등을 보고 난 후의 소감 등을 포 스팅하는 편이에요. 즉각적으로 무엇을 보고 발견하면 빠르게 짧 은 생각 또는 소감을 기록하는 방식이에요(#25, 25세, 여, 회사원, 거주 2년 6개월, 유학).

> 여행 또는 제 생활에서 보는 것에 관한 생각의 기술, 또는 예쁜

카페, 벚꽃 등 생활의 사소한 것들이에요. 또는 특별한 문화풍습, 예를 들어서 한국의 추석을 어떻게 보내는지에 관한 내용도 공유해요(#22, 34세, 여, 학생, 거주 2년, 결혼/어학원).

생활에서 재미있는 일들을 공유하고, 괜찮다고 생각되는 글을 공유하고, 기분을 토로하는 등의 내용이 많죠. 시집과 관련된 일이나 한국 학교에서 일어나는 일들에 관한 제 개인적인 생각, 그리고 제 고양이와 음식들도 공유 대상이에요(#9, 29세, 여, EPIK 영어교사, 거주 6년, EPIK 교사/결혼).

먹는 거랑 생활에서 일어난 재미있는 일 또는 재수 없는 일들을 주로 공유해요. 예를 들어서 지하철에서 만난 민간의 숨은 무림 고수, 플래시와 같은 의자 쟁탈 고수 등등(#4, 32세, 여, 외식음료업, 거주 8년, 유학/취직).

2) 관심사에 관한 기록

인터뷰 참여자인 대만인들은 SNS를 통해 일상생활을 기록하는 것 외에도 자신의 관심사에 관한 내용을 주로 공유하고 있는 것으로 나타났다. 예컨대, 한글, 한국어학습에 관한 내용, 좋아하는 영상이나 음악, 사회적 이슈에 관한 관점 등이 SNS를 통해 공유되고 있었다. 인터뷰 참여자들은 자신이 관심을 가진 한글이나 대중문화를 SNS상에 공유함으로써 자신의 SNS 팔로워들에게 자연스럽게 한국문화를 소개하고 전파하고 있었다.

글, 특별하게 디자인된 한글, 또는 재밌는 광고 문구, 또는 특정 상황에서 보는 한글 등등, 저는 사진을 찍어서 공유해요. 저는 한글에 관한 관심이 좀 많은 편이에요. 한글이 한국의 정수라고 생각하거든요(#28, 35세, 회사원, 거주 2년 6개월, 취직/유학).

가끔 제가 좋아하는 한국 가사 중 몇 개 단어를 골라서 무슨 뜻

인지 설명하는 포스팅을 해요. 그냥 단순히 제가 관심이 많은 것들을 공유하고 싶거든요(#19, 26세, 여, 회사원, 거주 4년, 유학/워킹홀리데이/취직).

한국 노래도 공유해요. 제가 좋아하는 노래, 영화 그리고 좋아하는 프로그램의 클립 영상도 공유해요. 좋아하는 거니까 공유하고 싶어요(#10, 33세, 여, 대학원생, 거주 2년 4개월, 유학/결혼).

한국 거주 대만인들 중 특히 상대적 젊은 층인 20대 유학생들의 경우에는 한국 사회에서 일어나고 있는 다양한 사회적 이슈에 관심을 가지는 것으로 나타났다. 이들은 SNS를 통해 자신이 관심을 가진 한국의 사회적 이슈를 소개하고, 해당 이슈에 관해 토론을 벌이기도 했다. 일부 응답자들은 한국의 사회적 뉴스를 중국어(번체자)로 번역, 정리한 후 자신의 SNS에 공개해서 다른 대만인들의 관심을 끌어내기도 하는 것으로 나타났다. 한국 거주 대만인들의 SNS를 통한 한국 사회이슈의 공유는 다른 SNS 이용자와 양방향 교류를 끌어내고 있었다. 이는 전통미디어에서 제공되는 한국에 관한 단방향적, 단편적 메시지 전달에서 나아가 다각적이고 다양한 관점들이 대만인들에게 전달될 가능성을 보여주고 있는 것이라고 평가될 수 있다.

제 페이스북에 같은 관심을 가진 친구들이 많이 모여 있어서 사회적인 이슈에 대해 서로 토론하는 편이에요. 그래서 젠더 의제, 미투 관련 보도 등, 또는 학교에서 무슨 일 때문에 대자보가 붙어 있는지 등등, 이런 사건들에 관한 제 의견을 적는 편이에요(#25, 25세, 여, 회사원, 거주 2년 6개월, 유학).

일상을 공유하는 사람들이 이미 많이 있어서 저는 사회이슈, 정치이슈를 위주로 정리하는 편이에요. 얼마 전에 서공예의 유튜브 영상, 서울공연예술고등학교 학생들이 학교를 고발하기 위해 찍은 유튜브 영상, 제가 그 뉴스를 보고 내용을 번역하고 정리해서 공유했어요. 그 포스트가 100개 정도의 공유와 200개 정도의 '좋아요'를 받았어요(#16, 22세, 여, 대학원생, 거주 2년, 유학).

8. 의도적, 선택적 한국 생활 공유

인터뷰에 참여한 대만인들은 자신의 일상과 관심사에 관한 SNS 공유 이외에 의도적으로 선택된 정보들을 SNS상에 공유하기도 했다. 예컨대, 자신이 생각하기에 유용하다고 판단되는 한국 관련 정보들을 공유하는 것으로 나타났다. 대행구매를 위해 한국 정보를 공유하기도 했다. 한국 생활과정에서 경험하게 되는 부정적 사건의 내용에 관한 공유를 의도적으로 회피하는 인터뷰 참여자들도 존재했다.

1) 한국 정보 공유를 위한 기록

일부 인터뷰 참여자들은 한국의 다양한 생활 정보, 관광 정보, 음식 정보 등 자신이 유용하다고 판단하는 정보들을 적극적으로 공유하는 것으로 나타났다. 한국의 최저임금, 택시비 인상 정보, 버스에서의 음식 금지, 개화(開花) 시기, 맛집 정보 등이 대표적 사례다. 유용한 정보의 공유는 개인의 계정을 통해 공유되기보다 팬 페이지 계정을 통해 공유되는 것으로 나타났다.

한국 상품의 대행구매 관련 정보 역시 개인 계정이 아닌, 페이스북 그룹의 형식을 통해 공유되고 있는 것으로 나타났다. 대행구매 그룹에 자신이 직접 사용해 본 상품에 관한 후기의 공유가 이루어 질 경우, 팔로워들의 관심과 구매 의도가 유발되는 방식이다. 이러 한 한국 정보의 공유 대상은 개인 SNS를 통해 연결된 지인들이 아 니라, 해당 정보에 관해 관심이 있는 SNS 팔로워들인 것으로 판단 된다.

저는 회사 팬 페이지도 관리하고 있어요. 팬 페이지에서는 한국 의 최저임금, 또는 택시비 인상, 한국 여행 정보 등을 공유해요. 한국의 다양한 정보를 공유하는 거죠. 예를 들어서 개화 시기, 버 스 탑승 때 음식 금지 정보, 한국의 3.1절 소개 등등(#21, 30세, 여, 회사원, 거주 2년, 결혼/취직).

저의 팬 페이지는 제가 여기서 먹은 음식에 관한 기록용으로 사용하고 있어요. 레스토랑, 카페 등등. 강릉이 나름 관광지니까 놀러 오는 사람들이 자주 있어요. 제 지인들이 놀러 오면 맛있는 거 뭐가 있냐는 등 질문을 많이 해요. 그래서 어차피 저도 맨날 이리저리 다니니까 아예 기록을 남기고 … 추후 누가 놀러 오게 되면 팬 페이지 가서 정보를 직접 얻을 수 있으니까(#2, 32세, 여, 숙박업, 거주 11년, 유학/취직/결혼).

저는 가끔 대만에 돌아갈 때, 대행구매도 해요. 제 개인 계정이 아니고 따로 대행구매 그룹을 개설해서 관리해요. 대부분은 제가 써보고 괜찮은 제품들에 대해서 제품 후기를 올려요. 그러면 그걸 보고 구매하고 싶은 사람들이 있으면 제가 대행구매를 진행하는 거죠. 대부분 색조 화장이나 기초화장, 또는 간식 같은 거예요 (#20, 30세, 여, 대학원생, 거주 2년, 유학).

2) 한국에 대한 부정적 정보 공유 회피

일부 인터뷰 참여자들은 한국 생활에 관한 부정적 내용의 공유를 회피하거나 제한적으로 공유하는 경향을 보였다. 인터뷰 참여자들은 대만 사회에는 여전히 한국에 대한 부정적 인식을 가진 사람들이 다수 존재한다는 인식이 있었다. 이러한 인식이 한국에 대한 부정적 정보 공유를 회피하게 만드는 원인이 되었다. 예컨대, 인터뷰 참여자는 자신의 일시적인 불만 호소가 상상 이상의 부정적 효과를 초래할 수 있다는 경험을 말했다. 이러한 경험 때문에 이제 부정적인 내용을 가급적 회피하고 한국의 긍정적인 면들만 보여준다는 것이다.

> 예전에 남편에 대한 불만을 SNS를 통해 호소한 적 있었어요. 그냥 별생각 없이 컴플레인한 거였어요. 그런데 밑에서 한국에 관한 공격적인 댓글이 많이 달렸어요. 엄청 놀랐어요. 보통 이런 컴플레인 내용은 다들 그냥 넘어가는 거 아닌가요? 이렇게 진지할 줄 몰랐어요. 워낙 대만 사람들이 한국을 싫어해서 그런지 … 한국과 관련된 부정적인 내용이라 더욱 적의를 유발했나 보네요. 그래서 지금은 부정적인 내용은 공유 안 하고 긍정적인 부분만 공유해요(#10, 33세, 여, 대학원생, 거주 3년 4개월, 유학/결혼).

특히 인터뷰 참여자 중에는 한국인과 결혼하고 가정을 이루는 사례들이 다수 존재했다. 그들은 여러 가지 상황에서 한국인과 직접적인 관계를 맺고 있으므로 한국에 대한 부정적 이미지가 자신에 관한 부정적 이미지와도 관련이 되어있을 것으로 생각하기도 했다.

이러한 상황에서 자신이 한국 가족, 친구들과의 갈등과 같은 부정적인 한국 생활을 SNS를 통해 공유한다면, 이를 보는 대만 지인들이 한국에 대해 더욱 부정적인 인식을 하게 될 수도 있고, 자신이 지인들의 걱정거리가 될 수도 있을 것이라는 판단 아래 한국에 대한 부정적 정보의 공유회피 현상이 나타나고 있었다. 응답자들은 한국에 대한 부정적 정보의 공유가 문제 해결에 전혀 도움이 되지 않는다고 판단하고 있었다.

저는 온라인에서 제 남편, 그리고 시집에 대해서 전혀 컴플레인을 한 적이 없어요. 제 친구들도 저한테 매우 잘 사는 것 같다고, 고부간의 갈등이 전혀 없는 것 같다고 해요. 사실 온라인에 컴플레인해 봤자 아무도 지금의 문제가 무엇인지 정확히 이해할 수가 없어요. 한국에서 사는 결혼한 친구들은 그 문제를 어느 정도 알 수도 있지만, 컴플레인해 봤자 소용없어요. 어차피 스스로 해결해야 하는 문제들이니까요(#17, 31세, 여, 구직 중, 거주 2년 6개월, 워킹홀리데이/결혼).

당연히 부모님 걱정시키지 않으려고 너무 부정적인 내용은 안 쓰죠(#9, 29세, 여, EPIK 영어교사, 거주 6년, EPIK 교사/결혼).

결혼이주민이 아니라도 한국에 대한 부정적인 내용을 제한적으로 공유하는 인터뷰 참여자들도 존재했다. SNS를 통해서 부정적인 정서를 담은 콘텐츠를 지속해서 공유한다면, 자신의 이미지에도 안 좋은 영향을 미칠 수 있다는 인식이 반영된 것이었다. 이러한 맥락은 결혼이주민들이 고려하는 한국 이미지의 부정적 영향과는 다른 것이다. 비결혼이주민들의 부정적인 내용 회피는 SNS상에서의 자신 이미지를 관리하는 차원에서 발생했다고 볼 수 있다.

저는 부정적인 기분을 공유하고 싶을 때 24시간만 보류되는 스토리를 많이 이용해요. 부정적인 정서를 남에게 계속 보여줄 필요가 없으니까요. 다른 사람이 알고 싶지 않을 수도 있잖아요. 포스팅하되 오래 남을 필요가 없어요. 부정적인 포스팅이 계속 존재하면 뭔가 위로받고 싶은 느낌인 것 같아요(#3, 25세, 여, 대학원생, 거주 2년, 유학).

9. 소중(小衆)에 관한 영향력 행사

인터뷰 참여자인 대만인들의 SNS에서의 한국 생활 공유는 불특정 다수의 대중(大衆)이 아니라 제한적인 소중(小衆)에게만 도달하는 것으로 나타났다. 기본적으로 그들의 SNS 공유는 가까운 가족과 지인, 그리고 비슷한 관점을 가진 사람들이 주요 대상이 되고 있었다. SNS상에서 무례한 사람의 경우 '친구 취소(언팔로우)' 조치를 수행하는 과정이 발견된 것도 그들의 메시지가 소중을 대상으로 한다는 것을 설명해주고 있다. 그리고 자신과 다른 입장을 가진 사람들의 경우 자신의 공유 내용을 무시하는 경향이 있다는 사실을 발견했다. 일부 대만인들의 잘못된 혐한 인식에 대해 인터뷰 참여자들은 개인의 성향에 따라 소극적, 피동적, 적극적으로 대응하고 있음을 확인했다.

1) 한국 생활 포스팅에 관한 제한적인 도달

인터뷰 참여자들의 경험에 따르면, 그들이 SNS를 통해 공유하는 한국 생활 콘텐츠는 대부분 가족, 지인, 또는 관점이 비슷한 사람들에게 도달되고 있었다. 따라서 비록 대만에서 혐한 정서를 가진 사람들이 다수 존재하지만, 그들의 한국 생활 공유 내용에 관한 공격적인 피드백은 많지 않았다. 즉 서로 관계가 유지되고 있는 지인들은 비록 한국에 관한 호감이 없어도 한국 생활을 공유하는 인터뷰 참여자들에게 직접 부정적 피드백을 하지는 않았다. 그리고 인터뷰 참여자들은 자신의 SNS 계정이 대중적 인기를 가지고 있는 계정이 아니므로, 불특정 다수의 팔로워로부터 공격을 당할 확률도 상대적으로 적다고 말했다. 일반적으로 응답자들의 개인 SNS, 또는 팬 페이지의 경우 자신과 비슷한 관점과 관심을 가진 사람들과 상호작용하는 공간으로 활용되고 있었다.

> 제 포스팅에 관한 공격적인 댓글이나 피드백이 없어요. 제 친구들만 볼 수 있게 제한해놨으니까요(#17, 31세, 여, 구직 중, 거주 2년 6개월, 워킹홀리데이/결혼).

> 제 트위터는 기본적으로 긍정적인 피드백이 많아요. 제 팔로워 수가 천, 이천 개 이상인 인기 계정이 아니니까요. 저런 분들이 부정적인 피드백을 자주 받을 수 있죠. 하지만 팔로워 수가 그리 많지 않으면 기본적으로 이런 의제에 관한 관심이 있으니까 보러 온 경우가 많아요. 그래서 부정적인 반응이 별로 없어요. 그들은 대부분 저의 관점에 동의하니까 피드백을 남겨준 거예요(#16, 22세, 여, 대학원생, 거주 2년, 유학).

그러나 무례한 댓글이 발견될 경우, 상대방을 언팔로우(친구 삭제)하는 사례도 발견되었다. 특히 상대방이 한국에 관한 이해가 없으면서, 편파적 정서를 가지고 공격적 용어를 사용해서 한국을 비하하거나 한국과 관계를 형성하고 있는 자신을 비하하는 경우에 언팔로우가 나타나고 있었다. 특히 일부 대만 네티즌들은 개고기를 먹는 한국문화를 비판하기 위해 한국과 비슷한 발음의 '한구(韓狗)'라는 표현을 쓰기도 한다. 그리고 한국말을 '한구(韓狗)'들이 하는 '개소리'로 비하하는 예도 있다. 이에 응답자들은 자신이 한국인과 결혼했거나 한국어학습을 하는 등 한국과 연계성을 가지고 있음을 알고 있는 친구임에도 불구하고 이런 무례한 행동을 하는 것을 매우 불쾌하게 생각하고 있었다.

저는 친구를 삭제한 적 있어요. 그 사람이 제가 한국 사람과 결혼한 거 알고 있어요. 그런데 전에 월드컵 때 그 사람이 "한구(韓狗)를 제압하자!" 이런 글을 올린 거예요. 그래서 그 사람을 친구 리스트에서 삭제했어요. 그리고 제 페이스북에서 "이런 식으로 민족주의를 선동하는 것은 너무 예의가 아닌 것 같아요. 특히 제가 한국 사람과 결혼한 것을 알고 있으면서도 이런 식으로 포스팅하는 사람은 친구 할 필요가 없어요."라고 선언했어요(#18, 32세, 여, 판매업, 거주 3년 10개월, 결혼/취직).

무례한 댓글이 있었지만, 그 댓글 단 사람은 제가 친구 취소했어요. 예전에 한국어를 배웠을 때 마침 스포츠 경기 때문에 혐한 분위기가 심했을 때였어요. 그때 어떤 사람이 제 글 밑에 "사람인데 왜 개소리를 배우냐"라고 댓글 달았어요. 그 사람은 바로 제 친구 리스트에서 사라졌죠. 그 이후에는 남아있는 친구들이 대충 이런 말 하면 안 된다는 것을 알았죠(#20, 30세, 여, 대학원생, 거주 2년, 유학).

인터뷰 참여자들은 자신의 공유 내용의 영향력이 제한적이라고 말했다. 예컨대 인터뷰 참여자들에 따르면 주변의 대만 사람들은 인터뷰 참여자들이 공유한 한국 관련 내용을 자주 접할 수 있음에도 불구하고 여전히 한국에 관한 관심, 한국 관광 의도가 매우 제한적이었다고 말했다.

특히 한국에서 오래 살다 보면 대만에 있는 친구들과 만날 기회가 극히 제한적이게 된다. 따라서 대만 친구들이 한국에 방문하길 바라고 있는 인터뷰 참여자들도 존재한다. 그들은 친구들의 한국 방문 욕구를 유발하기 위해 SNS를 통해 한국의 관광명소나 맛집 등의 공유를 통해 '의도적으로' 한국을 홍보하기도 했다. 그러나 인터뷰 참여자들은 자신의 홍보와는 상관없이 원래 한국을 좋아하거나 한국에 관한 선입견이 없는 친구들만이 자신의 행동에 '설득'될 가능성이 있다고 말했다.

> 제 주변 친구들은 한국을 동경하는 사람이 별로 없어요. 그들은 대부분 유럽이나 미국 또는 일본을 선호하는 편이에요. 그래서 제 글을 100번 봐도 관심 없는 사람이 존재해요. 저 때문에 한국 관련된 것을 접촉하고 좋다고 생각하는 것은 화장품뿐이에요(#12, 32세, 여, 회사원, 거주 3년, 유학/결혼).

> 저는 사실 친구들이 한국에 놀러 오면 좋겠어요. 그런데 제 주변의 대부분 친구는 일본 놀러 가는 것을 더 선호해요. 한국에는 놀게 없다고 생각해요. 그래서 저는 가끔 친구들을 설득하려고, 한국의 재미있는 곳이나 맛있는 것들을 공유했어요. 성공한 사례가 있었지만, 그 사람은 일본에 가나 한국에 가나 딱히 상관이 없는 사람이어야 돼요. 제 친구 10명 중에 한 6명 정도는 일본만 놀러 가는 친구들이고, 2명 정도는 한국에 자주 놀러 오는 친구들이고, 나머지 2명은 어딜 가나 상관없는 친구예요. 이런 친구를 더 쉽게 설득할 수 있어요(#22, 34세, 여, 학생, 거주 2년, 결혼/어학원).

그리고 자신과 견해가 다른 포스팅에 대해서는 반응이 없고, 입장이 가깝다고 느낄 때만 피드백이 있는 경향이 나타나는 듯하다고 말했다. 즉, 한국의 좋은 면을 SNS를 통해 보여줄 때, 혐한 정서를 가진 팔로워들은 이러한 포스팅을 무시하는 경향이 있지만, 한국에 대한 부정적인 면과 관련된 포스팅의 경우에는 포스팅에 적극적으로 반응하는 상황이 다수 존재한다고 말했다.

이러한 상황은 혐한 정서를 가진 남성의 경우에서 자주 목격된다고 말했다. 특히 혐한 정서를 가진 일부 대만 남성들은 한국을 싫어한다는 이유로 한국 브랜드 제품까지 거부하기도 했다. 혐한 정서를 가진 사람들의 비이성적인 반대 행위에 대해 인터뷰 참여자들은 그들을 한국을 이해하려는 열린 마음이 결여된 사람으로 간주했다.

커피숍이나 음식 관련된 포스팅에는 한국을 싫어하는 사람들이 잘 안 나타나요. 저한테 따로 메시지도 안 보내고요. 남자들은 다 반응이 없어요. 오히려 (한국에 대한) 컴플레인이나 조금 더 부정적인 내용을 적은 포스팅이면 피드백이 와요. 먹는 거 등에는 별로 관심 없어요. 이 사람들은 엄청 속이 좁은 것 같아요. 핸드폰도 절대 삼성 거 안 쓰고, 가전제품도 절대 한국 브랜드 안 써요(#10, 33세, 여, 대학원생, 거주 3년 4개월, 유학/결혼).

2) 혐한(嫌韓) 인식에 대한 차별적 대응 방식

주변 사람의 혐한 인식에 대해 응답자들은 개인의 성향에 따라 소극적으로 대응하거나 피동적으로 대응하거나 적극적으로 대응하고 있었다. 먼저, 소극적 대응은 대부분 상대방이 가진 한국에 관한 선입견이 강할 때 나타나고 있었다. 특히 미디어에 의해 형성된 한국에 대한 부정적 인식에 대해서 자신이 설명하더라도 상대방이 받아들일 가능성이 작다고 판단될 때, 응답자들은 그들을 굳이 상대하지 않는다는 인식을 보였다. 즉 인터뷰 참여자들은 이미 선입견이 강한 사람들이 한국을 이해하려는 마음이 없는 것으로 판단하는 경향이 있는 것으로 나타났다.

인터뷰 참여자들의 주변 사람들, 가까운 지인이나 친척 중에서도 한국에 대한 부정적 인식을 가진 사람들이 다수 존재한다. 이에 인터뷰 참여자들은 한국에 대한 강한 선입견이 형성된 지인 또는 친척들과 안 좋은 말들이 오고 갈 것 같은 느낌이 들어 이에 대해 우려하는 모습을 보이기도 했다. 따라서 이들은 화목한 관계를 유지하기 위해 소극적으로 대응하는 방식을 취하기도 한다고 말했다.

그러나 상대방의 태도가 상대적으로 중립적이고 한국에 대해 궁금한 점이 있다고 판단될 때, 그들은 피동적으로 대답해주는 경우가 나타났다. 인터뷰 대상이 된 대만인들은 대만 언론은 한국에 대해 단편적으로 보도하는 경향이 있으므로 미디어를 보는 대만인들은 한국에 대한 편파적 인식이 형성되는 경우가 다수 존재한다고 말했다. 따라서 인터뷰 대상이 된 대만인들은 지인들이 대만의 언론에서 보도된 내용을 보고 한국에 대해 궁금할 때 자신이 경험한 실제의 한국 상황을 상세하게 설명해주기도 한다고 말했다. 한국을 경험한 대만인들은 한국에 관한 제대로 된 정보를 지인들에게 전달해 주고 싶은 욕구가 있었다.

저한테 하는 질문들은 대부분 별로 대답하고 싶지 않은 질문들이에요. 예를 들어서 "한국 여자 다 성형수술 해요?", "한국 오빠 다 그래요?" 아니면, "한국 사람들이 다 속임수나 부정행위를 해요?", "한국 사람들이 뭐든 다 자기네 거인 줄 알죠?" 대부분 이런 질문들이에요. 별로 대답하거나 설명해주고 싶지 않아요. 대부분 대만 사람의 한국 인식은 아직도 한국 드라마, 성형, 화장품, 이런 표상적인 것뿐이에요. 한국의 문화적인 측면에 대해서 전혀 아는 게 없어요. 그들은 대부분 한국에 대해 부정적 인식을 하고 있어요. 만약 상대방이 한국에 대해 편견이 없고, 한국문화에 관심을 가진다면 설명을 해주는데, 그렇지 않으면 굳이 상대하고 싶지 않아요(#26, 28세, 여, 대학원생, 거주 2년, 유학).

이미 한국에 대한 선입견이 있는 사람들에게 이야기해봤자 의미 없는 언쟁만 벌어질 뿐이에요. 그래서 저는 이런 일에 굳이 심력을 기울이지 않으려고요. 특히 이런 사람 중에는 친척들도 있어요. 평소에 만나면 웃으면서 맞이해야 하는 친척들인데, 굳이 이런 화제로 … 어차피 좋아하는 사람은 좋아하고 싫어하는 사람은 싫어하면 되니까. 그들의 눈이 무언가에 가려져 있는데, 제 말 한마디에 그 가리개가 열리는 것도 아니니까요. 저는 시간을 낭비해서 그들의 마음속에 이미 정해져 있는 견해와 맞설 필요가 없다고 생각해요(#2, 32세, 여, 숙박업, 거주 11년, 유학/취직/결혼).

지난 설날 집에 갔을 때 저희 어머니가 그렇게 말을 했어요. "한국의 최저임금이 또 올랐다면서. 대만은 따라갈 수가 없네" 그 말을 듣고 저는 "대만의 물가가 한국보다 훨씬 싼 거 모르세요?" 라고 대답했어요. 그들은 한국의 월급이 높고, 생활 수준이 높다는 것만 보고, 물가가 비싸다는 것에 관한 인식조차 없어요. 이런 식의 보도가 많은데, 저도 어떻게 설명해야 할지 모르겠어요. 누가 물어보면 이야기하는데, 안 물어보면 저도 그냥 알아서 생각하라는 게 더 마음이 편해요(#20, 30세, 여, 대학원생, 거주 2년, 유학).

친구들이 가끔 라인으로 연락하거나 전화했을 때 물어보기도 해요. "대만에서 이런저런 일을 봤는데, 진짜 그런가요?"라고 물어보면 제가 여기의 실제 상황을 이야기 해줘요(#28, 35세, 남, 회사원, 거주 2년 6개월, 취직/유학).

대만인들이 가진 잘못된 인식을 바로 잡고자 적극적으로 자료를 수집한 후 반박하거나 단호하게 잘못된 인식이라고 지적하는 적극적 대응을 취하는 인터뷰 참여자도 존재한다. 인터뷰 참여자들은 대만에서의 왜곡된 한국 보도 또는 루머들이 여전히 많이 존재한다고 말했다. 특히 대부분의 대만인은 한국어를 모르기 때문에 한국 관련 보도의 검증이 어려운 측면이 존재한다. 따라서 일부 한국 거주 대만인들은 이러한 왜곡 보도 또는 루머에 대해 정확한 상황을 알리고자 하는 일종의 정의감으로 관련 정보를 수집하고 정리한 뒤 SNS를 통해 공유했다고 말했다.

가짜뉴스라든가, 예를 들어서 라인에서도 가끔 가짜뉴스들을 주고받잖아요. 심지어 제 어머니도, 예를 들어서 지금 한국에서 대만 노동자를 수입하기 시작한다는 루머들을 받아요. 그런데 그 뉴스는 그저 워킹홀리데이를 말하는 것뿐이에요. 심지어 워킹홀리데이의 최저임금 수준이 한국인과 동일해요. 일부러 이런 말도 안 되는 소문들을 만들어서 혐한 정서를 선동하는 것, 저는 너무 싫어요. 그런데 하필 이런 게 많아요. 그래서 저는 관련 정보들을 수집해서 워킹홀리데이의 모든 관련 협약의 조항들, 노동부에서의 법 조항들 모두 수집해서 일일이 하나하나 정리하고 실제 상황을 밝혀요. 한국어를 모르는 사람들한테 진짜 상황이 어떤지를 보여주는 거죠(#24, 32세, 남, 판매업, 거주 7년, 유학/취직).

얼마 전에 유튜브에서 택시기사와 관련된 논란이 있었을 때 대만의 미디어에서 편파적인 보도를 했어요. 그때 대만 미디어에서는 한국 사람들이 대만 치안이 나쁘다고 쪽팔린다고 이야기했다고 전하는데, 사실 전혀 그렇지 않았어요. 그래서 저는 원래의 한국 보도를 찾아내서 전혀 그런 게 아니라는 것을 설명했죠(#16, 22세, 여, 대학원생, 거주 2년, 유학).

10. 한국 이미지의 파생 공명, 파생 변곡 유발

한국 거주경험이 있는 대만 인터뷰 참여자들의 경험에 따르면 SNS를 통한 한국 생활 공유는 기본적으로 한국 생활에 관한 호기심, 한국 이미지의 변화, 그리고 기존 한국 이미지에 관한 공명효과를 유발하고 있다. 한편, 대만의 지인들이 오프라인에서 인터뷰 참여자들의 한국 지인 또는 가족과의 교류를 경험하기도 했다. 이러한 경험은 대만인들이 한국에 대해 가지고 있는 이미지의 변화를 유발하는 원인이 되기도 했다.

1) 한국 생활 호기심 유발

인터뷰 참여자들의 경험에 따르면, 일부 SNS 팔로워들은 공유된 한국 생활, 특히 한국에서의 여가활동에 대해서 부러워하고 동경하는 반응을 보였다. 그들에게 외국인 한국의 경치와 음식 등은 쉽게 접근할 수 없기 때문이다. 인터뷰에 참여한 대만인들은 SNS에는 한국의 좋은 모습만을 선택적으로 공유하는 경향이 있다고 말했다. 응답자들의 증언을 통해 의도적으로 선택된 한국에 관한 긍정적 이미지가 SNS 팔로워들에게 한국에 관한 긍정적 반응을 유발하는 힘을 가지고 있다는 것을 확인할 수 있었다.

> "좋겠다", "예쁘다", "가고 싶다", "먹고 싶다" 이런 반응들이 많아요. 한국에 관한 동경이 있는 것 같아요. 제 SNS에서 다 아는 친구들이지만, 그들은 "이것 맛있어 보여요", "여기 예뻐 보여요", "좋겠다~~ 부러워요" 이렇게 반응을 해요. 아무래도 그들한테는 외국이고, 또 마침 한국의 좋은 면들, 맛있어 보이는 음식들, 예뻐 보이는 곳 등등 위주로 올리니까 친구들이 동경하는 감정이 생긴 것 같아요(#16, 22세, 여, 대학원생, 거주 2년, 유학).

인터뷰 참여자들의 일부 SNS 팔로워들은 한국 남성에 관한 일종의 동경 감정이 있는 것으로 나타났다. 특히 인터뷰 참여자들의 SNS 팔로워들은 한국 드라마에서 묘사되는 상냥한 한국 남자상을 전형적인 한국 남자상으로 인식하고 있는 경향이 있었다. 비록 인터뷰 참여자는 SNS를 통해 팔로워들에게 모든 한국 남성이 한국 드라마에서 묘사되는 것처럼 행동하지 않는다는 메시지를 전달했지만, 팔로워들은 자신이 보고 싶은 것만 선택적으로 수용하는 양상을 보인다고 말했다.

미디어를 통해 접한 한국 남자의 모습을 SNS를 통해서도 보고 싶어 하고, SNS를 통해 재현된 한국 남성의 긍정적인 면을 보고, 그러한 생각이 더욱 강화되었다. 이에 일부 여성 팔로워들은 한국 남성과 교제하고 싶다는 생각을 표출하기도 했다.

인터뷰 참여자는 여성 팔로워들의 이러한 한국 남성에 관한 환상이 지닌 비이성적인 측면을 언급했다. 남성의 상냥함을 판단하는 기준에서 남성의 행동보다 국적, 즉 한국인이라는 것이 더 중요한 것으로 작용하는 비이성적이라는 것이다. 일부 인터뷰 참여자는 같은 행동을 '한국 오빠'들이 하면 멋있고 스위트한 행동으로 보이고, 대만 남성이 하면 평범하고 보잘것없는 것으로 생각하는 경향이 있다고 말했다.

> 저는 팬 페이지를 통해 한국 사람을 어떻게 만날 수 있냐는 질문의 메시지를 많이 받았어요. 그리고 한국 남자들이 다 그렇게 상냥하냐는 질문도 많았어요. 저는 모든 한국 남자가 다 그러는 거 아니라고 대답했어요. 어느 나라든 좋은 사람이랑 나쁜 사람이 다 존재해요. 그런데 그들은 한국인이 보편적으로 상냥하다는 환상을 가지고 있는 것 같아요. 심지어 많은 사람이 저한테 남편의 친구 중 싱글인 분 있으면 좀 소개해달라는 요구도 많았어요. 진짜 한국 사람과 결혼하고 싶은 사람이 많은 것 같아요. 그리고 그들은 한국 오빠의 상냥하고 다정한 행동들과 관련된 글을 보는 것을 좋아해요. 한국 남자들이 저런 행동을 한 것 보면 "와~ 멋있다~ 스위트하다~" 이런 반응인데, 같은 행동을 대만 남자들이 한다면 그냥 소소(so so)예요(#18, 32세, 여, 판매업, 거주 3년 10개월, 결혼/취직).

한국의 실제 상황에 대해 궁금해하는 SNS 팔로워들도 있었다. 자신이 미디어를 통해 본 한국의 이미지가 실제의 이미지가 일치하는지 확인하고자 하는 것이다. 예컨대, 한국 드라마에서 묘사되는 시집살이가 현실과 일치하는지, 진짜 끼니마다 꼭 김치를 먹는지, 한국 치킨이 맛있는지 등을 확인하고 싶어 했다. 그들은 한국과 대만 간의 문화 차이에 대해 궁금해하고, 한국의 제사 문화 등에 대해서 호기심을 표출하기도 했다.

대만에는 한국에 대한 부정적 고정관념을 가지고 있는 사람들이 다수 존재한다. 그들은 드라마에서 묘사되는 가부장적인 한국 사회, 그리고 시집살이에서의 고부갈등에 깊은 인상을 받았다. 따라서 결혼이주민인 인터뷰 참여자에게 한국 시집의 실제 상황을 확인하려는 사례가 다수 나타나고 있었다. 이들은 인터뷰 참여자를 통해 기존에 미디어 등을 통해 형성되었던 한국의 부정적 이미지와 불일치한 내용을 접하게 될 경우, 의외라는 반응을 표출하기도 했다.

> 다들 저한테 제 시부모님이 매끼에 김치를 꼭 드셔야 하냐고 물어봐요. 그리고 매일 시부모님한테 차를 드려야 하냐고 물어보기도 해요. 저는 우리 집에 이런 문제가 없다고 이야기해주면 "그럴 리가요? 텔레비전에서 다 그렇게 나오는데요? 다른 한국 시집 간 사람들이 쓴 글도 이런데요?"라고 되물어요. 그래서 저는 "우리 집은 달라요"라고 이야기해줘요. 그리고 시부모님이 전통적이지 않으냐고, 며느리가 꼭 하루 세끼를 챙겨야 하냐고, 제사 꼭 해야 하냐고 물어보기도 해요. 제가 대답해주면, 텔레비전에서 나오는 내용이 현실과 다르구나, 잘사는 사람도 있구나, 깨닫게 되죠. 그들은 한국과 대만 간의 문화 차이, 한국 음식, 한국 제사 이런 일상적인 부분에 대해서 매우 관심이 많은 것 같아요. 치킨 사진을 올리면, 이게 진짜 맛있냐고 궁금해하는 반응들이 나와요(#17, 31세, 여, 구직 중, 거주 2년 6개월, 워킹홀리데이, 결혼).

한국 생활을 공유하는 인터뷰 참여자들을 한국 전문가로 간주하고, 한국 관련 정보들을 취득하려는 SNS 이용자들도 다수 존재했다. 그들은 한국에 거주 중인 사람들이 한국 제품을 쓰는 것이 당연하다고 생각하고, 한국에 대해 다 알고 있을 것이라고 예상하는 경향이 있는 것으로 나타났다. 따라서 필요한 한국 정보를 한국에 거주하고 있는 대만인들을 통해 쉽게 취득하고자 하는 SNS 팔로워들이 다수 존재한다고 말했다.

한국에 거주하고 있는 대만인이라고 하더라도 한국에 대해 완벽하게 알 수는 없다. 그리고 한국에 거주하고 있더라도 한국 제품을 꼭 사용하는 것도 아니다. 비록 자신이 아는 한에서 자신의 경험을 공유할 수 있지만, 가끔 자신도 모르는 한국 관련 질문들을 받았을 때 인터뷰 참여자들은 난감해하거나 자료를 찾아줘야 하는 상황에 대해 귀찮다는 반응을 하기도 했다.

> 다들 저한테 한국에 관한 질문을 많이 해요. 그런데 저는 사실 모르는 경우가 많아요. 예를 들어서 "어떤 브랜드의 쿠션이 좋아요?" 이런 질문이요. 한국 화장품에 대해서 저한테 많이 물어보는데, 저는 사실 한국 화장품 안 쓰거든요(#10, 33세, 여, 대학원생, 거주 3년 4개월, 유학/결혼).

> 저는 한국의 맛있는 음식을 (SNS에) 올리면, "이게 어디예요?"라고 물어봐요. 그들은 저를 한국 박사로 간주해요. IG에서의 사진을 캡처해서 저한테 이게 어디냐고 찾아달라는 경우도 많아요(#27, 30세, 여, 주부, 거주 5년, 유학/취직/결혼).

> 가끔 학교 관련된 질문, 한국에 유학하고 싶은 사람이 제 블로그에 와서 유학 관련 정보, 생활 정보 등을 구해요(#25, 25세, 회사원, 거주 2년 6개월, 유학).

2) 한국에 대한 이미지 변화

일부 SNS 팔로워들은 자신의 선입견에 근거하여 한국 생활 포스팅을 판단하는 경향을 보였다. 만약 한국에 대해 긍정적 인식이 있는 팔로워들이 한국의 불합리한 사회상 또는 부정적인 생활 경험에 관한 포스팅을 보게 될 때면, 의외라는 반응을 보이기도 했다.

인터뷰 참여자들에 따르면, 일부 대만인, 특히 20~30대의 여성들은 한국 드라마와 같은 대중문화를 통해 한국에 관한 동경과 환상을 가지고 있다.

그들은 한국에 거주 중인 인터뷰 참여자들의 SNS를 통해서 자신의 기대와 다른 한국의 모습을 접하기도 했다. 예컨대, 한국의 선진적 이미지와 상반되는 국민의 위생, 소양 문제 또는 안 좋은 의료경험 등 자신의 기대와 부합하지 않는 내용을 한국 거주 대만인들의 SNS를 통해 접하게 되면, 의외라는 반응이 나타났다. 이러한 SNS 팔로워들의 반응은 한국에 관한 기존의 이미지가 SNS를 통해 변화될 수 있다는 점을 보여준다.

> 제 팬 페이지에서의 팔로워는 85~90% 다 여자예요. 그래서 한국을 좋아하는 사람들의 약 90% 정도가 여자라는 것을 알 수 있어요. 그리고 연령층이 상대적으로 낮은 편이에요. 20대가 제일 많고요. 그다음은 30대예요. 10대는 아이돌 좋아하는 나이니까 제 팬 페이지에 안 와요. 그들은 대부분 환상을 가지고 한국을 바라보는 거예요. 그래서 가끔 제가 한국의 다른 모습을 공유했을 때, 그들의 환상과 일치하지 않는다면, 되게 놀라는 반응이에요. 그런데 여기서 실제로 살아봐야지 이런 부분들을 겪을 수가 있죠. 조금 더 심층적인 부분은 적어도 1년 이상 살아봐야 알 수가 있어요 (#24, 32세, 남, 판매업, 거주 7년, 유학/취직).

> 조금 충격적인 문화, 예를 들어서 침을 뱉거나, 손을 안 씻거나, 남녀의 불평등 등등. 보는 사람들은 "엥?! 거기서 그래요?" 상상과 다르다는 반응이 대부분이에요. 제가 충격받았으니까 제 주변 사람들도 충격을 받겠죠. 그래서 "에? 어떻게 그래요?", "거기는 그렇군요!" 등등 좀 놀라운 말투로 댓글을 남겨요(#20, 30세, 여, 대학원생, 거주 2년, 유학).

> 여기서 불편한 의료경험을 (SNS에) 올렸어요. 다른 국가 사람

들이 한국이 오면 만족스러운 의료경험을 느낄 수도 있지만, 대만의 의료시스템이 너무 편리해서 그런지 우리는 좋다고 느끼지 못해요. 그들이 못하는 것이 아니라, 물가지수가 높아서 당연히 의료비도 비쌀 수밖에 없어요. 하지만 제가 받아야 할 서비스 태도와 진료 태도는 그 비싼 비용에 미치지 못한다고 생각해요. 저의 의료경험을 본 사람들은 "한국이 선진국인 줄 알았는데 왜 이런 일이 있지?"라는 반응을 보였어요(#6, 35세, 여, 주재공무원, 거주 3년, 직장).

3) 한국 이미지에 관한 공명효과 유발

SNS를 통한 공명효과의 유발은 두 가지 다른 성격의 사람들에게서 발생하는 것으로 나타났다. 하나는 한국에 관한 이해가 없으나 부정적인 고정관념을 가진 사람들이다. 다른 하나는 공유한 내용과 같은 한국 경험을 가진 사람들이다. 먼저, 한국에 대해 부정적인 고정관념을 가진 사람들의 경우에는 한국에 대한 부정적 포스팅을 한국에 대한 자신의 부정적 인식을 합리화하기 위한 수단으로 삼고 있었다. 즉, 자신이 가지고 있던 선행 인식이 역시 정확하다는 식으로 합리화하는 방식의 이른바 '상상의 공명' 현상이 발생한다는 것이다.

예컨대, 한국에 구정 같은 명절이 있는 사실을 모르는 대만 사람들은 이러한 사실을 알게 된 후, 과거 대만에서 만연했던 가짜뉴스로 형성된 한국의 '문화 약탈자'의 이미지(阿圖賽, 2017. 01. 24)를 연상하기도 한다. 결과적으로 대만에서의 가짜뉴스에 노출된 경험을 가진 대만인들은 한국의 명절을 '문화 약탈국'이 만든 또 다른 문화 약탈의 사례로 인식하기도 한다. 한국에 대한 부정적인 인식을 하는 사람들은 한국 거주 대만인들의 SNS를 통해 한국의 부정적 사례를 접할 때, '한국이니까'라는 반응을 보이는 경우가 존재한다. 즉, 한국에 거주하는 사람들의 실질적 경험은 한국에 대한 자신의 부정적 이미지를 확증하기 위한 용도로 활용되는 경우가 다수 존재하는 것으로 나타났다.

> 대부분 남자가 한국을 싫어하는 것 같아요. 가끔 저보고 구정 때 대만 돌아오냐고 물어보는 사람들이 있어요. 다들 한국에도 구정이 있는 걸 놀라워해요. 제가 한국에도 구정이 있다고 이야기하면, "표절이 철저하네요! 그들도 구정이 자기 거라고 하겠죠. 하하" 이런 대답이 나와요. 어차피 안 좋은 일이 한국과 연결되면 다 한국의 문제라고 생각하고, 대만의 (왜곡된) 보도가 맞다고 생각하고 인터넷에서 보는 것(한국의 부정적 진술)들도 다 맞다고 생각해요(#10, 33세, 여, 대학원생, 거주 3년 4개월, 유학/결혼).

> 재수 없는 일을 (SNS에) 올리면 밑에서 "한국이니까~" 이런 댓글이 나와요. 보통 한국에 온 적 없는 사람들이면 좀 더 편파적인 인식이 있는 것 같아요(#4, 32세, 여, 외식 음료업, 거주 8년, 유학/취직).

한국 거주 대만인들의 SNS 팔로워 중에서도 한국 방문, 거주 또는 한국인과 결혼한 경험을 가진 대만인들이 존재한 것으로 나타났다. 결과적으로 인터뷰 참여자들이 공유한 내용과 같은 한국 경험을 가진 사람들은 한국에 대한 부정적 포스팅의 내용을 몸소 체험한 것처럼 공감하게 되는 반응을 보였다. 이 과정은 이른바 '실질적 공명' 현상이 발생한 것이라고 평가될 수 있다.

> 여기서 한동안 사는 대만 사람들이면 공감을 많이 해요. 그들도 저와 같은 느낌이에요. 여기가 살짝 겉보기는 화려하지만, 내용은 형편이 없다는 느낌이 든다고들 해요(#6, 35세, 여, 주재공무원, 거주 3년, 직장).

제 SNS에도 다른 한국 남편을 가진 대만 사람들이 있어요. 가끔은 비슷한 경험을 본다면 서로 공감하기도 하고 자신의 경험을 공유하기도 해요(#22, 34세, 여, 학생, 거주 2년, 결혼/어학원).

저는 한국의 담배문화와 관련된 글을 올렸을 때, "걸어가면서 피우는 사람은 세상 저질이다", "한국에서 바닥에 담배꽁초가 가득한 것을 봤어요.", "그들에게 담배를 끊으라고 하는 것이 그렇게 어려운 일인가 봐요." 등 많은 피드백을 받았어요(#7, 35세, 남, 회사원, 거주 11년, 유학/취직).

4) 한국인과 교류를 통한 한국 이미지 변화

SNS라는 온라인 공간뿐만이 아니라, 오프라인 공간에서도 인터뷰 참여자들의 가족 또는 지인들의 한국에 대한 이미지 변화가 나타나고 있었다. 예컨대 인터뷰 참여자인 대만인들은 그들의 대만 가족과 지인이 한국의 가족, 지인들과 교류하는 경험을 하게 되면서 한국에 대한 부정적 이미지가 수정되는 현상이 나타났다고 말했다.

즉 인터뷰 참여자들이 한국을 방문하기 전, 한국에 관한 관심 유발의 계기가 존재했던 것처럼, 인터뷰 참여자 스스로도 다른 대만인들의 한국 관심 유발의 계기가 되는 것으로 나타났다. 다시 말해 인터뷰 참여자들은 대만 가족들과 한국 가족들 사이의 가교(架橋) 역할을 하고 있었다.

인터뷰 참여자를 통해 그의 부모님과 친척들은 한국 방문 또는 한국인을 직접 만날 기회가 생겼고, 한국인에 관한 이해를 증진할 기회를 가질 수 있게 된 것이다. 이러한 실질적 문화적 접촉과 교류를 통해 인터뷰 참여자들의 대만 지인들은 한국 드라마를 시청하기 시작하고, 한국 관광, 한국 음식 등에 관심이 생기기 시작했다는 증언도 있었다. 결과적으로 인터뷰 참여자들의 문화적 접촉은 대만 가족과 지인들의 한국에 대한 이미지의 변화 원인이 되었음을 확인할 수 있다.

제 부모님의 인식이 많이 바뀌었어요. 그들의 예전 인식은 한국 남자들이 아내를 때린다는 거였잖아요. 하지만 제 남편을 만나고 나서 괜찮은 사람이라고 느꼈어요. 그리고 한국에 놀러 오니까 한국이 꽤 편리하다는 등 이미지가 많이 좋아졌어요. 저의 친한 친구들도 열린 마음으로 한국에 대해 이해하려고 해요(#9, 29세, 여, EPIK 영어교사, 거주 6년, EPIK 교사/결혼).

저를 통해서 제 가족들이 한국인에 관한 인식이 많이 바뀌었어요. 한국 사람들이 나름 가정적이라고 느껴졌어요. 물론 조금 가부장적이지만 가정적이고 책임감이 있다고, 제 부모님이 제 남편과 교류하면서 그렇게 느껴졌어요. 친척들도 점점 한국을 좋아하게 됐어요. 처음에는 혐한 정서를 가졌지만, 이제는 한국을 이해하려고 관심을 보여주네요. 어머니도 한국 드라마를 보기 시작했어요. 이제 관심을 가지기 시작하니까 한국을 괜찮게 보기 시작했어요. 마침 요즘 한국풍이 유행하니까 한국에 놀러 오기도 했어요. 가끔은 김치 좀 보내달라는 요청도 해요(#27, 30세, 여, 주부, 거주 5년, 유학/취직/결혼).

한국에 관한 경험의 구조적 기술

도출된 의미 단위들을 범주화한 주제들은 <표 5>에서 제시한 바와 같이 '한국 방문 이전 나의 한국 이미지', '한국 방문 이후 나의 한국 이미지의 변화과정', 'SNS를 통한 나의 한국 생활 공유(반향) 과정', 그리고 '나의 한국 생활 공유(반향)에 따른 대만 소중(小衆)의 한국 이미지 재형성' 등으로 정리될 수 있다. 이 절에서는 앞서 분석한 의미 단위들을 바탕으로 범주화한 주제들의 구조적 기술을 통해 한국 거주 대만인들의 한국 이미지 형성과정, 그리고 SNS를 통한 한국 이미지의 반향, 반향의 효과 등의 상황과 맥락을 제시하고자 한다.

〈표 5〉 의미들의 주제 범주화

주제 범주	의미 단위
한국 방문 이전 나의 한국 이미지	제한된 미디어 정보에 근거한 피상적 이해
	문화적 경험 확대에 따른 이해도 증진
한국 방문 이후 나의 한국 이미지 변화과정	한국 방문 초기: 양면적 이미지의 형성
	한국 생활 적응기: 가상과 현실, 공명과 변곡의 교차
	한국 생활 안정기: 변화, 그리고 동화
SNS를 통한 나의 한국 생활 공유(반향) 과정	한국 생활 기록 동기
	삶의 일부분으로서 한국 생활 공유

SNS를 통한 나의 한국 생활 공유(반향) 과정	의도적, 선택적 한국 생활 공유
나의 한국 생활 공유(반향)에 따른 대만 소중(小衆)의 한국 이미지 재형성	소중(小衆)에 관한 영향력 행사
	한국 이미지의 파생 공명, 파생 변곡 유발

1. 한국 방문 이전 나의 한국 이미지

한국 방문 이전 대만인의 한국 이미지 형성과정은 '제한된 미디어 정보에 근거한 피상적 이해'와 '문화적 경험 확대에 따른 이해도 증진'이라는 2단계로 구분할 수 있다. 먼저 '제한된 미디어 정보에 근거한 피상적 이해'의 경우, 대만인이 한국에 대한 이미지를 형성하기 위한 정보원이 없거나 제한적인 상황을 의미한다. 이러한 상황은 1992년, 대만과 한국 간의 단교 이후 발생하는 교류의 단절에 기인한 것으로 판단된다.

20대와 30대로 구성된 이 연구의 인터뷰 참여자들은 대만과 한국의 단교를 직접 경험하지 않은 세대들이다. 이들은 단교와 관련해 한국에 대한 부정적인 인식을 형성할 가능성이 작다. 그러나 단교 이후 한국과 대만 간의 교류 단절로 인해 응답자들은 한국이라는 국가를 매우 낯설어했다. 이들에게 한국은 지리적 명사에 불과한 경우가 많았다. 즉 한국에 관한 정보를 전달해 줄 정보원이 없는 경우 한국에 관한 인식이나 이해가 전혀 없거나 매우 간단한 상식 정도의 수준에 머물러 있는 것으로 나타났다.

그리고 10년 가까이 양국 간 교류 공백기를 두고, 인터뷰 참여자들의 연령대별로 한국에 관한 관심도의 차이도 나타났다. 20대의 여성 인터뷰 참여자들은 한류를 비교적 어린 나이에 접했고, 한류에 관한 관심도가 30대 여성들에 비해 높은 것으로 나타났다. 반대로, 대부분의 30대 여성들은 2000년 초반부터 한류가 유행하기 시작한 것을 인지하고 있음에도 불구하고 크게 관심을 가지지 않은 것으로 나타났다.

주목할 만한 점은 인터뷰 참여자들의 주변 사람들, 특히 그들의 부모, 친척 등 어른들의 부정적 한국 인식이 과거 대만과 한국의 정치·경제적 상황, 단교의 역사, 그리고 부정적인 문화 고정관념에서 파생된 경우가 많았다는 것이다. 중요한 것은 이러한 주변 사람의 경험이 자신의 부정적 한국 이미지 형성으로 이어지게 되는 경우가 존재했다는 것이다.

한편, 대만 미디어는 한국의 강한 승부욕과 애국심, 그리고 배타적 민족성 등을 강조하고 각인시키는 경우가 많은 것으로 나타났다. 인터뷰 참여자들은 이러한 보도에 대해 모두 잘 아는 것으로 나타났다. 그리고 연령대와 성별과 상관없이 이러한 부정적으로 보도되는 한국 관련 보도를 보고 부정적인 인식을 형성하거나 한국을 비판적인 시각으로 비난하는 경험들이 있었다고 했다. 대만 미디어 속에서 전달되는 한국 대중문화는 캐릭터의 성격적 특성, 외모, 패션 등 표면적인 이미지들만 대만인의 인식에 부각시키는 경우가 많았다. 결과적으로 '제한된 미디어 정보에 근거한 피상적 이해' 단계에서 형성된 한국 이미지는 단편적이고 표면적인 이미지인 것으로 확인할 수 있다. 주목할 만한 점은 한국 이미지의 형성은 미디어를 통해 형성되기도 하지만 주변 사람들의 인식, 그리고 보편적으로 조성된 사회 분위기 등의 요소들도 영향을 미칠 수 있는 것으로 나타났다는 것이다.

특히 대만의 경우 24시간 뉴스 채널이 무려 7개나 존재한다. 인구 2,400만 명 미만의 작은 섬에서 실제로 생산할 수 있는 뉴스의 양은 많지 않다. 하지만 대만 뉴스 채널들의 과도한 시청률 경쟁으로 선정주의가 대두되고 있으며, 방송 시간을 채우기 위해 같은 뉴스를 지속해서 반복 방송하는 현상이 보편적이다(이정기·황우념, 2016). 이러한 미디어 환경에서는 특정한 여론이 전 사회적으로 퍼져나가기 쉽다. 따라서 한국에 관한 인식이 부족하고 관심도도 높지 않은 대만인의 경우, 한국 관련 보도 등 미디어 메시지와 미디어가 조성한 여론이 한국에 대한 이미지를 형성하는 데에 큰 영향력을 행사한다고 추론할 수 있다.

다음 단계인 '문화적 경험 확대에 따른 이해도 증진'에는 인터뷰 대상자들의 한국 관심 유발 계기가 드러난다. 인터뷰에 참여한 대만인들은 한국어학습과 한국인과의 교류로 인한 경험 확대로 한국에 관한 관심이 유발되는 것으로 나타났다. 그리고 한국에 관한 관심은 한국 관련 정보와 궁금증을 능동적으로 탐색하고 이해하는 과정으로 발전되는 것으로 나타났다.

즉 인터뷰 참여자들이 문화적 접촉으로 인해 유발되는 한국에 관한 관심은 '진정한 한국'을 이해하려는 원동력이자 기존에 미디어와 주변 사람들에 의해서만 형성되어 왔던 한국에 대한 부정적 이미지를 타파하는 과정이기도 하다. 그들은 더 열린 마음과 개방적인 태도를 보이고 '진정한 한국'을 이해하려는 준비가 되어있으며, 이를 능동적으로 실천했다.

또한, 한국어학습과 한국인과의 교류 등 문화적 접촉은 인터뷰 참여자들에게 새로운 정보원을 제공하기도 했다. 한국어학습은 인터뷰 참여자들에게 한국의 정보를 직접 검색할 수 있는 능력을 갖추게 하고, 한국인과의 교류는 새로운 정보원이 생기는 것이기 때문이다. 따라서 한국 정보의 능동적 탐색 과정에서 인터뷰 대상자들은 과거에 의심했던 한국 관련 루머에 대해 직접 검증하기도 하고, 대만 미디어에 의해 형성된 잘못된 인식을 바로잡기도 했다.

2. 한국 방문 이후 나의 한국 이미지 변화과정

한국 거주 대만인들은 한국 방문 경험을 통해 기존에 가지고 있던 한국 이미지가 변화되는 과정을 경험하게 된다. 인터뷰 대상자들의 한국 방문, 한국 생활 후의 한국 이미지 변화과정은 크게 세 가지 단계로 정리할 수 있다.

첫째, '한국 방문 초기: 양면적 이미지의 형성' 단계다. 이 단계에서 응답자들은 한국에서의 장기 거주보다 단기 관광 또는 단기 언어연수로 방문한 경우가 대부분이다. 따라서 이 단계에서의 한국 이미지는 대부분 관광, 음식, 쇼핑, 도시 분위기, 길에서 만난 행인 등에 국한되어 있다. 깊이 있는 이미지라고 볼 수는 없다. 그런데도 이들은 한국의 단기 방문을 통해 한국에 관한 양면적 인식을 형성하게 된 것으로 나타났다.

이들은 한국의 이미지 포장 능력, 문화콘텐츠와 관광의 결합 등에 대해 긍정적으로 평가했다. 그러나 포장된 한국의 이미지와 현실 한국의 이미지가 일치하지 않는다는 의견도 있었다. 예컨대, '한국어만 쓰는' 획일적인 사회 분위기는 한국 문화콘텐츠에서 강조하고 있는 국제화 이미지와 부합하지 않는다는 지적이 있었다. 그리고 한국에서의 관광과 쇼핑, 현대화된 도시에 대해 긍정적인 이미지를 형성하기도 했지만, 선진국이라는 이미지에 부합하지 않는 국민 소양의 문제에 의해 부정적 이미지를 형성하게 된 경우도 많았다.

둘째, '한국 생활 적응기: 가상과 현실, 공명과 변곡의 교차' 단계다. 이 단계에서 인터뷰 대상자들은 한국에 정착되면서 더 많은 한국인과 접촉하고 관계를 형성하는 과정을 경험했다. 이들은 한국인과의 상호작용을 통해 한국의 사회상, 한국인의 인간관계와 사고방식, 대만과의 차이 등을 경험하게 됐다.

예컨대, 한국은 대만과 달리 불평등한 사회 구조가 있고, 사회적 불합리성이 존재한다. 집단성, 배타성, 그리고 한국인과의 인간관계 형성에 진입장벽도 높은 편이다. 대만보다 경쟁의식이 강한 면이 있고, 경제활동의 명암 등을 경험하게 됐다. 그리고 인터뷰 대상자들은 한국에 생활하면서 대만과 다른 회식 문화, 안정적 거리감 인식의 차이, 조급한 성향으로 인한 '빨리빨리' 문화, 음식 문화의 차이 등도 경험하게 됐다. 아울러 한국이 가진 선진국 이미지와 달리, 시민들의 기초소양이 부족하다고 평가하기도 했다. 그러나 인터뷰 대상자들은 한국 생활의 편리성과 정부의 외국인 정책 등의 측면에 대해 긍정적으로 평가하기도 했다.

이 단계에서 인터뷰 참여자들은 자신의 생활 경험을 통해 기존의 한국 이미지를 보완하고 자신만의 '완전한 한국 이미지'를 형성한다. 즉 과거 대만에서 형성되어 왔던 한국 이미지가 실생활에서 끊임없이 검증을 받게 되는 과정을 경험한다. 따라서 그들은 기존에 형성하고 있던 한국에 대한 이미지를 실제 생활과정에서 형성된 한국에 대한 이미지와 비교하는 숙고의 과정을 통해 기존의 이미지를 강화하거나 수정하는 과정을 경험하게 됐다.

과거 미디어를 통해 형성된 한국 이미지들은 실제 한국 생활과정에서 강화(고착화)되는 경우가 많았다. 그리고 이러한 이미지의 강화는 한국에 대한 부정적인 이미지일 때 나타나는 경우가 많았다. 예컨대 인터뷰 대상자들은 한국에서 겪었던 부정적 경험들이 기존 미디어에서 봤던 내용과 유사하거나 일치한다고 판단될 때 이를 한국의 문제로 일반화시키는 경향이 있었다. 한국의 부정적 이미지가 강화된다는 것이다. 반면, 미디어 속의 한국 이미지와 한국 생활과정에서 경험한 현실 속 한국 이미지가 불일치할 때, 한국 이미지를 수정하는 과정도 빈번하게 나타났다.

흥미로운 점은 대만인들이 한국 생활을 하는 과정에서 한국 이미지 형성의 초점이 한국이라는 '국가'에서 '한국인'으로 전환되었다는 것이다. 즉 이들은 대만에 있을 때 형성되었던 한국 이미지는 상대적으로 추상적, 표피적, 거시적이었다. 그러나 한국에 와서 실제로 생활하는 과정에서 그들이 경험하는 한국의 이미지는 실제로 '한국인'들과의 상호작용과정에서 나타난 구체적, 내면적, 미시적인 것이었다.

특히 인터뷰 참여자들은 한국 생활에서의 불평등한 사회상과 사회적 불합리성, 그리고 한국 사회의 집단성, 배타성과 인간관계 진입장벽 등에 관해 다방면적이고 상세하게 서술했다. 한국 생활과정에서 모든 인터뷰 참여자는 나이, 성별, 직업 등의 차이가 있음에도 불구하고 한국 사회를 대체로 부정적이고 힘겨운 편으로 느낀 것이 확인되었다. 외국인으로서의 이국 생활에는 새로운 언어 구사의 적응, 다른 문화의 적응과 새로운 인간관계를 형성하는 과정에서 불가피하게 다양한 어려움을 겪을 수밖에 없다. 그리고 이러한 어려움 속에서 대만에 관한 향수를 유발하기도 했다. 따라서 이들은 끊임없이 자신의 한국 경험을 대만과 비교했다. 그리고 이러한 과정을 통해 대만의 좋은 점들을 되새기곤 했다.

하지만 인터뷰 참여자들의 대-한국 정서는 꼭 부정적인 것만은 아니다. 비록 그들의 한국 적응과정에서 많은 어려움을 겪었지만, 대부분의 어려움은 자신의 노력을 통해 극복하고 적응할 수 있었다. 인터뷰 참여자들이 한국에서 좋은 점으로 뽑은 한국의 생활 편리성 등은 그들의 한국 이미지에서 차지하는 비중이 여타 부정적 인식보다 상대적으로 적은 편이다. 하지만 한국이라는 국가에 마련되어 있는 좋은 인프라, 편리한 생활 방식, 좋은 치안 환경, 그리고 잘 마련되어 있는 외국인 복지와 혜택 등 환경적인 요소들은 오히려 그들에게 한국을 선택하고 오래 머물게 하는 중요한 요소일 가능성이 크다.

셋째, '한국 생활 안정기: 변화, 그리고 동화'의 단계다. 이 단계에서 한국 생활에 적응하게 된 대만인들은 자신의 한국 경험이 누적되면서 자신의 사고방식, 같은 일에 관한 관점의 변화가 생기는 것을 경험하게 된다. 그리고 이들은 점점 한국 생활과 한국인에게 '동화'가 되는 경험을 하게 된다. 즉 인터뷰 대상자들의 한국 생활이 일상이 되면서 한국인과 비슷하게 행동하게 되어 살아가는 현상이 나타났다. 그리고 과거에는 제3자의 입장으로만 한국을 바라보았지만, 한국 생활이 누적되는 과정에서 자신도 한국에서 생활하고 있는 일원이 되고, 한국을 바라보는 시각도 바뀌었다고 했다. 이들은 한국에 관한 이해와 통찰력이 더해지면서 한국에서 일어나는

'현상'들에 대해 더 깊이 있게 관찰하고 심층적으로 분석할 수 있는 능력을 갖추게 되기도 했다.

3. SNS를 통한 나의 한국 생활 공유(반향) 과정

한국 거주 대만인들의 한국 이미지 반향과정, 즉 한국 생활 공유는 동기적 차원(한국 생활 기록 동기)과 내용적인 차원(삶의 일부분으로서 한국 생활 공유, 의도적·선택적 한국 생활 공유)으로 구분할 수 있다. 동기적 차원의 '한국 생활 기록 동기'의 경우, 대만인들은 SNS의 특성과 개인의 주관적 판단에 따라 SNS 공유 내용을 차별적으로 선택하는 것으로 나타났다. 예컨대, 인스타그램은 사진, 트위터는 사회이슈, 페이스북의 팬 페이지는 개인 계정과 구분되는 공간으로 활용되고 있었다.

이러한 차별적 공유 행태는 SNS 이용자의 공유 동기와 그들이 보여주고자 하는 내용의 형식, 그리고 그들이 보여주고자 하는 대상에 관한 종합적인 고려의 결과라고 볼 수 있다. 즉 반향의 과정에서 정보제공자로서의 SNS 이용자들은 메시지를 전달할 때, 목적과 특정 목표 대상을 상정하고 있는 것으로 추론할 수 있다. 결과적으로 인터뷰 대상자들의 한국 생활 공유 동기는 일상에 관한 기록, 정보 제공, 지인들에게 안정적 생활 상태의 전달, 과시 등인 것으로 나타났다.

한국 생활 공유의 내용적인 차원에서 살펴보면, 대만인들의 SNS 공유 내용은 '삶의 일부분으로서 한국 생활 공유'와 '의도적, 선택적 한국 생활 공유'라는 두 가지 측면으로 구분할 수 있음을 확인할 수 있다. 구체적으로 '삶의 일부분으로서 한국 생활 공유'는 개인의 일상기록, 그리고 자신의 관심사에 관한 내용이 주를 이루고 있음을 확인할 수 있다.

즉, 한국 생활의 공유가 '한국'이 아닌, '나'의 생활에 관한 공유라는 것이다. 따라서 한국 생활과정의 작은 에피소드, 여가활동, 자기 생각과 기분에 관한 기록, 그리고 음악, 영상, 사회적 이슈 등 자신의 관심사들이 주요 공유 내용이 되고 있었다. 결과적으로 한국 거주 대만인들의 '한국'에 관한 반향(SNS 공유 행위)은 특별한 경험의 공유가 아닌 그들의 일상의 공유라고 인식하고 있었다. 아울러, 그들의 일상을 공유하는 과정에서 자연스럽게 한국이 지인들에게 소개되고 있었고, 이러한 일상의 노출은 대만인들에게 한국에 관한 심층적, 다각적인 관점을 유발해 낼 가능성을 가지고 있었다.

주목할 만한 점은 결혼이주민들과 한국인과 결혼하지 않은 인터뷰 참여자들의 생활에 관한 공유 내용에서 차이가 존재했다는 것이다. 기본적으로 결혼이주민들의 경우에는 '가정', '가족' 등 친근한 이미지들의 내용을 많이 다루는 반면, 한국인과 결혼하지 않는 인터뷰 참여자들은 상대적으로 주제가 다양했다. 이들은 한국 생활에서 겪은 부정적인 경험에 관한 공유를 상대적으로 꺼리지 않는 것으로 나타났다. 그리고 젊은 층인 20대 유학생들은 한국 사회에서 일어나고 있는 각종 사회적 이슈에 대해 더 많은 관심이 있는 것으로 나타났다.

이처럼 인터뷰 참여자들의 반향 행위는 그들의 사회적 위치에 따라 차이가 존재한다. 하지만 모든 인터뷰 참여자는 자신의 경험을 바탕으로 하는 반향 행위를 통해 일반 대만인들에게 '한국 이미지'

를 깨트리고 싶은 의도를 잠재적으로 가지고 있었다. 즉 그들은 자신들만의 방식으로 한국은 '꼭 그렇지 않다'라는 메시지를 전달하려는 공유의 동기가 있었다. 예컨대, 결혼이주민들의 경우에는 화목한 가정생활의 공유를 통해 대만인들이 보편적으로 가지고 있는 가부장적이고 고부간의 갈등이 심한 한국 가정의 편견을 줄이고자 한다. 그리고 다른 인터뷰 참여자들은 부정적인 한국 생활 경험의 공유, 한국의 사회적 이슈에 관한 공유 등을 통해 '진정한' 한국의 '다양한' 모습을 다른 대만인들에게 전달하고자 하는 욕구가 있다.

일상에 관한 기록 외에도 '의도적, 선택적 한국 생활 공유'가 나타나기도 했다. 예컨대, 자신이 유용하다고 판단한 한국 관련 정보를 공유하거나 대행구매를 위해 정보를 공유하기도 했다. 그리고 한국 생활의 부정적 내용의 공유를 회피하는 등 선택적 한국 정보 공유 행위가 나타나기도 했다.

한국의 생활 정보, 관광 정보, 음식 정보 등 정보의 속성이 강한 내용의 공유와 상품 대행구매 등 상품 관련 정보의 공유 등은 기본적으로 개인 계정보다 팬 페이지 또는 그룹의 형식을 통해 공유되고 있는 것으로 나타났다. 즉, 정보성이 높은 한국 정보는 해당 정보에 관한 관심 정도가 높은 상대들에게만 제공되고 있었다.

일부 인터뷰 참여자들, 특히 한국인과 결혼한 결혼이주민들은 한국 생활에 대한 부정적 내용의 공유를 의도적으로 회피하거나 제한적으로 공유하는 경향을 보인다. 인터뷰 참여자들은 기본적으로 대만에서 아직도 한국을 부정적으로 생각하는 사람들이 많이 존재한다는 것을 인지하고 있었다. 따라서 그들이 부정적인 한국 생활 공유를 회피하는 이유는 무심코 올린 한국 비판 내용이 혐한 정서를 돌우는 악효과로 나타나거나 해당 포스팅이 문제 해결에 도움이 되지 않고, 해당 포스팅 때문에 지인들의 걱정거리가 되고 싶지 않다는 생각에 근거한 것이었다.

이들은 결혼이주민으로서 스스로 한국을 자신과 밀접한 관련이 있는 국가라고 생각하고 있었다. '남'이 아닌 국가로 인식하고 있었다. 이러한 상황은 한국에 대한 부정적 이미지가 자신의 이미지와도 연결되어 있다는 판단으로 이어지고 있었고, 이에 의도적으로 한국에 대한 부정적인 내용 공유를 회피하는 현상이 유발되고 있었다. 한편, 결혼이주민이 아니더라도 자신의 이미지 관리 차원에서 '늘 컴플레인만 하는 사람', '위로받고 싶은 사람'으로 보이지 않으려고 부정적 내용의 공유는 24시간만 유지되는 방식으로 제한적으로 공유한 상황도 나타났다.

이처럼 비록 개개인의 신분 차이, 한국과의 연계성 정도의 차이에 따라 공유한 내용에 관한 고려 사항의 차이가 존재하지만, 결과적으로 한국에 거주하고 있는 인터뷰 대상자들은 의도적으로 한국 관련 부정적 내용의 공유를 회피하는 경향이 있는 것으로 나타났다.

4. 나의 한국 생활 공유(반향)에 따른 대만 소중의 한국 이미지 재형성

한국 거주 대만인들의 SNS를 통한 한국 생활 공유는 '소중(小衆)에 관한 영향력 행사'를 위한 것이다. 공유 내용이 불특정 다수의 대중(大衆)이 아니라 제한적 소중(小衆)에게만 도달하고 있다는 것이다.

그들의 SNS 공유 대상은 가까운 가족과 지인, 그리고 한국에 관해 관심을 두고 있거나 비슷한 관점을 가진 사람으로 제한되고 있는 것으로 나타났다. 따라서 그들은 공유 내용에 관한 공격적인 피드백이 많지 않다고 말했다. 공유 내용에 관한 공격적이고 무례한 피드백이 발생하면, 인터뷰 대상자들이 해당 팔로워를 '친구 취소(언팔로우)'하기도 했다.

응답자들 스스로도 자신이 공유한 내용의 영향력이 제한적이라는 것을 발견했다. 예컨대, SNS 팔로워들은 자신의 견해와 다른 내용의 포스팅이 업로드될 경우 거의 반응이 없으나, 견해와 가까운 내용의 포스팅이 업로드될 경우 피드백이 활발한 경우가 많다는 것이다.

인터뷰 대상자인 대만인들은 개인의 성향에 따라 자신의 SNS를 팔로우하는 대만인들의 혐한 인식에 대해 차별적으로 대응하는 것으로 나타났다. 소극적 대응의 대부분은 상대방의 선입견이 강할 때 발생하고 있었다. 자신이 설명해도 상대방이 받아들일 가능성이 작다고 판단되면, 상대방과의 관계유지 등을 고려하여 굳이 상대하지 않는 것으로 나타났다.

그러나 상대방의 태도가 상대적으로 중립적이고 한국에 관한 호기심을 가지고 있는 경우라면 피동적으로 답변을 하기도 했다. 아울러 대만 사람들의 잘못된 인식을 바로 잡기 위해 적극적으로 자료를 수집하여 반박하거나 단호하게 잘못된 인식이라고 지적하는 등의 적극적 대응을 취하는 예도 있었다.

인터뷰 대상자들의 한국 생활 공유, 즉 한국 이미지의 반향에 관한 효과는 '한국 이미지의 파생 공명, 파생 변곡 유발'로 도출되었다. SNS 한국 생활 공유에 관한 반응은 기본적으로 한국 생활에 관한 호기심 유발, 한국 이미지의 변화, 그리고 한국 이미지의 공명 효과 이 세 가지로 정리될 수가 있다.

호기심 유발의 경우에는 공유된 내용에 대해 부러워하고 동경하는 반응을 보이는 것으로 나타났다. 그들은 한국의 실제 상황과 미디어에서 재현된 상황이 일치하는지도 궁금해했다. 아울러 한국 생활을 공유하는 정보원을 한국 전문가로 간주하고 관련 정보를 구하려는 현상도 나타났다. 한편, 일부 SNS 팔로워들은 인터뷰 대상자들이 공유한 한국의 불합리한 사회상 또는 부정적인 생활 경험에 대해서 의외라는 반응을 보이기도 했고, 그 과정에서 한국에 대한 이미지 변화가 나타나기도 한 것으로 확인되었다.

SNS를 통한 공명효과는 두 가지 맥락에서 발생했다. 먼저, 한국에 대해 부정적인 고정관념을 가진 대만인들의 경우에는 한국에 관한 자신의 부정적 인식을 합리화시키려는 수단으로 SNS 포스팅을 활용하고 있었다. 즉, 자신이 가지고 있던 한국에 관한 인식이 역시 정확하다는 식으로 자신을 합리화시키는 '상상의 공명' 현상이 발생하는 경우가 나타났다. 한편, 공유한 내용과 유사한 한국 경험을 가진 대만인들은 SNS를 통해 공유된 현상에 대해 자신이 직접 체험한 것처럼 공감하는 예가 있었다. '실질적 공명'의 현상이 발생하는 경우가 나타난 것이다.

일부 대만인들은 SNS라는 온라인 환경에서뿐만 아니라, 오프라인 환경에서 한국 이미지의 수정 현상이 발생하기도 했다. 예컨대 한국 경험을 가진 대만 응답자들은 자신의 대만 가족과 지인이 한국 가족(지인)들과 교류하면서, 한국에 대한 부정적 이미지를 수정하는 과정이 나타났다고 증언하기도 했다. 인터뷰 대상자가 대만과 한국 간의 가교(架橋)역할을 하면서 대만 가족과 지인들의 문화적 접촉 경험을 촉발했다는 것이다. 나아가, 인터뷰 대상자를 통해 경험한 한국의 문화적 접촉은 대만 가족과 지인들에게 한국에 관한 관심을 유발하는 계기가 되기도 했다.

한국에 관한 경험의 통합적 기술:
재한 경험의 의미와 본질에 관한
4가지 흐름

한국 거주 대만인들의 한국 이미지 형성의 전 과정, 그리고 SNS를 통한 한국 이미지의 반향과정, 반향의 효과 등 경험에 깔린 의미와 본질은 크게 네 가지 흐름으로 나타난다.

　첫째, 한국 이미지 형성과정에 있어서 '한국 방문 이전 나의 한국 이미지'는 대만인들의 미디어 노출 경험이 단면적인 측면에서 한국 이미지 형성에 기여하는 것으로 나타났다. 특히 대만의 미디어 환경은 특정한 여론을 조성하기에 쉬운 편이다. 대만의 방송 시장은 과도한 시청률 경쟁으로 인해 선정주의가 대두되고 있다. 그리고 24시간 뉴스 채널의 편성 시간을 채우기 위해 같은 내용을 반복적으로 방송하는 경우가 다수 존재한다(이정기 · 황우념, 2016). 결과적으로 미디어 메시지와 미디어로 조성한 여론(주변 사람의 인식)이 협력적으로 대만인들의 한국 이미지 형성에 큰 기여를 하는 것으로 나타났다. 이는 문화계발 효과가 확인된 것으로 볼 수 있다.

　그런데 한국어학습 또는 한국인과의 교류 등 문화적 접촉이 한국에 관한 관심을 유발하고, 능동적인 정보의 수집과 탐색으로 이어지게 된다는 맥락적 상황이 발생했다. 이는 미디어를 통해 형성된 한국에 대한 이미지가 경험이라는 맥락에 의해 변화가 일어날 수 있을 가능성, 즉 변곡의 가능성을 보여주는 것으로 판단된다.

이는 기존의 장기적이고 누적적인 영향을 강조하는 미디어의 문화계발 효과를 장기적인 측면에서 누적되지 못하게 만드는 다른 환경적 요인들이 발견된 것으로 볼 여지가 있다. 다중미디어 시대에 언제, 어디서나 존재할 수 있는 다양한 관점을 가진 정보원, 그리고 글로벌 이동 시대에 용이해지고 있는 문화 간 접촉의 가능성이 그 것이다.

인터뷰 대상자들의 경험에 따르면, 응답자들은 한국과의 문화적 접촉(한국어학습, 한국인 교류)으로 인해, 한국 드라마를 관심 있게 보기 시작하고, 한국과 관련된 정보를 능동적으로 수집하게 됐으며, 대만 미디어를 통해 왜곡된 기존의 한국 이미지를 다시 확인하고 수정하는 과정들이 연쇄적으로 발생했다. 결과적으로 다른 입장을 가진 정보원과 용이해진 문화 간 접촉이라는 환경적 요인이 문화계발 효과의 변곡을 유발할 수 있음을 확인했다.

둘째, '한국 방문 이후 나의 한국 이미지 변화과정'이다. 이 단계에서 문화계발 효과의 공명효과는 한국 거주 대만인들의 경험 속에서도 발견할 수 있음을 확인할 수 있다. 그러나 응답자들의 경험에 따르면, 한국에 대한 긍정적 이미지보다 부정적 이미지가 일상생활에서 경험될 때, 더욱 의미 있게 각인되는 경향이 있는 것으로 나타났다.

한편, 한국에 대한 이미지가 현실 생활 속에서 강화되는 것만은 아니었다. 미디어를 통해 접한 한국 이미지는 한국 생활과정을 통해 수정되고 변화되기도 했다. 즉 문화계발 효과는 글로벌 시대, 문화적 접촉 기회의 확대에 따라 '변곡'되는 현상이 빈번히 나타나고 있었다. 한국에서의 생활시간과 경험의 누적에 따라 응답자들의 한국 사회에 관한 이해도가 증진했기 때문이다.

응답자들은 한국 생활을 하며 미디어 이외의 경험을 정보원으로 활용하기 시작했고, 이에 한국 사회의 각종 현상이 형성된 원인에 관한 통찰력도 생겼다. 결과적으로 한국에서의 경험의 축적은 한국에 관해 입체적이고 현실에 근접한 인식을 만든 원인이 된 것으로 보인다. 아울러, 인터뷰에 참여한 대만인들은 한국에 익숙해지고, 한국을 이해하게 되면서 한국화되는 과정을 경험하게 됐다.

셋째, SNS를 통한 한국 이미지의 반향과정, 즉 'SNS를 통한 나의 한국 생활 공유(반향) 과정'이다. 인터뷰 대상자들의 한국 이미지 반향과정은 의도적으로 계획된 행위라고 간주할 수가 있다. 그들은 정보제공자로서 명확한 동기와 목표를 가지고 공유할 내용을 선택한다. 아울러 공유할 콘텐츠가 나타내는 형식, SNS의 유형, 성격 및 취향, 그리고 공유할 대상 등의 사항들을 전반적으로 고려한 후 공유 행위가 이루어진다.

인터뷰 대상자들에 따르면 그들의 한국 생활 공유는 '한국'이 아닌 '나'의 일상에 관한 기록이다. 따라서 그들은 한국 가족들과의 일상, 한국 생활에서의 에피소드, 여가활동, 자신의 관심사, 또는 한국의 사회적 의제에 관한 관점 등을 공유하곤 했다. 즉 SNS를 통해 자신의 라이프 스타일과 자신의 다양한 이미지 등을 보여주는 것이다. 아울러 팬 페이지를 관리하는 차원에서 자신이 유용하다고 판단하는 정보를 제공하거나 대행구매를 진행하는 등 특정 목적과 특정 대상을 고려하는 공유 방식도 나타났다. 그리고 부정적 효과의 초래 또는 개인 이미지를 관리하는 차원에 있어서 부정적인 정보를 여과하고 회피하는 경향도 나타났다.

이러한 한국 이미지의 반향과정에서 한국 거주 대만인들은 지인들에게 자연스럽게 한국의 사회, 문화, 생활 그리고 한국과 관련된 다양한 정보들을 소개하고 있었다. 특히 SNS는 쌍방향적 상호작용이 가능하므로, 정보제공자와 팔로워들이 서로 의견을 표출할 수 있으며, 기존 미디어가 제공하는 단편적 메시지보다 더 심층적, 다각적인 관점을 유발해낼 가능성도 있는 것으로 나타났다. 그리고 이러한 라이프 스타일의 공유를 통해 자연스럽게 한국의 다양하고 '진정한 모습'을 보여주기도 했다.

넷째, 반향의 효과, '나의 한국 생활 공유(반향)에 따른 대만 소중(小衆)의 한국 이미지 재형성'이다. 이는 매스미디어의 문화계발 효과보다 SNS를 통한 반향의 효과가 상대적으로 제한적일 수 있음을 보여주고 있다. SNS가 주로 지인 또는 비슷한 관점을 가진 사람들의 연결체라는 측면을 고려해본다면 이는 당연한 결과일 수 있다. SNS에서 공유된 내용은 기본적으로 불특정 다수의 대중을 대상으로 한 것이라기보다 제한적 소중을 대상으로 한 것이라고 볼 수 있기 때문이다.

SNS상에서 자신과의 견해가 다른 이용자를 배제하거나 자신과 견해가 다른 내용을 스킵하고 무시할 수도 있다. 즉 SNS의 이용자들은 보여주는 상대와 보고 싶은 내용을 자유롭게 선택할 수 있는 권한이 부여되어 있다. 한편으로 SNS에서의 메시지 전달 대상이 제한적이지만, 서로 연결되어 있고 선택받은 SNS 이용자들 사이의 상호작용을 통해서 강력한 메시지 효과를 끌어낼 수도 있다. 선입견이 강하지 않은 사람에게는 한국의 현실적인 상황을 전달할 수 있고, 적극적으로 그들의 잘못된 인식을 바로 잡을 기회가 제공되기 때문이다.

즉 SNS를 통한 한국 이미지의 반향은 제한적 소중에게만 영향력을 행사할 수 있지만, 한국 이미지의 파생 공명과 파생 변곡을 모두 유발할 수 있을 정도로 강력할 수 있다는 사실을 확인할 수 있다. 이러한 결과는 소셜미디어 시대 SNS 포스팅도 정보원의 역할을 해낼 수 있다는 점, 전통적 매스미디어가 만들어낸 문화계발 효과가 존재하는 동시에 경험으로 무장한 개인이 SNS라는 개인 미디어를 통해 만들어낼 수 있는 반향효과 역시 존재한다는 점을 확인케 한다. 아울러, 한국에 관한 직접 또는 간접적인 문화적 접촉은 한국 이미지의 변곡 과정에 중요한 역할을 하고 있음을 확인케 한다.

분석결과의 요약

본 연구는 현상학의 방법으로 한국 거주 대만인들의 한국 이미지 형성의 전 과정을 추적해 보고자 했다. 문화계발 효과와 공명효과라는 전통적 미디어 효과이론의 틀을 활용하여 전통적 미디어 효과를 확인하고, 전통적 미디어의 효과가 소셜미디어, 글로벌 이동 시대에 어떻게 변곡되고 반향되는지의 과정을 장기적인 호흡으로 추적하고자 한 것이다. 이를 통해 이 연구는 주로 실증적 패러다임에 의해 검증되어 온 문화계발 효과의 한계를 확인하고, 문화계발 효과의 확장 가능성을 제시해 보고자 했다. 문화계발 효과가 미디어의 '장기적, 누적적'인 효과를 강조하고 있음에도(Potter, 2014), 그동안의 문화계발 효과 연구가 단일 미디어를 대상으로, 미디어의 단기적 효과를 검증하는 것에만 머물러 온 한계를 극복해 내고자 한 것이다. 즉 이 연구는 문화계발이론이라는 틀 속에서 진행된 연구지만, 문화계발이론에 대한 비판과 도전을 통해 문화계발이론을 한 단계 확장해 내고자 한 이론적 연구다.

또한, 이 연구는 한국 거주경험을 가진 대만인들이 인식하는 한국에 대한 이미지를 개인의 경험을 통해 제시하고자 한 연구다. 즉 이 연구는 대만인들의 한국 거주경험 이전과 이후의 한국에 대한 이미지와 이미지 형성의 원인을 제시함으로써 한국 사회가 스스로의 모습을 객관적으로 성찰해볼 기회를 제공하기 위한 실용적 목적을 가진 연구다.

연구 목적을 달성하기 위해 이 연구는 한국 거주경험을 1년 이상 가진 대만인 28명을 연구대상자로 선정하였고, 심층 인터뷰를 진행했다. 심층 인터뷰를 통해 수집된 자료는 무스타카스(Moustakas, 1994)의 현상학적 분석 절차를 활용하여 분석되었다. 현상학은 실증적 패러다임 연구의 객관주의에 대한 비판의 의미를 가지며(박인철, 2015), 주관적 경험 속에 숨겨진 본질을 드러내는 데 효과적인 방법론으로 알려져 있다(Creswell, 2013). 현상학적 방법론을 활용하여 미디어 이용자들이 처한 환경과 상황과 같은 경험의 맥락을 고려한 포괄적 문화계발 효과의 검증을 시도한 것이다.

A4 용지 기준 총 194페이지에 해당하는 녹취자료를 분석한 결과, 최종적으로 총 103개의 의미구성 문장, 28개의 의미 있는 진술과 10개의 의미 단위가 구성되었다. 의미 단위는 '제한된 미디어 정보에 근거한 피상적 이해', '문화적 경험 확대에 따른 이해도 증진', '한국 방문 초기: 양면적 이미지의 형성', '한국 생활 적응기: 가상과 현실, 공명과 변곡의 교차', '한국 생활 안정기: 변화, 그리고 동화', '한국 생활 기록 동기', '삶의 일부분으로서 한국 생활 공유', '의도적, 선택적 한국 생활 공유', '한국 소중에 관한 영향력 행사', '한국 이미지의 파생 공명, 파생 변곡 유발'로 나타났다.

1. 전통적 문화계발 효과의 검증결과 요약

이 연구의 첫 번째 연구문제는 한국 방문 전 대만인의 한국에 대한 이미지를 살펴보고, 미디어 노출 경험과 문화적 경험이 한국 이미지 형성과정에 어떠한 영향을 미치는지 확인하는 것이다. 먼저, 한국 방문 이전의 한국 이미지 형성과정은 '제한된 미디어 정보에 근거한 피상적 이해'와 '문화적 경험 확대에 따른 이해도 증진'으로 구분될 수 있다.

'제한된 미디어 정보에 근거한 피상적 이해'는 한국에 관한 정보원의 부재로 인한 한국 사회 이해 부족, 주변 사람들의 부정적 인식, 대만 미디어에서의 강한 민족성 재현과 한국 대중문화에 관한 피상적 인식 등의 중심 내용이 도출되었다. 결과적으로 한국 방문 이전에 형성된 대만인(인터뷰 대상자)들의 한국 이미지는 단편적이고 표면적인 형태로 나타나고 있었다.

구체적으로 인터뷰 참여자들에 따르면 주변 대만인들의 한국에 대한 부정적 인식은 주로 대만과 한국 간 단교의 역사, 정치·경제적 경쟁 관계, 그리고 부정적인 문화 고정관념에서 유발되는 것으로 나타났다. 이러한 한국에 대한 부정적 인식은 대만의 미디어를 통해 형성되는 경우가 대부분이었다. 즉 한국에 대한 부정적 인식들은 한국문화에 관한 직접적인 접촉 등과 같은 개인의 경험보다 대만에서 접할 수 있는 매스미디어를 통해 접하게 되는 경우가 더욱 보편적인 상황이었다. 그리고 인터뷰 대상자들은 주변 지인들의 영향을 받아 한국에 대한 이미지를 형성하기도 했지만, 대만의 미디어와 대만에서 방송되는 한국 드라마와 같은 대중문화를 통해 한국에 대한 이미지를 형성하게 되는 경우가 대부분이었다.

예컨대, 대만의 언론들을 통해 한국에 대한 강한 승부욕과 애국심, 그리고 배타적 민족성 등과 같은 이미지가 대만인들에게 포괄적으로 형성되고 있었다. 또한, 한국의 대중문화를 통해 대만인들은 한국인이 "솔직하다", "내숭이 없다.", "쉽게 흥분한다"라는 성격적 특성의 이미지, "잘생겼다"라는 외적 특성의 이미지를 형성하고 있었다. 이는 대만인들의 한국 이미지 형성과정에서 미디어가 상당한 기여를 했다는 결과라고 볼 수 있다. 아울러 대만의 미디어는 선정적 보도의 문제와 함께 동일 콘텐츠의 반복적 노출이라는 문제를 가지고 있다(이정기·황우념, 2016). 이러한 대만의 미디어 환경은 특히 한국에 관한 인식이 부족한 대만인들의 한국 이미지 형성(한국에 관한 여론 형성)에 큰 역할을 하고 있다. 결과적으로 이는 대만인들의 한국 이미지 형성과정에 대만 미디어 또는 한국 미디어가 결정적인 영향을 미친다는 문화계발 효과가 검증된 것으로 볼 수 있다.

한편, '문화적 경험 확대에 따른 이해도 증진'의 단계에는 인터뷰 대상자들의 한국 관심 유발 계기가 나타났다. 결과적으로 한국어학습과 한국인과의 교류 등 한국에 관한 경험 확대로 한국에 관한 관심이 유발된 것으로 나타났다. 그리고 이러한 한국에 관한 관심은 대만 미디어에서 형성되어 왔던 한국에 대한 이미지의 정확성을 확인하고자 하는 동기를 부여하게 된다. 즉 한국에 관한 관심 유발은 한국 관련 정보와 궁금증을 능동적으로 탐색하고 이해하는 과정으로 발전되는 경향이 있음이 확인되었다.

연구문제 1의 분석결과에 의하면, 대만인들의 미디어 노출 경험은 단면적, 피상적 한국 이미지 형성에 기여하고 있는 것으로 나타났다. 이는 매스미디어의 누적적 노출이 수용자들의 현실 인식에 영향을 미친다는 전통적 의미의 문화계발 효과가 확인된 것이라고 볼 수 있다.

그러나 한국어학습 또는 한국인과의 교류 등 문화적 접촉의 확대는 한국에 관한 관심을 유발하고, 능동적인 정보의 수집과 탐색으로 이어지는 것으로 나타났다. 그리고 이러한 능동적 정보의 탐색은 기존 미디어에서 접했던 한국에 대한 부정적 이미지를 수정하게 되는 계기가 되었다. 이는 기존에 매스미디어를 통해 형성된 한국에 대한 이미지가 직·간접적인 '경험'에 의해 변화될 가능성이 있다는 점, 이른바 변곡의 가능성이 존재한다는 것을 의미한다. 즉 매스미디어에 의한 문화계발 효과가 장기적으로 누적되지 못하게 만드는 다른 환경적 요인들이 존재한다는 것이다. 다중미디어 시대, 수용자들의 미디어 이용의 분극화에 따른 다양한 견해를 가지고 있는 정보원의 존재, 그리고 글로벌 이동 시대에 용이해진 문화적 접촉 기회의 확대 등이 그것이다.

결과적으로 매스미디어의 주류적 입장과 다른 관점을 가진 정보원이 존재하는 현실과 과거보다 용이해진 문화적 접촉의 기회라는 두 가지 측면의 환경적 요인은 한국 방문 이전에 형성된 문화계발 효과가 언제든 수정될 가능성이 있음을 보여준다. 문화계발 효과의 변곡 가능성이 언제든 존재한다는 것이다.

2. 문화계발 효과의 공명과 변곡 과정 추적 결과 요약

이 연구의 두 번째 연구문제는 대만인의 한국 방문 경험이 한국에 대한 이미지에 어떠한 변화를 유발하는지 확인하는 것이다. 아울러 한국 방문 후 한국에 대한 이미지를 확인하는 것이다. 인터뷰에 참여한 대만인들이 한국 방문 후, 그리고 한국에서 생활하게 된 후 한국 이미지가 변화된 과정은 3가지로 요약될 수 있다. 첫 번째 단계는 '한국 방문 초기: 양면적 이미지의 형성' 단계다. 한국 방문 초기에 대만인들은 잘 포장된 한국의 이미지에 대해서 긍정적으로 평가하기도 했지만, 포장된 이미지와 현실이 일치하지 않는다는 측면에 실망하고 부정적으로 평가하기도 했다. 아울러 관광과 쇼핑, 현대화된 도시 등에서는 긍정적 이미지를 보였지만, 선진국 이미지에 부합되지 않는 국민 기초소양의 측면에서는 부정적 이미지를 보였다.

두 번째 단계는 '한국 생활 적응기: 가상과 현실, 공명과 변곡의 교차' 단계다. 인터뷰 대상자가 한국 생활에 적응하게 되면서 더 많은 한국인과 접촉하고 관계를 형성하게 되는 단계다. 따라서 이 단계에서 인터뷰 대상자들의 한국 이미지의 초점은 과거의 추상적, 표피적, 거시적인 '국가'에 관한 이미지에서 그들이 매일매일 접촉하고 상호작용하는 구체적, 내면적, 미시적 '한국인'에 관한 이미지로 전환된다. 이 단계에서 대만인들은 한국인과의 상호작용을 통해 한국의 인간관계, 사고방식, 사회상 등을 알게 되고, 대만과의 차이에 대해 견주어 생각하게 되는 과정을 경험한다. 예컨대, 한국의 불평등한 사회 구조와 불합리성, 한국인의 집단성, 배타성과 인간관계의 진입장벽, 대만과의 문화적 차이, 한국 사회와 한국인의 경쟁의식, 그리고 기초소양 부족의 문제 등에 대해 부정적으로 평가하는 한편, 생활의 편리성 등에서는 긍정적으로 평가하기도 했다.

대만인들은 한국에서 생활하고 있는 외국인으로서 새로운 언어와 문화, 그리고 인간관계를 형성하고. 이를 통해 한국 생활에 적응하는 과정에서 불가피하게 어려움에 봉착하기도 했다. 이는 인터뷰 대상자들이 인터뷰하는 과정에서 '한국의 불평등한 사회상과 사회적 불합리성' 그리고 '집단성, 배타성, 그리고 인간관계 진입장벽'에 관한 설명이 특히 상세하고, 여러 방면에서 표출되었다는 측면에서 엿볼 수 있다. 이러한 힘든 경험들은 인터뷰 대상자들에게 한국의 부정적인 이미지를 형성하게 했고, 대만에 대한 향수를 유발하게 했다. 대만인들은 과거 대만에서 미디어를 통해 형성되었던 한국에 대한 부정적인 이미지들을 실제 한국 생활 속에서 경험하게 될 때, 한국의 생활을 더욱 부정적으로 수용하게 되는 경향성을 보였다. 그리고 생활 속에서 과거 미디어를 통해 형성되었던 한국의 선진적 이미지와 상반되는 상황들에 직면했을 때, 한국에 대한 이미지를 부정적인 방향으로 수정하기도 했다. 아울러 이들은 꾸준히 대만과 한국의 문화 차이를 비교하며, 자신이 살았던 국가, 자신이 그리워하고 있는 국가인 대만을 더욱 긍정적으로 인식하는 경향도 있는 것으로 나타났다.

주목할 만한 점은 응답자 대부분이 한국 생활 적응 단계에서 '사람'과 관련된 어려움은 회피 또는 동화의 방식으로 대부분 극복 가능한 것이라고 믿고 있었다는 것이다. 응답자들은 한국이라는 국가가 여러 문제점을 노출하고 있지만, 이는 대부분 한국인에게서 오는 것이며, 한국이라는 국가가 제공하고 있는 치안 환경, 생활 방식, 외국인 정책과 같은 구조적, 사회 환경적인 측면은 매우 우수하고, 편리하다고 인식하고 있었다. 한국이 가지고 있는 구조적, 사회 환경적 측면의 우수함은 힘든 외국 생활임에도 불구하고 한국을 선택하게 하고, 지속해서 머물게 만드는 핵심적 요소인 것으로 판단된다.

세 번째 단계는 '한국 생활 안정기: 변화, 그리고 동화' 단계다. 한국 생활이 안정되기 시작한 시점에 대만인들은 한국 생활 경험의 누적에 따라 한국 생활에 적응하게 되고, 이전에 한국과 한국인에 대해 부정적으로 생각했던 문제에 관한 문제 제기를 포기하고, 한국인처럼 행동하는 동화의 과정을 경험하기도 했다. 주목할 만한 점은 이러한 동화의 현상은 한국에 대한 부정적 인식이 사라지는 형태로 나타나는 것이 아니라 한국에서 생활하고 있는 외국인으로서 한국의 현실적 상황을 받아들이고, 한국의 생활에 적응하기 위한 하나의 전략으로 나타나는 행동이었다는 것이다.

종합적으로 정리하면, 한국 생활 경험을 한 대만인들은 전통적 문화계발 효과에 근거한 한국에 대한 부정적 이미지가 강화되는 공명의 경험, 그리고 대만 미디어 속 한국 이미지가 한국 생활과정에서 변하게 되는 변곡의 경험을 모두 하게 된 것으로 확인됐다. 한국에서의 생활시간의 누적에 따라 대만인들은 한국 사회에 관한 이해도가 높아졌다. 한국 생활과정에서 대만 미디어를 통해 접하게 된 한국에 관한 피상적인 인식에서 나아가 한국 사회의 각종 사건과 문제를 이해하기 위한 통찰력이 생긴 것이다. 대만 미디어에 국한되지 않고, 한국 생활과정에서 직접 보고, 체험한 것들을 정보원으로 활용하게 되었기 때문이다. 결과적으로 한국 생활 동안의 한국 이미지 형성과정은 한국 생활 이전의 한국 이미지 형성과정보다 입체성, 현실성이 담보되었다고도 생각할 수 있다. 아울러, 한국 생활을 경험한 대만인들은 한국에 관한 이해도가 생기고 한국 생활에 익숙해지면서, 스스로 한국인처럼 생각하고 행동하는 이른바 한국화의 과정을 경험하기도 했다. 이상의 결과들은 전통적 문화계발 효과가 글로벌 이동 시대, 문화적 접촉의 기회가 용이해짐에 따라 공명을 유발할 뿐만이 아니라 이미지의 변화와 수정의 과정인 변곡을 유발하기도 한다는 점을 보여준다.

3. 문화계발 효과의 반향 경험 추적 결과 요약

이 연구의 세 번째 연구문제는 한국 거주경험을 가진 대만인들이 한국에 대한 이미지를 공유하는 이유와 내용을 확인하는 것이다. 한국 거주경험을 가진 대만인들이 자신의 한국 경험을 SNS를 활용하여 타인에게 공유하는 이른바 "반향"의 경험을 추적하고자 한 것이다. 연구문제 3에 관한 연구결과, 한국 거주 대만인들의 한국 생활 공유는 동기적 차원과 내용적인 차원으로 구분할 수 있다.

동기적인 차원인 '한국 생활 기록 동기'는 SNS의 특성과 개인의 주관적 판단에 따라 포스팅 내용을 차별적으로 선택하는 것으로 나타났다. 예컨대, 인스타그램은 사진, 트위터는 사회이슈, 페이스북의 팬 페이지는 개인 계정과 구분되는 공간으로 활용하고 있는 것으로 나타났다. 이러한 차별적 공유 행태는 SNS 이용자의 공유 동기와 그들이 보여주고자 하는 내용의 형식, 그리고 그들이 보여주고자 하는 대상에 관한 종합적인 고려의 결과라고 볼 수 있다. 이러한 결과는 인터뷰 대상자들의 한국 이미지 반향과정이 의도적으로 계획된 행위임을 보여준다. 즉 정보제공자인 SNS를 이용하는 한국 거주 대만인들은 메시지를 전달할 때, 분명한 포스팅 목적과 목표 대상을 상정하고 있는 것으로 추론할 수 있다. 한편, 인터뷰 대상자들의 한국 생활 공유 동기는 일상에 관한 기록, 정보의 제공, 지인에게 안정적 생활 상태의 전달 그리고 과시 등으로 나타났다.

한국 생활 공유의 내용적인 차원은 '삶의 일부분으로서 한국 생활 공유'와 '의도적, 선택적 한국 생활 공유'라는 두 가지 측면으로 구분할 수 있다. '삶의 일부분으로서 한국 생활 공유'는 개인의 일상기록, 그리고 자신의 관심사에 관한 내용의 공유를 의미한다. 즉, 한국 생활의 공유는 '한국'이 아닌, '나'의 생활에 관한 기록이고, 공유다. 따라서 한국 생활과정의 크고, 작은 에피소드, 한국 생활과정에서 느낀 다양한 감정에 관한 기록, 그리고 자신의 관심사들이 주요 공유 내용이 된다. 이러한 측면에서 봤을 때 한국 거주 대만인들의 한국 이미지 반향 행위는 SNS를 통해 한국에서 생활하는 자신의 라이프 스타일과 자기의 다양한 이미지 등을 보여주기 위한 의도적 행위임을 알 수 있다. 그뿐만 아니라, 이러한 한국 생활의 공유는 잠재적으로 한국을 깊이 있게 경험하지 못한 다른 대만인들에게 한국의 이미지는 대만 미디어에서 보이는 것과 '똑같은 것은 아니다'라는 메시지를 전달하고픈 의도가 반영되어 있었다. 인터뷰 참여자들은 자신의 실제 한국 생활 경험을 반향시킴으로써 한국을 경험하지 않은, 한국을 오해하고 있는 다른 대만 사람들에게 한국의 '진실하면서 다른 모습'을 보여주고자 하는 욕구가 있었다.

한편, 일상에 관한 기록 외에도 '의도적, 선택적 한국 생활 공유'도 존재한다. 예컨대, 자신이 유용하다고 판단되는 한국 관련 정보를 공유하거나 대행구매라는 상업적 목적 달성을 위한 정보의 공유 현상이 나타나기도 한다. 그리고 특정 대만인들은 한국 생활과정에서 부정적 내용을 의도적으로 공유하지 않는 예도 있는 것으로 나타났다.

결과적으로 한국 거주 대만인들은 SNS를 활용한 한국 이미지의 반향 행위를 통해 지인들에게 자연스럽게 한국의 사회, 문화, 그리고 한국의 다양한 정보들을 소개하고 있었다. 그리고 한국 거주 대만인들은 한국 관련 정보를 제공하는 정보제공자이지만 자신의 SNS 팔로워들과 활발히 의견을 주고받는 능동성을 갖추고 있다. 정보제공자와 능동적 미디어 이용자 간의 상호작용성이 극대화된 SNS를 통한 반향 행위는 전통적 미디어의 단편적 메시지 전달보다 더욱 심층적, 다각적인 관점들을 끌어내는 데에 효과적인 것으로 판단된다. 아울러 한국 거주 대만인들은 자신과 한국 간의 연계성 때문에 반향과정에서 한국의 부정적인 면을 여과하는 행태, 즉 한국의 이미지를 관리하고자 하는 행태를 보였다.

4. 반향의 효과, 문화계발 효과의 파생 변곡 가능성 추적 결과 요약

이 연구의 네 번째 연구문제는 반향의 효과, 즉 문화계발 효과의 파생 변곡 가능성을 추적하기 위한 것이다. 연구문제 4의 결과를 살펴보면, 한국 거주 대만인들의 SNS를 통한 한국 생활 공유는 기본적으로 '소중(小衆)에 관한 영향력 행사' 방식으로 이루어지고 있었다. 즉, 그들의 공유 내용은 불특정 다수의 대중(大衆)이 아닌, 제한적 소중(小衆)에게만 도달했다.

인터뷰 대상자들은 혐한 인식에 대해서도 개인 성향에 따라 차별적으로 대응하고 있는 것으로 나타났다. 상대방의 수용 가능성이 작을 때는 '소극적 대응'을, 상대방이 중립적 태도를 보이고 한국에 대해 궁금해할 경우 '피동적 대응'을, 상대의 잘못된 인식에 적극적으로 반박하고자 할 때는 '적극적 대응'을 하는 방식이다.

이는 매스미디어의 문화계발 효과보다 SNS를 통한 반향의 효과가 상대적으로 제한적일 수 있다는 점을 보여준다. SNS는 주로 지인 또는 비슷한 관점을 가진 사람들이 연결되어 있다. 그리고 SNS상에서 자신과 견해가 다른 이용자를 배제하거나 자신과 견해가 다른 내용을 무시할 수도 있다. 즉 SNS 이용자들은 자신의 콘텐츠를 보여주려는 상대, 자신이 보고 싶은 내용을 자유롭게 선택할 수 있는 권한이 부여되어 있다. 이러한 측면은 SNS를 통한 반향 행위가 기본적으로 제한적 소중에게만 도달하게 만드는 원인이 되고 있었다.

그러나 SNS의 경우 메시지 전달 대상이 제한적이지만, SNS 이용자 사이의 상호작용이 용이하기 때문에 특정 상황에서는 강력한 효과를 끌어내기도 했다. 예컨대 한국에 관한 선입견이 강하지 않은 사람에게 한국 방문 경험을 가진 대만인들의 한국 생활 포스팅은 대만 미디어를 통해 잘못 형성된 한국에 대한 인식을 바로 잡을 수 있는 정보원이 되기도 했다.

SNS를 통한 공명효과의 유발은 두 가지 맥락에서 발생했다. 먼저, 한국에 대해 부정적인 관념을 가진 이용자들의 경우에는 자신의 부정적 인식을 합리화하기 위한 수단으로 SNS 포스팅을 이용했다. 즉, 한국 경험 대만인이 SNS에 공유한 포스팅을 보니, 한국을 방문한 경험은 없지만 한국에 관한 자신의 기존 생각이 틀리지 않았다는 자기 합리화의 방식으로 '상상의 공명'이 발생한 것이다. 아울러 공유한 내용과 같은 한국을 직·간접적으로 경험한 사람들은 공유한 SNS 내용에 대해 자신이 직접 체험한 것처럼 공감하는 '실질적 공명'의 현상이 발생했다. 한편, 한국에 거주하고 있는 대만인들의 한국 지인과 대만 지인들이 한국 거주 대만인을 매개로 교류하는 과정을 통해 한국에 관한 관심이 유발되는 현상이 발생하기도 했다.

SNS를 통한 한국 이미지의 반향은 제한적 소중에게만 영향력을 행사할 수 있지만, 이미지의 파생 공명과 파생 변곡이 모두 유발된 것으로 나타났다. 이러한 결과는 소셜미디어 시대 SNS도 정보원의 기능을 하고 있다는 것, SNS를 통하거나 전통미디어를 통해 접한 인식에 문제를 제기하는 사람들이 존재한다는 것, 이러한 SNS 포스팅이 일종의 반향효과를 끌어낼 수 있음을 보여준다. 아울러, 한국에 관한 직접 또는 간접적인 문화적 접촉 역시 한국 이미지에 관한 변곡의 형성과정에서 핵심적 역할을 하고 있다는 사실이 확인되었다.

5. 분석결과의 도식적 정리

문화계발 효과를 검증한 연구의 대부분은 미디어 노출과 수용자 인식의 관계를 지나치게 양적, 선형적, 단기적으로 분석해 왔다. 이에 이 연구는 한국 거주경험이 1년 이상인 대만인에 관한 인터뷰를 통해 미디어 노출에 의한 한국 이미지 형성과정을 질적, 장기적 호흡에서 분석함으로써 문화계발 효과를 이론적으로 확장하고자 했다.

이 연구의 분석결과를 시간의 흐름에 따라 정리한 결과는 <그림 3>과 같다. 먼저, 대만인들은 한국 거주경험 이전, 대만의 미디어를 통해 '한국'에 관한 이미지를 추상적, 표피적, 거시적으로 형성하게 된다. 즉 한국 거주경험을 가진 대만인들에게 문화계발 효과는 한국 거주경험 이전, 대체로 부정적인 방향으로 나타난다.

문화계발 효과에 의해 한국에 대한 이미지가 형성된 대만인들은 이후 한국에 관한 관심을 가지고, 능동적으로 한국에 관한 정보를 수집하게 된다. 다만, 한국에 관한 관심 유발과 능동적 한국 정보 수집을 위해서는 한국의 문화콘텐츠 등 미디어의 계발 효과만으로는 불충분하다. 한국인과 만남, 교류와 같은 문화적 접촉이 전제되어야 한다.

한국에 관한 관심이 유발된 후 능동적으로 한국에 관한 정보를 수집한 대만인은 기존 대만의 미디어를 통해 형성된 한국에 대한 부정적 이미지가 일부 수정되는 경험을 한다. 전통적 문화계발 효과의 균열이 발생하게 되는 것이다.

한국에 대한 거주경험은 이러한 문화계발 효과의 균열 과정을 통해 한국에 대한 부정적 이미지의 수정이 나타난 사람들에게서 나타난다. 한국에서 1년 이상 장기 거주경험을 가진 대만인들은 한국 생활과정에서 대만의 미디어를 통해 형성된 부정적 한국 이미지가 더욱 부정적으로 강화되는 공명효과가 나타나거나 한국 사회에 대해 긍정적이었던 이미지를 현실 상황에 맞게 수정하는 변화의 과정(변곡)을 경험하게 된다. 한국 생활이 누적됨에 따라 대만인들은 공명과 변곡의 현상이 지속해서 교차하며 나타난다. 한국 거주경험을 1년 이상 가진 대만인들은 공명과 변곡이 교차하여 나타나는 과정을 거치면서 '한국인'에 관한 구체적, 미시적, 내면적 이미지를 형성한다.

'한국인'에 대한 이미지가 구체적, 미시적, 내면적으로 형성된 대만인들은 그들이 접한 과거 전통적 미디어에 관한 불신이 있다. 이에 그들의 SNS를 통해 한국 생활을 공유함으로써 자신의 SNS를 팔로우하는 한국 거주경험이 없는 사람들에게 한국에 관한 바른 이해를 돕고자 하는 잠재적 욕구를 가진다. 한국 거주경험을 가진 대만인들은 반향의 과정을 통해 한국에 대해 추상적, 표피적, 거시적으로 이해하는 대만인들이 한국인을 구체적, 미시적, 내면적으로 이해할 필요가 있음을 알리는 민간 외교관의 역할을 수행하고 있다.

한편, 한국 거주경험을 1년 이상 가진 대만인들의 SNS를 팔로우하고 있는 대만인들은 여전히 대만의 전통미디어를 통해 한국에 대한 부정적 정보를 접하고 있다. 그들은 전통미디어의 부정적 한국 이미지를 자신이 팔로우하고 있는 한국 거주경험을 가진 대만인의 SNS를 통해 강화하는 상상의 공명효과를 경험하거나 대만 미디어를 통해 형성된 부정적 한국 이미지를 긍정적인 방향으로 변화시키는 이른바 파생 변곡을 경험하게 된다.

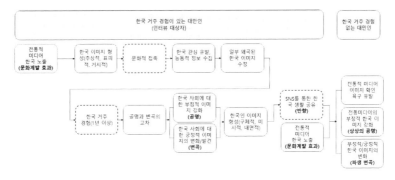

〈그림 3〉 분석결과의 도식적 정리

시사점

연구결과에 근거한 이 연구의 핵심적 발견점과 함의는 다음과 같다. 첫째, 인터뷰에 참여한 대만인들은 한국을 방문하기 이전에 주로 대만 미디어와 미디어에서 조성한 주류 여론(주변 사람들의 인식)을 통해 한국에 대한 이미지를 형성하고 있었다. 이는 대만인들의 경우 대만 미디어의 계발 효과에 의해 한국에 대한 이미지를 형성하게 된다는 점을 보여준다. 그러나 다중미디어 시대, 전통미디어와 다른 생각을 하는 정보원이 존재하는 현실과 국가 간 이동이 쉬워진 글로벌 이동 시대, 문화적 접촉 기회의 확대라는 두 가지 환경적 요소로 인해 대만인의 한국 이미지는 변하는 것으로 나타났다. 미디어를 통해 형성된 한국에 대한 이미지가 문화적 접촉, 한국 방문 경험, 한국 방문자의 SNS 포스팅 등을 보고, 강화 혹은 변화하는 이른바 변곡의 현상이 나타나게 되었다는 것이다. 이러한 결과로 기존 연구에서 다양한 미디어의 등장으로 인해 문화계발 효과가 약화된다는 선행연구(Morgan, & Shanahan, 2010)가 재차 확인됐다. 더욱이, 양적인 연구를 중심으로 이루어지는 문화계발 효과 연구에서 발견하기 어려운 계발 효과의 변화, 즉 변곡 과정이 실제로 나타나고 있음을 보여준다.

기존의 문화계발 효과 관련 연구들은 단순히 수용자의 미디어 노출량과 인식 사이의 상관관계에 중점을 두고 연구되었다. 문화계발이론에 관한 다양한 반론을 제기한 연구 역시 결국 계발 효과 형성과정에서의 다양한 중개 변인을 추가로 확인하는 것에 그쳐 온 측면이 강하다(이민규·우형진, 2004; Doobs & McDonald, 1979; Eschholz, Chiricos, & Gertz, 2003; Hirsch, 1980; Rubin, Perse, & Taylor, 1988; Woo & Dominick, 2001, 2003). 즉, 기존의 문화계발 효과 연구는 미디어의 노출에 따라 형성된 이미지가 고착화한다고 가정하고 있다. 계발효과의 변화 가능성에 관한 고려를 하고 있지 못한 것이다. 이는 대부분의 문화계발 연구들이 일시적이고 단기적인 미디어 효과를 측정하고, 검증하는 것에 치중한 결과로 보인다. 물론 문화계발 효과가 장기적이고 누적적인 효과라는 주장(Gerbner et al., 1980)도 존재한다. 다만 미디어 이미지의 장기적이고 누적적인 효과가 존재할 것이라는 주장은 선행연구를 통해 충분히 검증되지 못했다(Morgan, 1982; Potter, 2014; Shanahan, & Morgan, 1999).

이 연구는 미디어가 수용자들의 인식에 어떠한 영향을 미치는지를 측정하는 대신에, 미디어의 영향과 개인의 다양한 상황과 맥락 속에서 이루어진 경험들이 어떻게 상호작용을 하는지에 관한 수용자의 인지 과정을 파악하고, 이러한 인지 과정을 통해 문화계발 효과의 장기적 흐름을 추적했다. 결과적으로 이 연구는 한국 거주 대만인들의 한국 이미지 형성과정을 장기적인 호흡으로 추적함으로써 전통적 문화계발 효과의 변화 가능성, 즉 미디어를 통해 재현된 한국 이미지가 시간의 흐름과 다양한 경험(소셜미디어 이용 경험, 문화적 접촉 경험 등)의 누적에 따라 강화되거나 축소되는 이른바 수정의 과정이 지속해서 일어날 수 있음을 검증해 냈다. 문화계발 효과라는 이론이 다루고 있는 미디어의 영향은 변화될 수 있다는 이른바 '변곡'이라는 개념을 제시하고, 이를 질적인 측면에서 검증해 냈다는 점은 이 연구의 이론적 기여점이다.

둘째, 문화적 접촉은 문화계발 효과의 변곡, 즉 이미지 변화과정의 핵심적 요소로 확인됐다. 예컨대, 한국 방문 전의 한국어학습 또는 한국인과의 교제 등 문화적 접촉은 한국에 관한 관심을 유발하는 관건적 요소인 것으로 나타났다. 이러한 문화적 접촉을 통해 대만인들은 한국에 관한 관심을 형성하기 시작했고, 한국 관련 정보를 능동적으로 탐색하는 과정을 경험하게 되기 때문이다.

다중미디어 시대에는 다양한 입장을 가진 미디어들이 존재한다. 하지만, 모든 메시지가 수용자에게 노출될 확률은 균일하지 않다. 특히 주류 매스미디어들의 획일적이고 반복적인 메시지 노출은 사회적으로 주류 여론을 형성하게 된다. 더욱이 최근 들어 각 웹사이트에서도 이용자의 이용 이력을 바탕으로 알고리즘을 통해 이용자들의 기호에 맞게 메시지를 노출하고 있다. 따라서 개인의 특정한 이슈에 관한 인식은 주류 매스미디어와 알고리즘을 통해 제공된 제한적 메시지에 의해 형성되는 경우가 다수 존재한다. 이는 다양한 정보원이 존재하는 다중미디어 시대임에도 불구하고 매스미디어의 문화계발 효과가 여전히 유효할 수 있다는 것을 예측하게 한다. 결과적으로 다중미디어 시대에 다양한 논조를 가진 미디어가 존재함에도 어떠한 메시지를 취사선택할 것인지는 결국 수용자의 관심도에 달려 있음을 확인할 수 있다.

아울러, 한국 거주 대만인들은 한국 방문 후의 실질적 문화적 접촉 및 경험을 통해 한국 사회에 관한 이해도가 깊어졌다. 즉 이들에게 한국의 이미지는 대만 미디어의 재현을 통해서만 형성되는 단순한 것이 아니다. 대만 미디어를 통해 형성된 한국의 이미지는 실제 한국 생활의 경험과 함께 융합되어 입체적으로 변하게 된다. 그리고 더욱 현실성 있는 한국의 이미지로 수정된다. 더욱이 한국 거주 대만인들은 한국 경험이 없는 일반 대만인들의 한국 관심 유발의 계기가 될 수가 있다는 것을 보여줬다. 이들은 SNS를 통한 자신의 한국 생활 공유(한국 이미지의 반향), 그리고 오프라인에서 대만 지인과 한국 지인 간의 교류를 촉진함으로써 대만 지인들에게 한국에 대한 이미지의 수정과 관심을 유발한 것으로 나타났다.

기존에 진행된 이미지 형성 관련 연구들의 대부분은 특정한 미디어 수용에 따른 이미지 형성의 결과를 탐구하는 것에 그쳐왔다(박상조·박승관, 2016; 임양준, 2012; 채영길, 2014; Chan & Wang, 2011). 그러나 미디어를 통해 형성된 이미지가 개인적 경험의 누적에 따라 변화될 수 있다는 전제를 가지고, 변화의 과정을 확인하는 형태의 연구는 거의 이루어지지 않았다. 예컨대 중국의 젊은 세대의 한국 이미지를 조사한 안정아(2014)의 연구 정도가 한국 이미지 형성과정에서 한국 방문 경험이 개입될 수 있다는 시사점을 제시했다. 그러나 안정아(2014)의 연구는 한국 방문 경험의 유무에 따라 형성된 한국 이미지에 차이가 존재한다는 것을 밝혀냈지만, 이러한 차이가 단순히 한국 방문에 따른 결과인지, 그리고 실제로 한국 방문 후 한국에 대한 이미지 변화가 발생했는지에 관한 명확한 근거를 제시하지 못했다. 이 연구는 안정아(2014)의 연구에서 한 발자국 더 나아가 한국 방문 경험자의 한국 방문 전과 한국 방문 후의 다양한 경험에 근거한 한국 이미지의 장기적 변화과정을 조사했다는 측면, 그리고 변화과정이 일어나는 맥락을 파악했다는 측면에서 선행연구와 차별성을 가진다.

특히 대만은 1992년 한국과 수교 관계가 종료된 후부터 2000년대 초반까지 양국 간의 사회·문화적 교류가 10년 가까이 중단된 상황이었다(문흥호·주리시, 2015). 이러한 상황에서 대만인들은 한국을 이해할 기회가 제한되었고, 한국은 점점 대만인들의 관심 밖이 되어버렸다. 단교로 인해, 한국은 이익을 위해 혈맹(血盟) 관계였던 대만을 배신한 국가라는 부정적 이미지가 씌워졌다(朱立熙, 1993; 朱立熙, 2015). 이로 인해 대만 미디어는 한국과 관련된 의제를 다룰 때 객관적이지 못한 양상이 보이기도 했다(林宗偉, 2012). 결국, 양국 간 교류 단절에 의한 이해와 관심의 부족, 이에 따른 미디어의 편협한 보도 태도는 대만인들에게 한국에 대한 부정적 인식을 유발하는 계기가 되었다.

물론 2000년대 초반 이후 한류 열풍이 불기 시작했고, 한국 대중문화의 급속한 대만 진입으로 인해 대만인들이 한국의 새로운 모습을 접할 기회도 상당 부분 마련되었다(施佩姍, 2013). 그러나 한국에 관한 이해 부족은 한류 초반부터 한국에 관한 관심 유발을 억제하는 요인이 되었다. 이 연구에 따르면 대부분의 30대 인터뷰 대상자들에게 한국에 관한 관심 유발의 핵심적인 계기는 한류 콘텐츠가 아니었다. 20대 인터뷰 대상자들은 한류를 보다 어린 나이에 접하게 되고 한류에 관한 관심도가 상대적으로 높은 편인 반면, 30대 인터뷰 대상자들은 한류가 흥행하기 전에 일본, 홍콩, 미국 대중문화에 조금 더 익숙한 상황이었다. 따라서 한류가 흥행하기 시작한 초기에 30대 인터뷰 대상자들은 이러한 한류 문화에 대해 즉각적인 관심을 가지지 않은 것으로 나타났다. 그들의 한국에 관한 관심 유발에는 한류보다 한국어학습 또는 한국인과의 교류 등과 같은 실질적 접촉이 더욱 효과적이었다. 선행연구에 따르면, 한류로 인해 한국의 국가 이미지가 향상되었다는 인식이 보편적이다(한국문화산업교류재단, 2017). 그러나 이 연구의 결과로 보았을 때 대만의 한류를 지속해서 발전시켜나가기 위해서는 양국 간의 이해 제고가 선행되어야 하고, 이를 통해 실질적 국제간 교류가 활성화될 필요가 있다.

셋째, 미디어 이미지의 강화, 즉 문화계발 효과의 공명효과는 '개인의 믿음을 확인하는 과정'인 것으로 나타났다. 이 연구에서 밝혀낸 공명효과는 몇 가지의 맥락에서 나타나는 것으로 확인됐다. 하나는 미디어에서 본 한국에 관한 인식과 자신의 한국 생활 경험이 일치할 때에는 기존의 이미지가 강화된다는 이른바 '전통적 공명효과'의 맥락이다(Bryant, & Thompson, 2001). 이 연구의 결과에 따르면, '전통적 공명효과'는 두 가지의 맥락에서 나타났다. 하나는 미디어를 통한 한국 이미지 형성 후 미디어 속 이미지의 실제 경험을 통해 한국에 대한 이미지가 강화되는 맥락이고(선 미디어 노출, 후 경험을 통한 공명효과), 다른 하나는 한국에 관한 경험을 통해 한국 이미지를 형성한 후 과거에 접한 미디어 속 이미지를 떠올려 자기 생각을 강화하는 맥락이다(선 경험, 후 미디어 재인(再認)을 통한 공명효과).

선 미디어 노출, 후 경험을 통한 공명효과는 기존 전통적 미디어를 통해 형성된 인식이 자신의 잠재적 믿음으로 전환되고, 이러한 믿음이 실제 경험을 통해서 확인되고 굳혀지는 과정이다. 이 연구의 결과에 따르면 전통적 공명효과의 맥락은 특히 한국에 관한 미디어 메시지가 부정적이고, 미디어 메시지를 접한 수용자가 한국에 대한 부정적인 경험을 하게 될 때, 더 강하게 나타나는 것으로 확인되었다. 이와 달리, 한국에 관한 좋은 이미지가 실제 생활에서 나타났을 때, 좋은 것을 왜곡 없이 받아들이지만, 이미지의 강화는 제한적으로 나타났다. 이러한 결과는 인간들이 긍정적인 측면보다 부정적인 측면을 더욱 부각하여 인식하게 되는 경향성에 기인하는 것으로 판단된다. 백지장 속에 검은 점이 하나만 있더라도 그 점이 부각되어 보이는 효과와 비슷한 맥락이라고 생각된다. 기존 문화계발 효과를 검증하는 연구에서 부정적 메시지를 측정하는 것에 치중하는 경향성은 이러한 부정적 메시지의 부각적 효과 때문일 수도 있다고 생각된다.

특히 이국에서 생활하고 있는 외국인들에게는 현실적 삶의 어려움 속에서 자신이 겪은 힘겨운 경험들이 더욱 부각되어 느껴지는 경향이 있다. 그래서 한국의 좋은 점들의 경우 당연하듯이 받아들여지고, 이내 묻혀버리게 된다. 이 연구의 결과에 따르면, 인터뷰 대상자들은 한국을 방문하기 이전 한국에 관한 관심도와 상관없이 한국 생활과정에서 형성된 한국 이미지들이 대체로 부정적인 것으로 나타났다. 하지만 이러한 결과는 한국 거주 대만인들이 한국에 대해 반드시 부정적 감정을 품고 있는 것을 의미하는 것은 아니다. 오히려 대부분의 한국 거주 대만인들은 여전히 한국에서 살고 있고, 다시 선택할 기회를 준다고 해도 한국에서 살아갈 가능성이 크다고 대답했다. 이는 한국 거주 대만인들이 한국 생활과정에서 한국의 부정적인 측면이 부각되어 인식되지만, 부정적 측면을 상쇄할 수 있을 만한 긍정적인 측면이 존재한다는 것을 설명해준다. 다만 이국 생활에서 겪은 힘겨운 경험들은 마치 백지장 속의 검은 점처럼 그들의 인식 속에 부각되어 인식되고, 긍정적인 측면들은 그들에게 인식되지 않는 백지장, 즉 일종의 배경이 되어버린 것이라고 추론할 수 있다.

선 경험, 후 미디어 재인을 통한 공명효과도 나타났다. 일부 인터뷰 대상자들은 자신이 한국에서 겪은 부정적인 경험을 과거 미디어를 통해 접했던 한국에 대한 부정적인 이미지와 끊임없이 연결하여 생각하는 경향성이 있었다. 그리고 그들에게 한국의 부정적인 이미지는 한국의 전반적 상황으로 일반화되었다. 이러한 맥락의 공명효과는 과거 미디어가 특정 이슈에 관한 '선 인식'을 형성하고, 실제 해당 이슈에 관한 경험을 통해서 인식이 강화되는 공명효과와 미묘한 차이가 존재하는 것이라고 볼 수 있다. 연구결과에 따르면 일부 인터뷰 대상자들은 실제 한국에서의 경험을 통해서 한국에 관한 주관적 인식을 형성했고, 형성된 인식의 정당성을 확보하기 위해 과거 미디어를 통해 접했던 유사한 상황의 맥락을 떠올리고, 이를 근거로 삼아 해당 인식이 보편적으로 존재하는 상황이라고 확신하는 경향이 있었다. 이러한 맥락의 공명효과는 개인이 의도적으로 자신의 실제 경험과 미디어 속 내용의 일치성을 찾아냄으로써 자신이 경험을 통해 인식하게 된 한국에 대한 이미지를 강화하는 방향으로 나타났다. 즉, 이 경우 미디어가 특정 이슈에 관한 '선 인식'을 형성해주는 원인적 요소가 아니라 개인의 믿음에 확신(신뢰)을 부여하는 일종의 '증거물' 역할을 담당하고 있었다.

한편, 이 연구의 결과에 따르면, 공명효과는 매스미디어를 통해 형성된 특정 이슈에 관한 인식과 실제 경험이 일치하는 과정에서만 나타나는 것이 아니었다. 다중미디어 시대, 이종 미디어들의 동질적 메시지들이 개인의 선택적 수용 과정에서 특정 이미지를 강화하게 만드는 현상이 발견된 것이다. 즉 이 연구의 결과에 따르면 대만에서의 전통적 매스미디어 노출을 통해 형성된 한국에 관한 인식과 부합하는 SNS 포스팅의 내용만을 선별적으로 수용하고, 선별적으로 수용한 SNS 포스팅의 내용을 자신의 인식을 합리화하기 위해 활용하는 경향이 있었다. '자신이 실제로 경험을 하지 않은 내용임에도 SNS를 통해 접한 타인의 경험을 자신의 경험처럼 인식함으로써 매스미디어의 이미지를 강화'하는 이른바 '상상의 공명효과'가 발견된 것이다. 비록 다중미디어 시대에는 다양한 관점을 가진 정보들이 존재하지만, 개인의 선호에 따른 선택적 수용이 이루어지며, 선택적 수용은 결국 이미지의 변화가 아닌 강화로 이어질 수 있다는 것이다. 이러한 결과는 수용자의 선택성이 문화계발 효과를 유발하는 핵심적 요소(Rubin, Perse, & Taylor, 1988)라는 선행연구의 발견을 재차 확인한 것이다.

한편, '상상의 공명효과'는 나은영(2012)의 연구에서 밝혀낸 바 있는 합의착각 효과와 비슷한 맥락을 가지고 있다. 나은영(2012)에 따르면 SNS 이용자들은 동질적 정보를 추구하고 동질적 사람만을 선호하는 경향이 있다. 따라서 한정된 정보에만 접근하고 동질적 의견을 과대 수용하게 된다. 그러나 이 연구에서 밝혀낸 '상상의 공명효과'는 나은영(2012)의 합의착각 효과와 분명한 차이를 가지고 있다. '상상의 공명효과'란 것은 능동적 미디어 이용자들이 과거 미디어를 통해 형성된 '믿음'을 합리화하기 위한 의도적 행동을 의미한다. 즉 미디어 이용자들은 자신의 의견 또는 견해와 일치하는 정보들을 의도적으로 선택하여 수용하게 된다. 그리고 의도적으로 선택된 정보는 자신의 믿음을 뒷받침할 수 있는 근거로 활용하게 된다.

결과적으로 이 연구에서 밝혀낸 공명효과는 여러 가지 맥락에서 발생할 수 있지만, 공통점은 '개인의 믿음을 합리화시키는 과정'이라는 것이다. 이 연구를 통해 밝힌 미디어의 역할은 '선 인식' 또는 '선 믿음'을 형성할 수도 있지만, 개인의 믿음을 확인하게 해주는 '증거물'일 수도 있다. 더욱이 공명효과가 미디어 메시지의 실제 경험 과정에서만 나타나지 않고 특정 미디어(전통적 미디어)로 인해 형성된 '믿음'이 SNS와 같은 이종 미디어에 의해 합리화될 수 있는 '증거'를 확보하는 이른바 '상상의 공명효과'도 존재한다. 특히 다양한 미디어들이 존재하는 다중미디어 시대, 하나의 미디어를 통해서 '선 인식'을 형성하고, 인식이 '믿음'으로 발전하는 과정에서 '믿음'을 뒷받침할 수 있는 근거가 자신의 실제 경험이 아니라 특정 경험이 있는 개인이 운영하는 SNS와 같은 개인 미디어 노출에 의한 경우가 나타났다. 이러한 '상상의 공명효과'는 다중미디어 시대 다양한 미디어들이 존재하고 정보의 취득과 선택이 용이해진 환경에서 파생된 것이라고 판단된다.

과거 공명효과의 반론을 제기한 선행연구들은 수용자의 사전 지식 또는 경험의 유무에만 중점을 두었다(우형진, 2006; 이정기 외, 2016; Woo, & Dominick, 2001, 2003). 공명효과가 일어나는 다양한 차원의 맥락을 간과한 것이다. 이번 연구를 통해서 밝힌 '상상의 공명'의 맥락을 살펴보면, 비록 SNS 이용자들의 경우 실질적인 한국 접촉 경험이 없지만, SNS에서 타인의 경험을 차용함으로써 자신의 인식을 합리화하는 것을 확인할 수 있었다. 이러한 과정을 통해서도 공명효과가 나타날 수 있다는 것이다. 즉, 과거 공명효과에 관한 반론을 제기한 연구(우형진, 2006; 이정기 외, 2016; Woo, & Dominick, 2001, 2003)에 따르면, 사람들은 경험이 부족한 상황에서 오히려 미디어에 의존하고, 문화계발 효과가 강하게 나타나게 된다. 그러나 이 연구는 과거 경험이 부족한 상황에서 매스미디어를 통해 형성된 인식(사전 지식)이 SNS 등 개별 미디어를 통해 재차 확인되고, 강화될 수 있다는 사실을 밝혀냈다. 결과적으로 이 연구의 연구결과는 다중미디어 시대, 이종 미디어 간에 계발 효과와 공명효과가 발생하는 맥락에 관한 이해의 폭을 넓혔다는 측면에서 이론적 기여점이 있다고 하겠다.

넷째, 문화계발의 반향과정, 즉 SNS를 통한 한국 이미지의 전달은 제한된 특정 소수에게만 영향을 미치는 것으로 나타났다. SNS는 주로 자신의 지인이나 비슷한 관점들 가지고 있는 사람들과 연결되어 있기 때문이다. 결과적으로 한국 경험을 가진 대만인들의 SNS를 통한 한국 이미지의 반향은 결국 동질적 사람들에게만 효과적으로 영향력을 행사할 수 있다. 다만 그들의 메시지 전달은 목적성과 목적 대상이 존재하기 때문에 더욱 효과적으로 영향력을 행사할 수 있다.

특히 한국 거주 대만인들은 자신의 관심사를 SNS를 통해 공유함으로써 자연스럽게 한국의 문화와 사회적 이슈를 일반 대만인들에게 알리는 역할을 수행하기도 했다. 그리고 그들은 자신만의 방식대로 다른 대만인들에게 한국에 관한 편견을 깨기 위해 노력도

하고 있었다. 예컨대 한국 경험이 없는 대만인들에게 그들의 '생생한 경험'을 보여줌으로써 기존의 대만 미디어가 형성하고 있는 주류 담론에 균열을 일으키고자 하는 의도가 있는 것으로 나타났다. 자신들만의 방식으로 한국의 이미지를 보여줌으로써 한국의 이미지가 대만의 미디어가 보여주는 것과 '같은 것만은 아니다'라는 메시지를 담아내고 있었다.

더욱이 일부 한국 거주 대만인, 특히 결혼이주민들은 SNS에서 한국 생활을 공유할 때 한국에 대한 부정적인 부분들을 여과하고 가급적 좋은 면들만 공유하는 경향이 있는 것으로 나타났다. 이는 응답자들이 한국에서 생활하면서 한국과의 유대감이 강해진 결과라고 볼 수가 있다. 이러한 점들을 고려하면, 한국 거주 외국인들은 자국과 한국과의 우호적 관계를 끌어낼 수 있는 민간 외교관의 역할을 수행하고 있음을 확인할 수 있다.

이 연구에서 '반향'의 과정은 한국 이미지를 형성하고 지속해서 수정하는 '변곡'의 장기적 흐름 속에서 나타난 결과물이다. 대부분 반향과정이 SNS를 통해 이루어지기 때문에 영향력도 매우 제한적일 수밖에 없다. 마치 큰 기계 속에 존재하는 '보잘것없는' 작은 나사처럼 보일 수도 있다. 하지만 반향의 중요성은 소중(小衆)에 대한 '제한적 영향'이 아니라, 반향이 가지고 있는 '능동성'과 '무한한 확장 가능성'에 있다. 즉, 반향이라는 개념이 중요한 이유는 소셜미디어 시대, 매스미디어뿐만 아니라 개인에 의해 콘텐츠가 생산, 유통되는 개인 미디어인 SNS가 또 다른 측면의 정보원 역할을 해낼 수 있다는 점, 전통적 매스미디어가 만들어낸 문화계발 효과가 존재하지만, 경험으로 무장한 SNS라는 개인 미디어가 매스미디어에 의해 조성된 주류 담론(여론)과 다른 목소리를 낼 수 있다는 점에 있다. SNS를 통해 개인들은 소소하지만 자기만의 방식대로 목소리를 낼 수 있고, 타인에게 영향을 줄 수 있는 채널을 가지게 되었다. 과거에는 방대한 바닷(사회)속에서 거대한 고래들(매스미디어)만이 파도를 일으킬 수 있었다면, 이제는 새우(개인)들도 튀어서 새로운 물결을 만들어낼 수 있게 된 것이다. 이러한 물결들이 소소하게 생각될 수도 있지만, 수천 수백만의 새우들이 모이면 큰 파문을 일으킬 가능성도 없지 않다. 예컨대, 글로벌적으로 퍼져나가서 한국 사회에도 큰 영향을 행사하고 있는 #METOO 운동과 최근에 발생한 일본제품 불매운동은 SNS에 의해 시작됐다. 앞서 제시한 SNS를 통해 시작된 사회적 이슈들은 과거 강력하고 획일적 메시지를 가진 매스미디어 시대에는 불가능한 일이었다. 결과적으로 이러한 소셜미디어 시대에서 '능동적 미디어 이용자'의 출현, 그들의 목소리를 능동적으로 낼 수 있고, 영향을 행사할 수 있다는 것 자체가 '반향'의 중요성과 무한한 가능성을 보여준다.

마지막으로 이 연구는 한국 거주 대만인들이 한국 방문 전과 방문 후의 한국 이미지 형성과정을 추적하고, 대만인들이 바라보는 한국, 대만인의 대-한국 관점을 상세하게 기술했다. 이번 결과에서 밝혀낸 대만인의 한국 인식은 대부분 부정적인 것으로 나타났다. 한류 열풍의 시대에 한국 거주 외국인의 한국 이미지가 부정적으로 나타났다는 점은 대만인이 인식하는 한국의 이미지가 부정적이라는 곽추문(2015)의 연구와 대동소이한 것이다. 선행연구에 따르면 대만인의 한국에 대한 부정적 인식의 원인은 주로 대만과 한국 간의 단교와 같은 정치적 요소, 경제, 스포츠 영역에서의 경쟁적 관계, 그리고 미디어의 재현 등으로 인한 것이었다(江佩蓉, 2004; 朱立熙, 1993; 朱立熙, 2015; 林宗偉, 2012; 郭秋雯, 2011, 2018; 劉莞青, 2015).

한국에 대한 부정적 인식의 원인으로 고려된 항목들은 본 연구의 결과, 한국 방문 전 대만인의 한국 이미지 형성과정에 영향을 준 항목과 대부분 일치했다. 하지만, 인터뷰 대상자들의 한국 방문 후 이미지는 대부분 한국 사회를 대만 사회와 비교하는 과정에서 형성된 것으로 볼 수 있다. 이러한 결과를 놓고 봤을 때 대만인들에게 한국 이미지는 고정불변하는 절대적인 것이 아니라 개인의 가치관과 같은 준거 틀에 따라 판단되는 상대적인 것임을 알 수가 있다. 이 연구의 참여자들은 한국 방문 후 자연스럽게 한국에서의 경험을 대만과 비교하게 되고, 대만의 기준으로 한국을 판단하는 경향성을 보였다. 그리고 그들이 한국에 오기 전의 한국 이미지가 주로 추상적, 표피적, 거시적인 '국가'에 관한 이미지였다면, 한국에 온 후의 한국 이미지는 그들이 매일 접촉하고 상호작용하는 '한국인'으로 초점이 좁혀졌다. 이는 대만인들의 한국 방문 후의 한국 이미지 형성과정에 대인 커뮤니케이션이 결정적인 역할을 했음을 보여준다.

특히 인터뷰 대상자들은 외국인으로서 한국에서 생활하는 과정에 새로운 언어, 환경, 문화, 그리고 인간관계를 형성하고 적응하는 데에 많은 어려움을 겪을 수밖에 없다. 이러한 힘겨운 경험들은 인터뷰 대상자들이 한국을 부정적 이미지로 인식하는 것에 크게 영향을 미친 것으로 판단된다. 이는 인터뷰 대상자들이 인터뷰하는 과정에서 특히 '한국의 불평등한 사회상과 사회적 불합리성'과 '집단성, 배타성, 그리고 인간관계 진입장벽'에 대해 더 상세하고 다양한 측면을 서술하는 것에서 엿볼 수가 있다.

주목할 만한 점은 인터뷰 대상자들의 성별, 연령, 한국 거주 기간, 직업, 결혼 여부 등의 차이에 따른 한국에 대한 이미지의 차이가 크지 않았다는 것이다. 성별과 연령의 구분 없이 응답자들은 공통으로 한국 사회의 불평등과 불합리성을 경험했다고 말했고, 거주 기간과 상관없이 한국에서의 집단성, 배타성과 인간관계 진입장벽을 느끼고 있다고 말했다. 그리고 직장인과 유학생이라는 경제적 생산력의 차이가 존재함에도 한국 사회의 강한 경쟁의식과 경제활동의 명암 등에 관한 대동소이한 인식을 공유하고 있었다. 이는 적어도 이 연구의 결과에서만큼은 응답자들의 인구·사회적 특성의 차이보다 한국에서 생활하고 있는 '대만 출신 외국인'이라는 정체성이 더욱 뚜렷하게 표출되었기 때문이라고 판단된다.

인터뷰에 참여한 대만인들의 인구·사회적 속성과 상관없이 모든 대만인은 대만이 한국보다 개방적인 사고방식과 문화적 포용력, 평등한 대인관계, 성숙한 시민의식 등을 가지고 있다는 것에 동의하고 있었다. 인터뷰에 참여한 대만인들은 한국과 한국인에 대해 일종의 도덕적 우월감을 가지고 있었다. 대만의 보편적 인권(가치) 수준에 미치지 못하는 한국의 상황 또는 한국인의 행동을 한국 사회에서 경험하게 되는 과정에서 한국에 대한 부정적 이미지가 강화되거나 한국에 관한 호의적 인식이 부정적으로 변화되는 현상이 공통으로 나타나게 되었다.

한국에서 살아가는 외국인이 해마다 증가하고 있다. 최근 5년간 한국에 체류하고 있는 외국인 수는 연평균 8.5%의 증가율(2013년 3.08%, 2014년 3.50%, 2015년 3.69%, 2016년 3.96%, 2017년 4.21%)을 보인다(출입국·외국인 정책본부, 2018). '한민족'을 정체

성으로 가지고 있던 한국은 점점 다양한 국적과 인종, 문화를 가지고 있는 사람들이 함께 어울리며 살아가는 '다문화 한국'으로 변화하고 있다. 그러나 외양적으로 다문화 사회로 급격히 변하고 있는 것과는 다르게 한국 사회는 다문화에 관한 수용성이 낮은 편이다. 여성가족부의 '2015년 국민 다문화 수용성 조사 연구' 결과에 따르면 한국인의 다문화 수용성 점수는 100점 만점에 53.95점에 불과했다. 한국인 중 31.8%는 외국인 노동자/이주민을 이웃으로 삼고 싶지 않다고 응답했다. 한국은 호주, 독일, 중국, 네덜란드, 스페인, 스웨덴, 미국, 뉴질랜드, 칠레, 콜롬비아, 멕시코, 터키, 대만 등의 국가에 비해 외국인 노동자/이주민에 관한 부정적 감정이 있었다.

한국 사회의 다문화 수용성이 낮다는 것을 이 연구의 결과, 즉 한국 거주경험을 가진 대만 사람들이 한국 사회를 전반적으로 부정적으로 평가하고 있다는 것과 결부 지어 생각해 볼 필요가 있다. 다문화에 관한 수용성이 낮은 한국 사회에서 대만과 같은 아시아 사람들이 살아가는 것은 어려운 일이라는 것을 이 연구의 결과는 지속해서 보여주고 있다. 한국 방문 전 외국인들은 자국에서 K-POP, 한국 드라마 등 한국 대중문화를 통해 세련된 한국, 친절한 한국인이라는 이미지를 형성할 가능성이 있다. 그러나 한국 생활과정에서 이러한 이미지는 부정적으로 변하게 되는 경우가 많았다. 즉 한국 방문 전 형성된 문화계발 효과가 한국 거주경험을 통해 부정적으로 변곡된다는 것이다. 이상의 연구결과는 한국 사회가 진정한 의미의 글로벌 국가, 다문화 국가로 성장하기 위해서는 한국 거주 외국인들에 관한 세심한 배려와 함께 다문화에 관한 수용성을 높일 필요가 있음을 보여준다.

한편, 단교 이후 한국에 대해 부정적인 프레임으로 보도하는 경향이 있는 대만 미디어의 영향을 받은 대만인들은 한국에 대해 부정적인 이미지를 가질 수밖에 없는 구조 속에 놓여 있다(이정기·황우념, 2016). 특히 대만과 한국 사이에는 언어적 장벽이 존재하기 때문에 대만인들이 직접 한국의 정보를 취득하고, 한국 이미지를 주체적으로 형성하는 데 어려움이 있을 수밖에 없다. 이는 대만인들의 한국 이미지 형성에 전통적인 문화계발 효과가 발현될 수밖에 없는 상황을 보여준다.

그러나 다중미디어 시대 미디어 메시지가 통일된 흐름으로 획일적 영향력을 행사하는 것은 불가능한 일이 되었다(Jansson, 2001). 대만 사회는 한국을 부정적으로 묘사하고 있는 대만 언론과 한국을 긍정적으로 묘사하고 있는 한국의 대중문화들이 공존하고 있다. 그리고 1인 미디어, 소셜미디어가 확산하였고, 국가 간 이동과 문화체험의 기회가 대폭 확대되었다. 이와 같은 환경적 요소들은 전통적 문화계발 효과에 균열을 유발하고 있는 것으로 보인다. 예컨대 대만의 미디어를 통해 한국에 대한 부정적 이미지를 형성하고 있던 대만인은 한국 대중문화를 통해 한국에 관한 긍정적인 이미지를 형성할 수도 있다. 그리고 한국인과의 교류 등 문화적 접촉과 한국 방문 후 한국 생활 경험의 누적에 따라 한국에 대한 이미지는 지속해서 수정된다. 아울러 한국 방문 경험을 가진 대만인의 SNS 포스팅은 SNS 팔로워들에게 한국에 대한 이미지의 변화를 유발해 내기도 한다.

결과적으로 다중미디어 시대, 문화계발 효과라는 것은 선형적인 것이 아니라 미디어 활용 과정, 개인의 상황에 따라 얼마든지 변화할 수 있는 곡선적인 것이라는 점을 보여준다. 중요한 점은 과거 매스미디어의 시대에 단순한 미디어 수용자에 그치던 사람들이 미디어 이용의 분극화 과정에서 미디어 이용자가 되었다는 것이다. 때로는 미디어의 영향을 받고, 때로는 다른 사람들에게 미디어로서 영향을 주는 상황이 만들어진 것이다. 이러한 상황은 전통적 문화계발 효과의 변화를 끌어내는 이른바 반향의 동력이 되기도 하는 것으로 보인다.

참고문헌

<한국문헌>

강진숙·김지연(2013). SNS 이용자의 정치참여에 관한 현상학적 연구: 10·26 서울시장 보궐선거를 중심으로. <한국언론정보학보>, 제62호, 179-199.

강진숙·장지훈·최종민(2009). 2008 촛불 집회 참여 경험에 관한 현상학적 연구: 대학생 참여자 및 1인 미디어 이용자를 중심으로. <한국방송학보>, 23권 4호, 7-48.

구특교·김정훈·김은지(2018. 4. 11). "남편 장애 있어 결혼했나" 이주민 가슴에 대못 박는 사람들. <동아일보>. URL:http://www.donga.com/news/article/all/20180411/89551593/1

곽추문(2015). 한류 현황에서 본 대만인의 한국 이미지. <동양철학문화>, 제1권, 11-36.

곽추문(2018). 한류의 대만 진출 역사 및 대만인의 한류 인식. <디아스포라 연구>, 12권 1호, 83-111.

김미경·박은희(2012). 소셜미디어 공중. 이종혁 (편), <소셜미디어 PR> (29~51쪽). 서울: 커뮤니케이션북스

김분한·김금자·박인숙·이금재·김진경·홍정주·이미향·김영희·유인영·이희영(1999). 현상학적 연구방법의 비교고찰. <대한간호학회지>, 29권 6호, 1208-1220.

김성연·김현주(2019). 북한 이탈 주민의 직업적응 경험에 관한 현상학적 연구: 중년 남성의 경험을 중심으로. <한국사회복지 질적 연구>, 13권 1호, 151-175.

김수미·정경은(2013). 다문화 청소년의 낙인 경험에 관한 연구. <청소년문화포럼>, 34권 1호, 27-49.

김주연·안경모(2012a). 아시아 국가에서의 K-pop 이용 행동과 K-pop으로 인한 국가 호감도 및 한국 방문 의도 변화. <한국콘텐츠학회논문지>, 12권 1호, 516-524.

김주연·안경모(2012b). 중국에서의 한류 콘텐츠 선호가 한국 상품 구매, 한

국 방문 및 한글 학습 의도에 미치는 영향. <한국콘텐츠학회논문지>, 12권 5호, 447-458.

김지연(2017). <장애인들의 다중 형성과 소수자 미디어 교육에 관한 현상학적 연구>. 중앙대학교 박사학위 논문.

김철중(2019. 2. 14). 성차별이 없는 나라 대만 … "육아 문제로 회사 그만두지 않아요". <동아일보>. URL: http://www.donga.com/news/article/all/20190214/94097397/1

나미수(2015). 미디어 수용자 연구하기. 한국언론정보학회 (편). <미디어 문화연구의 질적 방법론> (261~300쪽). 서울: 컬처룩.

나은영(2006). 인터넷 커뮤니케이션: 익명성, 상호작용성 및 집단극화를 중심으로. <커뮤니케이션이론>, 2권 1호, 93-127.

나은영(2012). SNS 중이용자와 경이용자의 현실 인식 차이: 배양 효과와 합의착각 효과. <한국심리학회지: 사회 및 성격>, 26권 3호, 63-84.

문흥호·주리시(2015). <한국-타이완 관계사(1949~2012)>. 서울: 폴리테이아.

박미은·신희정·이미림(2012). 결혼이주여성의 취업경험에 관한 현상학적 연구. <사회과학연구>, 23권 4호, 213-244.

박상조·박승관(2016). 외국인 범죄에 관한 언론 보도가 외국인 우범자 인식의 형성에 미치는 영향. <한국언론학보>, 60권 3호, 145-177.

박인철(2015). <현상학과 상호문화성>. 파주: 아카넷.

백상기·이양환·장병희·류희림(2011). LA 지역 재외동포들의 한국 뉴스 미디어 노출 및 주목이 모국에 관한 인식과 평가에 미치는 영향: 문화계발 효과 검증. <한국방송학보>, 25권 6호, 332-374.

박승민(2012). 상담학 분야의 질적 연구 경향 분석: 국내 학술지 논문을 중심으로. <상담학연구>, 제13권, 953-977.

박은혜(2015). 부부관계 향상을 위한 '통합적 프로그램' 참여자들의 심리적 변화에 관한 현상학적 연구. <목회와 상담>, 제25권, 36-80.

설재훈(2003). 자동차보급률에 따른 교통사망사망률의 변곡 특성에 관한 연구. <교통연구>, 10, 1-23.

신혜영(2011). 미국 대중매체에 나타난 아시아 남성의 이미지: 편견과 문제점에 관한 고찰. <한국학연구>, 제36집, 33-57.

안정아(2014). 중국 80-90后와 외국 대중문화의 선택적 수용: 베이징 사례. <한국콘텐츠학회논문지>, 14권 6호, 34-43.

여성가족부(2015). 2015 국민 다문화 수용성 조사 결과보고서. URL:http://www.mogef.go.kr/mp/pcd/mp_pcd_s001d.do?mid=plc503&bbtSn=701835

오미영(2014). TV 드라마 시청자의 비서직 인식에 관한 연구: 배양 효과와 성 역할 고정관념을 중심으로. <비서·사무경영연구>, 23권 1호, 49-69.

우형진(2006). 문화계발이론의 '공명효과'(resonance effect)에 관한 재고찰: 위험 인식에 관한 텔레비전 뉴스 효과를 중심으로. <한국언론학보>, 50권 6호, 254-276.

유정균·김두섭(2017). 외국인 거주자의 다양성과 변화 추이. <Korean Social Trends>, 2017, 44-52.

유혜령(2014). 현상학적 글쓰기: '형언할 수 없는 그 무엇'이 살아나는 공간 만들기. <교육인류학연구>, 17권 4호, 1-34.

이민규·우형진(2004). 탈북자들의 텔레비전 드라마 시청에 따른 남한 사회 현실 인식에 관한 연구: 문화계발 효과와 문화 동화 이론을 중심으로. <한국언론학보>, 48권 6호, 248-273.

이양환(2014). 한국 드라마 해외 온라인 시청자들의 시청 동기와 한국 드라마에 관한 태도, 그리고 한국 이미지의 연관성 연구. <한국언론정보학보>, 제66호. 273-297.

이은숙(2002). 중국에서의 '한류' 열풍 고찰. <문학과 영상>, 3권 2호, 31-59.

이순지(2018. 5. 23). '바가지 썼다' 한국 유튜버 영상에 대만 들썩… 혐한으 로 번지나. <한국일보>. URL: https://www.hankookilbo.com/News/ Read/201805231124343244

이정기(2016). 텔레비전 뉴스 시청과 복지 인식, 개인적·사회적 환경 속 '공 명효과'의 새로운 탐색: 복지 이슈 유형, 연령별·성별·정치성향별 차이를 중심으로. <방송과 커뮤니케이션>, 17권 1호, 5-50.

이정기·김영수·박경우·금현수(2016). 방송뉴스의 '군(軍) 폭력' 관련 보도 가 시청자들의 인식, 행동 의도에 미치는 영향: 문화계발이론과 한국 적 상황에서 공명효과의 차별적 발현(發現) 현상의 검증. <사회과학 연구>, 32집 3호, 61-90.

이정기·황우념(2016). <대만 방송뉴스의 현실과 쟁점>. 서울: 커뮤니케이션북스·

이준웅·장현미(2007). 인터넷 이용이 현실 위험 인식에 미치는 영향. <한국 언론학보>, 51권 2호, 363-391.

이재은·강지원·신정신·최용석(2017). 한류 콘텐츠 노출도가 일본인의 한 국 방문 의도에 미치는 영향: 자민족 중심주의, 한류 콘텐츠 만족도 의 조절 효과를 중심으로. <관광연구저널>, 31권 6호, 51-65.

이재현(2004). <멀티미디어와 디지털 세계: 뉴미디어란 무엇인가?>. 서울: 커 뮤니케이션북스.

이희진(2017). 한류 콘텐츠 이용 정도가 중국인의 혐한 정서에 미치는 영향. <한국콘텐츠학회논문지>, 17권 10호, 394-405.

임양준(2012). 한국 거주 이주노동자에 관한 신문의 보도 경향과 인식연구: 조선일보, 한겨레, 경인일보, 부산일보를 중심으로. <언론과학연구>, 12권 4호, 419-456.

전준강(2018. 4. 29). 외국인이라고 목적지 돌아서 가는 대만 택시기사 '참교육'한 대륙남. <인사이트>. URL: https://www.insight.co.kr/news/152569

정선주(2018). 일본 결혼이주여성들의 배우자 가족갈등에 관한 현상학적 연구. <다문화사회연구>, 11권 2호, 211-254.

조금주 · 장원호 · 김익기(2013). 대만과 한국 대학생들의 한류 의식 비교 연구. <청소년학연구>, 20권 3호, 77-102.

조윤주(2012). 다문화 가족의 형성과 적응과정에 관한 현상학적 연구: 동거하는 고부를 중심으로. <한국가정관리학회지>, 30권 5호, 59-74.

주립희(2015). 台灣反韓情節的根源與文化外交觀點之對策. <성균 중국 관찰>, 11권, 70-80.

주혜연 · 노광우(2013). 드라마 속에 재현된 외국인과 한국의 다문화주의. <만화애니메이션연구>, 제32호, 335-361.

진효화 · 이기종(2014). 계획된 행동이론(TPB)을 적용한 중국인의 한국 방문 의도에 관한 연구: 20대 젊은 층의 한류 호감도와 국가 이미지의 역할을 중심으로. <호텔경영학연구>, 23권 3호, 41-59.

차명정(2013). <정리해고 노동자의 외상 경험에 관한 현상학적 연구: 한진중공업을 중심으로>. 경성대학교 대학원 박사학위 논문.

채영길(2014). 한국 보수 언론 및 온라인 커뮤니티의 이주노동자 재현과 갈등 은유 분석. <한국언론학보>, 58권 4호, 210-237.

출입국 · 외국인 정책본부(2018). 2017 출입국 · 외국인 정책 통계연보. URL: http://www.immigration.go.kr/HP/COM/bbs_003/ListShowData.do?strNbodCd=noti0096&strWrtNo=131&strAnsNo=A&strOrgGbnCd=104000&strRtnURL=IMM_6050&strAllOrgYn=N&strThisPage=1&strFilePath=imm/

최윤정(2014). TV 시청과 온라인 대화의 결합: '사회적 시청' 개념 제시와 효과 검증. <한국방송학보>, 28권 4호, 315-355.

최윤정 · 이종혁(2016). 사회적 시청이 이야기 몰입과 현실감에 미치는 영향: 드라마 시청을 중심으로. <미디어 경제와 문화>, 14권 2호, 178-218.

최창근·홍길동·신아람(2012). <대만, 우리가 잠시 잊은 가까운 이웃>. 서울: 대선.

하정미(2011). <상담가의 자살 예방 사이버 상담 경험에 관한 연구>. 부산대학교 사회복지학 박사학위 논문.

한국국제교류재단·외교부(2018). 2017 지구촌 한류 현황 Ⅰ : 아시아·대양 주. URL: http://ebook.kf.or.kr/contents.jsp?book_id=1783

한국관광공사(2018). 1984-2017 출입국 국가별 월별 통계. URL:https://kto. visitkorea.or.kr/kor/notice/data/statis/profit/board/view.kto?id=423699 &isNotice=true&instanceId=294&rnum=0

한국문화산업교류재단(2017). 2016-2017 글로벌 한류실태조사. URL: http:// www.kofice.or.kr/b20industry/b20_industry_01_view.asp?seq=295&pa ge=1&find=&search=

허욱(2009). 대만 영상 콘텐츠 산업의 동향과 전망. <디지털 영상 학술지>. 6권 1호, 323-352.

허종호(2016). 선행 브랜드 확장과 추격 브랜드 확장의 시장성과가 추격 확장 제품의 모 브랜드에 미치는 반향효과. <한국콘텐츠학회논문지>, 16권 5호, 686-697.

홍성하(2011). 간호학에서의 '돌봄'(caring)에 관한 현상학적 연구. <철학과 현상학 연구>, 50호, 213-241.

홍성완(2019. 5. 7). 달러 강세에 외환보유액 12.2억 원 감소. <뉴스 포스트>. URL: http://www.newspost.kr/news/articleView.html?idxno=71121

황우념(2017). <부산행>은 왜 대만 관람객에게 인기인가?: 대만 관람객의 평 가와 경험을 중심으로. <사회과학연구>, 33집 3호, 123-145.

황우념·이정기(2017). 대만 미디어 콘텐츠 노출이 한국인의 대만 인식, 대만 방문 의도에 미치는 영향. <미디어 경제와 문화>, 15권 3호, 135-182.

<대만 문헌>

NOWnews今日新聞(2018. 8. 27). 5年前「好想贏韓國」願望實現 徐展元淚崩: 真的贏了!URL: https://www.nownews.com/news/20180827/2806407/

江佩蓉(2004). <想像的文化圖景: 韓流與哈韓族在台灣>. 政治大學新聞所 碩士論文.

經濟日報(2018. 1. 11). 停滯的台灣 vs. 成長的韓國. URL:https://money.udn. com/money/story/5628/2923466

郭家平(2007). <台灣女性韓劇迷的收視經驗及認同過程>. 國立交通大學 傳播 研究所 碩士論文.

郭秋雯(2011). 韓流對臺灣的影響及其因應對策. <WTO研究>. 第18卷. 127-170.

譚偉晟(2016. 1. 29). 2015 年線上影音調查! Yahoo 分析: 女性熱衷韓劇、長
　　輩愛看中國影集. <自由時報>. URL: https://3c.ltn.com.tw/news/22752

文智園(2014). <消費者對韓國來源國形象、企業形象與品牌形象認知如何影響
　　其購買韓國手機意願: 以韓劇收視程度為干擾變數>. 國立臺灣大學 國
　　際企業學研究所 碩士論文.

阿圖賽(2017. 1. 24). 孔子、孫中山都來自韓國? 台灣人仇韓, 就是這些「韓國
　　起源說」的假新聞造成. <報橘>. URL:
https://buzzorange.com/2017/01/24/people-hate-korea-is-mislead-by-fake-news/

樂嘉妮・黃昭盛(2017. 3. 3). 赴韓打工度假 600名額3天搶光. <華視新聞網>.
　　URL: https://news.cts.com.tw/cts/life/201703/201703031856391.html

羊正鈺(2019. 5. 17). 台灣成為亞洲第一個同性婚姻合法的國家, 立法院三讀通
　　過「同婚專法」. <The News Lens 關鍵評論>. URL:https://www.thene
　　wslens.com/article/119210

楊智強(2015. 11. 27). 台灣人不太會喝? 貪杯的韓國人遇上不嗜酒的台灣. <方
　　格子>. URL: https://vocus.cc/korea/5a122024eceaed97b4027a67

聯合晚報(1997. 12. 25). 石化韓流過後 春暖花開. 18版.

吳孟庭(2018. 5. 22). 韓男公審台運將繞路300萬人看!台灣妞揪5大誤會 … 影
　　片成功下架. <ETtoday星光雲>. URL:https://star.ettoday.net/
　　news/1174807

翁嫆琄(2017. 12. 28). 想去韓國? 外交部宣布赴韓度假打工名額明年增至800人.<ETtod
　　ay 新聞雲>. URL:https://www.ettoday.net/news/20171228/1082054.htm

劉莞青(2015). <台灣反韓情緒與韓流狂熱: 台灣韓流迷研究>. 國立政治大學 國
　　際傳播英語碩士學位學程 碩士論文.

李子千(2011). <社會運動與公民社會發展: 台灣南韓之比較>. 國立成功大學 政
　　治經濟學研究所 碩士論文.

林宗偉(2012). <被創制的仇恨: 媒體運動報導中的反韓框架分析>. 國立政治大學
　　廣播電視學系 碩士論文.

蔣宜婷・林雨佑(2019. 2. 21). 專法草案出爐, 台灣有望成為亞洲第一同婚合法
　　國家. <報導者>. URL:https://www.twreporter.org/a/marriage-equality-
　　enforcement-act-of-interpretation-no748

丁興蘭(2011). <韓流在台灣影響韓語學習與教學推動之現況研究>. 中國文化大學
　　韓國語文學系 碩士論文.

朱立熙(1993). <再見阿里郎: 台韓關係總清算>. 台北: 克寧.

中國時報(1997. 12. 12). 韓流來襲 國內產業冷暖不一. 18版.

陳姿伶(2008). <台灣年輕男性韓劇閱聽人的收視經驗>. 國立臺灣師範大學 大衆傳播研究所 碩士論文.

項程鎮・張文川・楊國文・鍾麗華(2017. 05. 25). 民法未保障同婚 違憲. <自由時報>. URL: https://news.ltn.com.tw/news/focus/paper/1105147

黃仕揚(2018. 8. 29). 赴韓觀光人數可望破百萬 愛玩銀髮族成推廣主力. <聯合報>. URL: https://udn.com/news/story/7270/3337464

<외국 문헌: 대만 외>

Alase, A.(2017). The interpretative phenomenological analysis(IPA): A guide to a good qualitative research approach. International Journal of Education & Literacy Studies, 5(2), 9-19.

Bryant, J., & Thompson, S.(2001). Fundamentals of media effect. 배현석 역 (2005). 『미디어효과의 기초』. 서울: 한울.

Chan, B., & Wang, X.(2011). Of prince charming and male chauvinist pigs: Singaporean female viewers and the dream-world of Korean television dramas. International Journal of Cultural Studies, 14(3), 291-305.

Chiricos, T., Padgett, K., & Gertz, M.(2000). Fear, TV news, and the reality of crime. Criminology, 38(3). 755-786.

Cohn, H. W.(1997). Existential thought and therapeutic practice: An introduction to existential psychotherapy. London: Sage.

Colaizzi, P. F. (1978). Psychological research as the phenomenologist views it. In R. S. Valle & M. King(Ed.), Existential-phenomenological alternatives for psychology(pp.48-71). N.Y.: Oxford University Press.

Creswell, J. W. (2013). Qualitative Inquiry & Research Design: Choosing among Five Approaches (3rd ed.). Thousand Oaks, CA: Sage Publications.

Doob, A. N., & Macdonald, G. E.(1979). Television viewing and fear of victimization: Is the relationship causal? Journal of Personality and Social Psychology, 37(2), 170-179.

Eschholz, S., Chiricos, T., & Gertz, M.(2003). Television and fear of crime: Program types, audience traits, and the mediating effect of perceived neighborhood racial composition. Social Problems, 50(3), 395-415.

Gerbner, G., & Gross, L.(1976). Living with television: The violence profile. Journal of Communication, 26(2), 182-190.

Gerbner, G., Gorss, L., Jackson-Beeck, M., Jeffries-Fox, S., & Signorielli, N.(1978). Cultural indicators: Violence profile no. 9. Journal of Communication, 28(3), 176-207.

Gerbner, G., Gross, L., Morgan, M., & Signorielli, N.(1980). The "mainstreaming" of America: Violence profile no. 11. Journal of Communication, 30(1), 10-29.

Gerbner, G., Gross, L., Morgan, M., & Signorielli, N.(1986). Living with television: The dynamics of the cultivation process. In Bryant, J., & Zillman, D. (Eds.). Perspectives on media effects (pp. 17-40). Hillsdale, NJ: Lawrence Erlbaum.

Gerbner, G., Gross, L., Morgan, M., Signorielli, N., & Shanahan J. (2002). Growing up with TV: Cultivation processes. In Bryant, J., & Zillman, D. (Eds.), Media effects: Advances in theory and research (2nd ed., pp. 43-67). Hillsdale, NJ: Lawrence Erlbaum.

Giorge, A.(1985). Phenomenology and psychological research. Pittsburgh. PA: Duquesne University Press.

Grabe, M. E., & Drew, D.(2007). Crime cultivation: Comparison across media genres and channels. Journal of Broadcasting & Electronic Media, 51(1), 147-171.

Gürhan-Canli, Z., & Maheswaran, D.(1998). The effects of extensions on brand name dilution and enhancement. Journal of Marketing Research, 35(4), 464-473.

Herrett-Skjellum, J., & Allen, M.(1996). Television programming and sex stereotyping: A meta-analysis. In Burleson B. R. (Eds.), Communication Yearbook 19 (pp. 157-185). Thousand Oakes, CA: Sage.

Hirsch, P.(1980). The "scary world" of the nonviewer and other anomalies. Communication Research, 7, 403-456.

Huang, S.(2011). Nation-branding and transnational consumption: Japan-mania and the Korean wave in Taiwan. Media, Culture & Society. 33(1), 3-18.

Hong, T. V., & Lee, T. T.(2013). Soap operas as a matchmaker: A cultivation analysis of the effects of South Korean TV dramas on Vietnamese women's marital intentions. Journalism & Mass Communication Quarterly, 90(2), 208-330.

Hughes, M.(1980). The fruits of cultivation analysis: A reexamination of some effects of television watching. Public Opinion Quarterly, 44(3), 287-302.

Husserl, E.(1931). Ideas: General introduction to pure phenomenology (D. Carr, Trans.). Evanston, IL: Northwestern University Press.

Iyengar, S.(1991). Is anyone responsible? How television frames political issues. Chicago: University of Chicago Press.

Jansson, A.(2001). Contestd meanings: Audience studies and the concept of cultural identity, in Kivikuru, U. (Eds.) Contesting the frontiers: Media and dimensions of identity. Goteborg: Nordicom.

Jansson, A.(2002). The mediatization of consumption: Towards an analytical framework of image culture. Journal of Consumer Culture, 2(1), 5-31.

Kang, K. L.(2017). Talking hospitality and televising ethno-national boundaries in contemporary Korea: Considering Korean TV shows featuring foreigners. Television & New Media, 19(1), 59-74.

Kim, H. J., Chen, M. H., & Su, H. J.(2009). Research note: The impact of Korean TV drama on Taiwanese tourism demand for Korea. Tourism Economics, 15(4), 867-873.

Lincoln, Y. S., & Cuba, E. G.(1985). Naturalistic inquiry. CA: Sage Publications.

Martins, N., & Harrison, K.(2011). Racial and gender differences in the relationship between children's television use and self-esteem: A longitudinal panel study. Communication Research, 39(3), 338-357.

Mason, J. (1996). Qualitative researching, 김두섭 역(2008). 『질적 연구방법론』. 서울: 나남.

Morgan, M.(1982). Television and adolescents' sex-role stereotypes: A longitudinal study. Journal of Personality and Social Psychology, 43(5), 947-955.

Morgan, M., & Shanahan, J.(1997). Two decades of cultivation research: An appraisal and meta-analysis. Communication Yearbook, 20(1), 1-45.

Morgan, M., & Shanahan, J.(2010). The state of cultivation. Journal of

Broadcasting & Electronic Media, 54(2), 337-355.

Morgan, M., Shanahan, J., & Signorielli, N.(2015). Yesterday's new cultivation, tomorrow. Mass Communication & Society, 18(5), 674-699.

Moustakas, C.(1994). Phenomenological research methods. Thousand Oaks, CA: Sage Publications.

Oppliger, P. A.(2007). Effects of gender stereotyping on socialization. In Press, R. W., Gayle, B. M., Burrell, N., Allen, M., & Bryant J. (Eds.), Mass media effects research: Advances through meta-analysis (pp. 199-214). Mahwah, NJ: Lawrence Erlbaum.

Patton. M. Q.(2002). Qualitative research and evaluation methods (3rd ed.). Thousand Oaks, CA: Sage Publications.

Potter, W. J.(2014). A critical analysis of cultivation theory. Journal of Communication, 64(6), 1015-1036.

Romer, D., Jamieson, K. H., & Aday, S.(2003). Television news and the cultivation of fear of crime. Journal of Communication, 53(1), 88-104.

Rubin, A. M., Perse, E. M., & Taylor, D. S.(1988). A methodological examination of cultivation. Communication Research, 15(2), 107-134.

Scharrer, E. & Blackburn, G.(2017). Is reality TV a bad girls club? television use, docusoap reality television viewing, and the cultivation of the approval of aggression. Journalism & Mass Communication Quarterly, 95(1), 235-257.

Shanahan, J., & Morgan, M.(1999). Television and its viewers: Cultivation theory and research. Cambridge, England: Cambridge University Press.

Signorielli, N., & Morgan, M.(1990). Cultivation analysis: Research and practice. In Signorielli, N., & Morgan, M. (Eds.), Cultivation analysis: New directions in media effects research(pp. 111-126). Newbury Park, CA: Sage.

Tsay-Vogel, M., Shanahan, J., & Signorielli, N.(2016). Social media cultivating perceptions of privacy: A 5-year analysis of privacy attitudes and self-disclosure behaviors among Facebook users. New Media & Society, 20(1), 141-161.

Van Manen, M.(1990). Researching lives experience: Human science for an action sensitive pdeagogy. Albany: State University of New York Press.

Vu, H. T., & Lee, T. T.(2013). Soap operas as a matchmaker: A cultivation analysis of the effects of South Korean TV dramas on Vietnamese women's marital intentions. Journalism & Mass Communication Quarterly, 90(2), 208-330.

Woo, H. J., & Dominick, J. R.(2001). Daytime television talk shows and the cultivation effect among U.S. and international students. Journal of Broadcasting & Electronic Media, 45(4), 598-614.

Woo, H. J., & Dominick, J. R.(2003). Acculturation, cultivation, and daytime TV talk shows. Journalism & Mass Communication Quarterly, 80(1), 109-127.

부록 1. 103개의 의미구성 문장

103개의 의미구성 문장

의미 있는 진술	의미구성 문장 (코딩)	중국어 원문
한국에 관한 이해 없음	한국에 대해 아는 바가 별로 없다.	對韓國不怎麼了解
	한국에 관한 정보가 별로 없다.	沒有什麼韓國相關資訊
	한국에 관한 관심이 별로 없다.	對韓國不太感興趣
한국에 관한 표면적 이해	추운 나라이다. 눈이 오는 나라이다.	很冷, 會下雪的國家
	김치와 인삼 있는 나라이다.	有泡菜跟人蔘的國家
한국에 관한 주변 사람들의 부정적 이해	내 주변 사람들이 대부분 한국을 부정적으로 생각한다.	我周圍的人大部分都不太喜歡韓國, 看法偏負面
	대만과 단교한 배신자 국가다.	背叛台灣和台灣斷交的國家
	남성 우월주의, 남존여비 사상이 있는 국가다.	沙文主義, 男尊女卑的國家
	비즈니스할 때 잔머리를 쓴다.	做生意的時候很多小動作
한국에 관한 대만 미디어의 재현	한국인은 승부욕이 강하다.	韓國人的好勝心很強
	한국인은 애국심이 강하다.	韓國人很愛國
	배타적 민족성, 단결, 내부적인 연결성이 강하다.	排外的民族性, 團結, 內部的連結性很高
	스포츠 경기에서 조작이 많다.	在體育賽事中很多小動作
한국 대중문화에 재현된 한국의 이미지	한국 드라마, 예능, 음악, 연예인 등 대중문화.	韓劇, 韓粽, 韓國音樂, 藝人等大衆文化
	한국인은 쉽게 흥분한다.	韓國人很容易激動
	한국인은 내숭이 없고 솔직하다.	韓國人很直接不做作
	한국 화장품, 패션이 좋다.	韓國化妝品還有韓國的時尚很棒
	한국 연예인의 스타일은 특이하다.	韓國藝人的造型很奇特
	연예인들은 잘생겼다.	藝人很帥很漂亮
한국에 관한 관심 유발의 계기	한국어를 배우는 것은 목표달성의 수단에 불과하다.	學韓文只是達成目標的一種手段
	한국어를 배우기 위해 드라마를 보기 시작했다.	為了學韓文開始看韓劇
	한국인을 만나고 나서 한국에 관한 관심이 생겼다.	認識韓國人之後開始對韓國產生興趣

의미 있는 진술	의미구성 문장 (코딩)	중국어 원문
한국에 관한 관심 유발의 계기	한국 대중문화 때문에 한국어에 관한 관심이 생겼다.	因為韓國大衆文化開始對韓國產生興趣
능동적 한국 정보의 취득	한국 관광 정보를 수집하고 탐색한다.	蒐集韓國觀光資訊
	대만의 왜곡된 보도가 진실이 아닌 것을 다른 정보원을 통해 확인됐다.	透過別的方式確認了台灣的報導 其實是假新聞
한국 방문 후 한국에 관한 양면적 첫인상 형성	한국의 문화콘텐츠와 관광의 결합, 포장, 한국은 포장과 마케팅을 잘한다.	韓國的文化產業與觀光的結合與包裝, 韓國很會包裝跟行銷
	한국은 쇼핑, 관광하기 좋은 나라다.	韓國是個很好逛街跟觀光的國家
	한국의 이전 이미지와 다른 모습을 보게 됐다.	看到了韓國與之前印象不太一樣的一面
한국의 불평등한 사회상과 사회적 불합리성	한국은 나이를 중시한다. 계급 차이가 존재하고, 남녀가 불평등한 사회다.	韓國很重視年紀跟階級, 是男女不平等的社會
	성 역할 고정관념이 심한 사회다.	傳統男主外女主內觀念根深蒂固的社會
	성 소수자에 관한 편견이 존재하는 사회다.	對同性戀者帶有偏見的社會
	나이가 많은 사람이 어린 사람을 챙겨야 하는 책임이 부여된 사회다.	年紀大的有照顧年紀小的責任
	나이가 벼슬인 나라다. 힘이다.	倚老賣老, 年紀就是力量
	(성희롱에 관한) 성 인식이 부족하다.	對於性騷擾, 尊重性別意識的概念很弱
	서양인과 동양인에 관한 태도가 다르다.	對西方人跟東方人的態度不同
	외국인을 차별한다.	歧視外國人
	사회적으로 보이지 않는 규칙들이 많다.	社會中有很多無形的規定
	불합리한 암묵적 관행이 있다.	有很多不合理的慣例跟潛規則
집단성, 배타성, 그리고 인간관계 진입장벽	단체생활, 모두가 같이 행동해야 한다.	團體生活, 所有人都要一起行動
	집단으로 유행에 민감하다.	追求一致的流行

의미 있는 진술	의미구성 문장 (코딩)	중국어 원문
	다른 문화를 쉽게 안 받아들인다.	不輕易接受別的文化
	'국가'에 관한 자부심이 크다.	對自己的國家感到很自豪
	존댓말과 반말, 호칭의 사용에 따른 미묘한 인간관계가 존재한다.	需要根據與對方的關係選擇使用的稱謂以及使用敬語或半語的微妙人際關係
집단성, 배타성, 그리고 인간관계 진입장벽	한국인 무리에 들어가기가 쉽지 않고 진정한 친구가 되기 어렵다.	很難打入韓國人的圈子, 也很難跟他們成為真正的朋友
	한국에서 만난 한국인은 해외에서 만난 한국 친구와 차이가 크다.	在韓國認識的韓國人跟在海外遇到的韓國人差很大
	연결고리를 중요시하는 인간관계가 있다.	很重視有相同連結的人際關係
	이해관계를 중요시하는 인간관계가 존재한다.	在人際關係中很重視利害關係
	대만과 다른 회식 문화가 존재한다.	跟台灣不同的喝酒(聚餐)文化
	조급한 성격을 가진 빨리빨리 문화가 존재한다.	急性子的快文化
대만과의 문화적 차이	대만과 신체접촉에 관한 인식, 안정적 거리감 평가 기준이 다르다.	和台灣有對於身體接觸, 以及個人空間認知的差異
	지하철/거리에서 사람 간 부딪침의 빈도가 잦다.	在地鐵或是路上常常被撞
	한국인은 개고기를 먹는다.	韓國人吃狗肉
	한국 음식은 대만보다 상대적으로 단순하다.	韓國食物很單一
	외모, 스펙 그리고 체면을 중시한다.	很重視外表, 履歷以及面子
한국인의 경쟁의식	비교를 좋아하는 경쟁 사회다.	很喜歡比較的競爭社會
	경쟁력을 키우기 위해 매우 노력한다.	為了培養競爭力非常努力
경제활동의 명암	빈부격차가 크다.	貧富差距大
	물가가 비싸다.	物價很貴
경제활동의 명암	월급이 상대적으로 높다.	薪資相對高
시민들의 기초소양 부족	국민 소양이 높은 경제 수준에 따르지 못한다.	國民素質比不上經濟發展

의미 있는 진술	의미구성 문장 (코딩)	중국어 원문
시민들의 기초소양 부족	담배, 침 뱉기, 손 안 씻기, 식기 공유하기 등 위생습관의 문제를 가지고 있다.	有抽菸，吐痰，不洗手，共用餐具等 衛生習慣問題
	환경호르몬에 관한 인식이 약하다.	對於塑化劑之類的環境 荷爾蒙沒什麼概念
생활의 편리성	치안이 좋다.	治安很好
	생활 기능이 편리하다.	生活機能很方便
	외국인 정책, 외국인 복지, 외국인 혜택 좋고 수업 도움이 된다.	對外國人的政策，福利還 有優惠措施 很完善很有幫助
경험 누적에 따른 변화, 그리고 동화의 과정	처음에는 모든 생활이 신기하고 좋았지만, 한국 생활과정에서 부정적인 현실을 경험하게 됐다.	剛開始一切都很新奇很 美好 但是久了之後就覺得現 實讓人失望
	한국 생활의 누적에 따라 한국에 관한 다양한 면을 보게 되었다.	在韓國生活經驗的累積 看到了韓國更多不同的 面向
	오래 살다 보니 같은 일을 겪어도 처음 한국에서 느꼈던 인식과 경험을 하지 않게 되었다.	生活久了之後再遇到同 樣的事情也沒什麼好大 驚小怪的了
	한국에 적응하다 보니 비판적이었던 한국의 생활이 일상이 되었다.	適應韓國生活之後那些 覺得很負面的問題也變 成日常生活的一部份
	한국에서 살다 보니 한국인에게 동화되기 시작한다.	在韓國生活久了開始被 韓國人同化
	한국에 적응하니 한국식으로 살 만하다.	適應之後覺得韓國的生 活方式也沒什麼不好
SNS 특성별 차별적 한국 생활 공유 행태	SNS 특성에 따라 한국 생활 공유 내용이 차별적으로 나타난다.	根據SNS的特性來決定 分享的(韓國生活)內容
SNS를 통한 한국 생활 공유 동기	나의 일상을 기록하기 위해 SNS를 사용한다.	使用SNS是為了記錄我 的生活
	한국에 관한 정보를 공유하기 위해 SNS를 사용한다.	使用SNS是為了分享韓 國相關資訊
	가족이나 지인들에게 안정적 한국 생활을 공유하기 위해 SNS를 사용한다.	使用SNS是為了讓我的 家人朋友看到我在韓國 過得還不錯
	나는 잘사는 것을 보여주기 위해 SNS를 사용한다.	使用SNS是為了讓大家 看到我過得很爽

의미 있는 진술	의미구성 문장 (코딩)	중국어 원문
일상에 관한 기록	SNS를 통해 결혼 생활, 가족과의 일상을 공유한다.	透過SNS分享我的婚姻生活還有跟家人的日常生活
	SNS를 통해 아기, 육아 관련 내용을 공유한다.	透過SNS分享我的小孩還有育兒相關內容
	SNS를 통해 일상의 재미있거나 특별한 일을 기록한다.	透過SNS分享日常生活中比較有趣或特別的事情
	SNS를 통해 여가활동 (커피숍, 음식, 여행)을 기록한다.	透過SNS分享休閒活動(咖啡廳, 美食, 旅行 等等)
	SNS를 통해 자기 생각, 일에 관한 관점, 기분 등을 기록한다.	透過SNS紀錄分享我的想法, 對事情的看法, 還有心情等等
관심사에 관한 기록	SNS를 통해 한국어학습에 관한 내용을 기록한다.	透過SNS分享一些關於學習韓文的內容
	SNS를 통해 좋아하는 영상 또는 음악을 공유한다.	透過SNS分享我喜歡的影像或是音樂
	SNS를 통해 보도 또는 사회적 의제에 관한 자신의 관점과 생각을 기록한다.	透過SNS分享一些我對於報導或是社會議題的看法或觀點
한국 정보 공유를 위한 기록	SNS를 통해 한국 생활 정보, 관광 정보, 음식 정보를 공유한다.	透過SNS分享韓國的生活資訊, 觀光資訊還有美食資訊
	SNS를 통해 상품정보를 공유하거나 대행구매 등을 진행한다.	透過SNS分享商品資訊或是進行代購
한국에 대한 부정적 정보 공유회피	SNS를 통해 한국 생활에 관한 부정적인 내용을 가급적 공유하지 않는다.	在SNS上基本上不太分享關於韓國的負面內容
한국 생활 포스팅에 관한 제한적인 도달	SNS는 가까운 친구와 가족에게만 공유한다.	SNS只跟親近的好友還有家人分享
	SNS는 내 관점에 동의하거나 비슷한 관점을 가진 사람들에게만 공유한다.	在我的SNS上基本上只有同意我觀點或是意見相近的人才會來看
	너무 무례한 사람의 경우 친구 취소(언팔로우)한다.	如果太沒禮貌會被我刪除好友
	한국을 싫어하는 사람들은 한국 생활에 관한 나의 포스팅을 완전히 무시한다.	討厭韓國的人基本上不太會來看我的韓國相關po文

의미 있는 진술	의미구성 문장 (코딩)	중국어 원문
혐한(嫌韓)인식에 관한 차별적 대응방식	한국에 관한 선입견이 강한 사람에게 굳이 한국의 생활을 자세히 설명하지 않는다.	對於韓國已經有偏見的人基本上我不會太認真要去解釋
	한국에 대해 자발적으로 설명하지 않고, 누군가 물어봐야 대답하는 경향이 있다.	對於韓國我不太會主動要去解釋什麼如果有人問我才回答
	잘못된 한국에 관한 보도에 대해 자료를 찾아서 분명하게 밝히는 편이다.	關於韓國的假新聞我會去找相關資料說明
	한국에 대해 부정적인 태도를 보인 질문에 대해 분명하게 의견을 밝힌다.	關於那些對韓國不友善的問題我會很明確的告訴他們那都是假的
한국 생활 호기심 유발	대만인은 "부럽다", "좋겠다", "가고 싶다", "먹고 싶다" 등의 반응을 보인다.	台灣人的反應大部分是 "好羨慕喔", "好想去喔", "好想吃喔"等等
	"한국 남자랑 사귀고 싶다" 등 한국 남자에 관한 동경의 반응을 보인다.	會出現對韓國男生憧憬 "好想跟韓國男生交往" 之類的反應
	한국의 실제 상황에 대해 궁금해하는 반응을 보인다.	對於韓國的實際情況感到好奇
	한국의 각종 정보(카페, 레스토랑, 관광지, 화장품, 유학 등)를 알고 싶어 한다.	想要知道韓國的各種資訊(咖啡廳, 餐廳, 風景區, 化妝品,留學資訊等等)
한국에 대한 이미지 변화	SNS 공유 내용이 상상했던 한국의 모습과 전혀 다르다.	看到我SNS上面分享的內容與他們想像的韓國不一樣
한국 이미지에 관한 공명효과 유발	한국에 대한 부정적 고정관념을 드러내는 피드백이 나타난다.	有一些回覆充滿了對韓國的偏見
	한국 생활에 관한 같은 경험을 가진 사람들은 내 포스팅에 대해 공감한다.	有一些也在韓國生活的人會對我的po文感同身受
한국인과 교류를 통한 한국 이미지 변화	대만 지인들이 한국 가족(지인)들과 교류하면서 한국에 대한 이미지가 변하게 되었다.	台灣家人朋友在跟我的韓國家人交流之後對韓國的印象大改觀

황우념 ────────────────────────────────

황우념은 2020년 2월 한양대 신문방송학과에서 박사학위를 취득한 후 국제커뮤니케이션, 문화 간 커뮤니케이션 연구에 매진하고 있다. 2007년 대만 국립정치대학교 한국어문학과에서 학사학위를 받았다. 이후 정치대-한양대 교환학생 장학생으로 한국에 유학했고, 2010년 한양대학교 신문방송학과에서 석사학위를 받았다. 한국 유학 시절 "대만인은 왜 한국인을 싫어하는가?" 등의 논문을 통해 대만과 한국 사회에 놓여 있는 문화적 간극을 좁히기 위한 연구를 수행했다. 주요 저서로는 ≪대만 방송 뉴스의 현실과 쟁점≫(커뮤니케이션북스, 2016), 번역서로는 ≪樹醫生, 원제: 나무 의사 큰손 할아버지≫(2010) 등이 있다. 주요 논문으로는 "〈부산행〉은 왜 대만 관람객에게 인기인가?"(2017) 등이 있다.

**한류와 혐한 속
한국 이미지의 형성,
변곡, 그리고 반향**

초판인쇄   2020년 4월 30일
초판발행   2020년 4월 30일

지은이   황우념
펴낸이   채종준
펴낸곳   한국학술정보㈜
주소   경기도 파주시 회동길 230(문발동)
전화   031) 908-3181(대표)
팩스   031) 908-3189
홈페이지   http://ebook.kstudy.com
전자우편   출판사업부   publish@kstudy.com
등록   제일산-115호(2000. 6. 19)

ISBN   978-89-268-9917-5 93330